貧困問題をめぐる地域課題研究

―岩手での調査・実践の記録―

宮　寺　良　光

はしがき

　東北地方はこれまで、自殺率が高い地域として広く認識されてきた。とりわけ、青森、岩手、秋田の北東北３県は、警察庁が公表してきた自殺者数が３万人を超えていた 1998 年から 2013 年の間も３県のいずれかの県が自殺率で上位３位以内に入るほどの特徴的な地域である。この要因を「地域性」であるとか、「住民の気質」によるものと語る人たちがいる。こうした見方に異論を唱えるつもりはないが、果たしてこのような捉え方でよいのか、という疑問が生じる。それは、これらの見方を安易に受け入れてしまうと、「だから仕方ない」という結論につながってしまう可能性が否めないからである。

　こうした諦めにも似た捉え方が広くなされてきたのであるならば、この地域の人々の尊厳は著しく損なわれてきたということもできる。地域性は「その地域のアイデンティティ（存在の自己証明）」でもあるため、これを否定して新たな価値観を植え付けていくことは粗暴であるが、その地域性を尊重しつつ、その地域に生きる人々の生活が守られるための努力は、決してできないことではない。端的にいえば、自殺者が出てこないようにするシステム（装置）をつくればよいだけのことである。そこに労力をかけられるかどうかが、この国やそれぞれの地域の価値を問う１つのポイントとなる。

＊

　本書は、筆者が 2010 年 4 月に岩手県立大学社会福祉学部に着任してから 6 年間にわたって取り組んできた岩手県内の「貧困問題」に関する研究の軌跡である。内容については後述するが、振り返ってみるとこの 6 年間は「激動の時期」といっても過言ではないであろう。

　第 1 は、「東日本大震災」という未曾有の自然災害が発生し、東北地方の太平洋沿岸地域に津波による壊滅的なダメージを与えたことである。自然災害という予測が難しい現象ではあったものの、「想定外」という言葉が多く聞かれたように、自然の脅威は侮ることを許してはくれない。そして、侮ったときに大きなしっぺ返しを受けるばかりでなく、潜在化していた構造的問題が浮き彫

りになることがある。

　第 2 は、国政での政権交代が起こったことである。2009 年に政権を取った民主党であったが、わずか 3 年で自由民主党（以下、自民党）に政権の座を明け渡すことになった。「モノからヒトへの投資」を掲げた民主党から「経済成長」を重視した自民党に逆戻りしたことで、社会生活構造の市場主義化がますます加速している。確かに、一部の経済指標をみると景気が回復しているようにもみえる。しかし、地方で暮らす人々にとってはどうであろうか。首都圏と地方、あるいは、都市部と農村部との間にあった格差は拡大し、よりよい生活を求めて若者を中心とした人口流出に歯止めがかからず、「東京一極集中」にブレーキがかかる気配が見当たらない。ましてや、2020 年に東京での開催が予定されているオリンピックの特需がさらに拍車をかけている感が否めない。政権云々だけが問題ではないのかもしれないが、地方の形骸化が進んでいることは紛れもない事実である。

　第 3 に、グローバル化が進展するなかで、国際経済の動向や国際関係の問題、地球環境の問題、感染症の問題などに加えて、地域紛争やテロリストの問題までもが身近になりつつあるということである。株価や為替相場は身近でなくても、石油（ガソリンや灯油）の価格は地方の生活者にとっても死活問題になる場合がある。もはや死語になっているのかもしれないが、にわかに情勢を静観していると「東西対立」や「南北問題」の構造が拭い去られていないようにも見受けられる。結局は「富める者」と「飢える者」との凌ぎあいであり、自由と民主主義の背後にある「市場主義」が富や豊かさを分配する構造になっていないことが根本的な要因であると疑わざるにはいられない。

　そして、第 4 に、このような先行きのみえない現代社会のなかで、わが国でも貧困の存在を認め、生活困窮者自立支援法や子どもの貧困対策法といった貧困問題を解消しようとする法律が成立したことである。もちろん、このことを高く評価するために取り上げたのではなく、形だけで骨抜きにされることへの懸念があるからこそ、その内実をしっかりと捉える必要性があるという意味でこの点を取り上げた。とはいえ、福祉政策論の観点から政策評価をすることばかりがすべてでないことを岩手で生活した 6 年間で学ばされたところがある。住民が地域を大切にする思いや住民どうしの関係を紡いでいこうとする思い

を無下に否定するものではない。今起こっている貧困問題は、こうした地域の存在を根底から覆す要因にさえなる可能性を有しているため、この克服こそが地域社会を住みやすい環境に整えるチャンスでもあるということである。こういってしまうと、昨今進められてきている社会保障構造改革や社会福祉基礎構造改革を是認しているように聞こえるかもしれないが、この点は否定しておきたい。何もかも地域社会に責任を丸投げすることには反対であるが、冒頭に述べたように、「地域のアイデンティティ」が守られるためには政策的な関与が一定程度必要であり、そのための最低限の条件は政府によって守られるべきであるということである。

＊

本書の構成は、本論が4部で構成されている。いずれも本書の刊行のために計画的に研究に取り組んできたものではなく、どちらかといえば、その時々に課された研究課題に対して場当たり的に取り組んできたものを「地域課題」という1つのキーワードに包摂させた形になっている。よって、各領域の研究課題が必ずしも整合性を保てているとは考えていない。もちろん、共通する部分は多々あるにしても、それぞれが独立していることを前提に取りまとめたことを付記しておいたうえで、各部および各章の概要に触れておきたい。

まず、「序章　貧困問題をめぐる地域構造分析」では、岩手県の貧困問題を分析するにあたって、都道府県という広域な地域ではあるが、地域の位相をマクロ的に把握する必要があるものと考え、これまでの貧困研究に関する学術的な背景を概観しつつ、統計解析によって地域構造の分析を試みるなかに本書全体の研究における視座を示している。

第Ⅰ部では、「生活保護受給者の分析からみた地域の貧困問題」というテーマを設定した。「第1章　生活保護受給動向にみる地域の貧困問題」では、生活保護制度をめぐる政策論の変遷を踏まえたうえで、統計的にみた貧困問題の趨勢を捉えている。また、「第2章　『生活保護受給者ケース調査』にみる貧困問題」では、「その他の世帯」に着目して、生活困窮化要因と自立阻害要因について分析を試みている。

第Ⅱ部では、「『多重債務者』の分析からみた地域の貧困問題」というテーマを設定した。「第3章　『多重債務問題』と貧困問題」では、「多重債務問題」の概念と背景、問題への取り組み、統計的趨勢に触れている。また、「第4章　『多重債務者』に関する量的分析」では、消費者信用生活協同組合（信用生協）の利用者データを借用して量的な分析をおこなった結果を示し、「第5章　『多重債務者』に関する質的分析」では、いわて生活者サポートセンターの利用者への聞き取り調査から質的な分析をおこなった結果を示している。

　第Ⅲ部では、「東日本大震災の沿岸部被災地における貧困・生活問題」というテーマを設定した。「第6章　東日本大震災の発生にみる『想定』と生活保障の課題」では、震災発生直後から継続的に被災地の視察をおこなってきた際の記録（写真）とエピソードに加え、関連する統計資料と聞き取り調査の結果から被災地における生活保障の課題を検討している。また、「第7章　東日本大震災後の沿岸被災地における人口減少と貧困問題の分析」では、人口減少と貧困問題との関連性について関連統計を用いて分析したほか、被災地で支援をおこなってきた団体から提供していただいた資料をもとに分析を試みている。

　第Ⅳ部では、「子どもの貧困問題をめぐる地域課題」というテーマを設定した。「第8章　子ども期の貧困問題をめぐる地域構造分析」では、公表されている公的統計でどの程度まで子どもの貧困問題に近接できるか、また、その結果からどのような地域的な差異を見出すことができるかという分析を試みている。また、「第9章　低所得世帯児童を対象とする学習支援の効果に関する事例分析」では、学習支援事業の実践のなかから見出された課題と支援の効果について分析を試みている。

2016 年 3 月
宮寺良光

目　次

はしがき

序　章　貧困問題をめぐる地域構造分析 $\cdots\cdots\cdots\cdots\cdots\cdots\cdots\cdots\cdots\cdots$ 1

1．はじめに　1

2．貧困問題の分析視点　2

3．地域における貧困問題研究の視点　1

4．貧困問題をめぐる地域課題の考察　8

5．むすび　16

第 I 部　生活保護受給者の分析からみた地域の貧困問題

第1章　生活保護受給動向にみる地域の貧困問題 $\cdots\cdots\cdots\cdots\cdots\cdots\cdots$ 21

1．はじめに　21

2．生活保護制度をめぐる政策論議の展開　23

3．生活保護関連統計にみる岩手県の生活保護受給動向分析　27

4．生活保護関連統計にみる岩手県内地域の生活保護受給動向分析　40

5．むすび　43

第2章　「生活保護受給者ケース調査」にみる地域の貧困問題 $\cdots\cdots$ 45

1．はじめに　45

2．「生活保護受給者ケース調査」実施の前提　46

3．「生活保護受給者ケース調査」の分析結果　49

4．「生活保護受給者ケース調査」の分析結果からみた貧困問題への課題　62

5．むすび　64

vi

第Ⅱ部　「多重債務者」の分析からみた地域の貧困問題

第3章　「多重債務問題」と貧困問題 ……………………… 69

1．はじめに　69

2．「多重債務問題」とは？　69

3．「多重債務問題」への取り組み　72

4．「多重債務問題」に関連する公的統計の東北6県間比較　81

5．「多重債務問題」に関連する公的統計の岩手県内地域別比較　91

6．むすび　98

第4章　「多重債務者」に関する量的分析 ……………… 101

1．はじめに　101

2．項目別にみた「多重債務者」の特徴の変遷　103

3．属性別にみた「多重債務者」の特徴の変遷　110

4．社会階層別にみた「多重債務者」の特徴の変遷　121

5．むすび　125

第5章　「多重債務者」に関する質的分析 ……………… 127

1．はじめに　127

2．「多重債務者」への聞き取り調査の概要　128

3．世帯類型別にみた聞き取り調査結果　130

4．聞き取り調査の分析結果　142

5．むすび　152

第Ⅲ部	東日本大震災の沿岸部被災地における貧困・生活問題

第6章 東日本大震災の発生にみる「想定」と生活保障の課題 ····· 157

1．はじめに　157

2．家屋損失および人的被害の状況　158

3．産業損失・復興と失業問題　166

4．被災者の生活保障をめぐる課題　172

5．むすび　179

第7章 東日本大震災後の沿岸被災地における人口減少と貧困問題の分析
·· 181

1．はじめに　181

2．沿岸 12 市町村における人口変動の状況　182

3．沿岸 12 市町村における生活保護の受給動向　188

4．「あすくら」の相談事例からみる沿岸被災地の貧困問題　199

5．むすび　204

第Ⅳ部	子どもの貧困問題をめぐる地域課題

第8章 子ども期の貧困問題をめぐる地域構造分析 ················ 209

1．はじめに　209

2．子ども期の貧困問題をめぐる研究課題　210

3．子ども期の貧困問題に関する分析　214

4．子ども期の貧困問題をめぐる課題の考察　223

5．むすび　227

viii

第9章　低所得世帯児童を対象とする学習支援の効果に関する事例分析
.... 229

1．はじめに　229

2．「子どもの貧困対策」としての学習支援をめぐる論点　230

3．学習支援の効果に関する分析　233

4．学習支援の効果と支援のあり方に関する考察　255

5．むすび　256

終　章　貧困問題をめぐる地域課題と展望　....................... 259

1．はじめに　259

2．社会保障政策の転換と課題　260

3．岩手での調査・実践を踏まえた地域課題の考察　268

4．むすびにかえて－今後に求められる研究課題－　271

資　料　... 275

1．東北6県の生活保護概況（1951〜2013年）

2．岩手県内市町村別の生活保護概況（1965〜2013年）

あとがき

序 章　貧困問題をめぐる地域構造分析

１．はじめに

　本章の目的は、貧困問題の地域構造の分析を通じて、生活困窮者支援における課題を整理することにある。

　2015年4月に生活困窮者自立支援法が施行されたが、この法律に基づく生活困窮者自立支援制度には、生活保護に至る前の過程にある者に支援を実施することで生活保護受給者の増加を食い止めようとする意図が含まれている。同法第2条で「生活困窮者」の定義を「現に経済的に困窮し、最低限度の生活を維持することができなくなるおそれのある者」とし、同法施行規則第4条の規定を要約すると、65歳未満の者で、市町村民税非課税世帯等の低所得世帯が対象として想定されていることからも、支援対象者がいわゆる「ボーダーライン層」に当たる低所得世帯になっているものといえる。また、2013年12月13日に厚生労働省から地方自治体に通知された「生活困窮者自立支援法の公布について」において「最後のセーフティネットである生活保護制度の自立助長機能の強化に加え、生活保護に至る前の段階にある生活困窮者を支援する、いわゆる第2のセーフティネットの充実・強化を図ることが必要である」と示されたことからもその意図がうかがえる。しかし、こうした対象者の捉え方で貧困問題の根本的な解決に至るとは考えにくい点がいくつかある。

　1つは、対象が限定的であるという点である。布川（2015：3-4）が指摘しているように、予算ありきの対象者像が想定されており、潜在化している生活困窮者予備軍については想定されていない。つまり、現時点では低所得世帯とはいえないが、このまま一定の時間が経過した場合に顕在化する可能性のある生活困窮者像が想定されていないということが課題としてあげられる。

　もう1つは、対象者の把握方法についてである。生活困窮者自立支援制度は、福祉事務所を設置する自治体にその実施義務が課せられており、いわば「地域」単位での貧困問題への取り組みが期待されている。自治体あるいは受託機関のなかには、積極的にアウトリーチの要素を含む取り組みが実施されているところもあれば、受け身の姿勢で対象者が申し出てくるのを待っているところも見

受けられる。わが国の諸制度は申請主義を前提としているため、後者のような「待ちの姿勢」になってしまうことはやむを得ない部分があるにせよ、この姿勢が問題をより深刻化させてしまう可能性もあるため、積極的な支援の展開が求められる。

　以上の問題意識から、本章では、生活困窮者に対する地域での支援効果を高めるための切り口として、貧困問題に関する地域的特徴の可視化を試みる。その前提として、貧困の概念に関するレビューをおこなうなかで分析視点を整理し、公表されている公的統計の資料を用いて分析を試みる。

　なお、本章において公表されている公的統計を用いるのは、地域単位で貧困問題に取り組むに当たって、どの程度数量的な実態把握ができるか、あるいは、どの程度の制約が加わるのかを示唆することも検討材料にするためである。また、使用している統計資料が主に 2010 年以前のものであるのは、直近の「国勢調査」の実施年であることに加えて、2011 年 3 月に発生した東日本大震災の影響を避けるためであることを付記しておきたい。

2．貧困問題の分析視点

（1）貧困研究のルーツ

　貧困研究の大きな潮流は、貧困の状態に値する客観的な基準をどのように設定することが妥当であるか、という点であるといえよう。それは、貧困者を救済の対象とすることが社会制度[1]として形成されてきたことと密接な関係があるものといえる。つまり、どのような条件に当てはまれば扶助の対象として適格であるのか、という受給条件をめぐる議論として展開してきたものといえよう。そのルーツは近代化過程にあったイギリスの救貧政策の変遷がもっとも象徴的ではないかと考える。

　15世紀にはじまり16世紀に本格化した囲い込みによって浮浪貧民が大量に発生し、その貧民による犯罪や衛生上の課題、失火といった問題を生じさせて

---

[1]　概ね第二次大戦前後でその性格に差異があるものといえる。戦前においては「対策」としての要素が強いため「救貧制度」と呼ぶことが一般的で、戦後においては「権利」としての要素が付与されたことから「公的扶助制度」と呼ばれているものと解釈できる。

いくが、働くことが困難な貧民（無能貧民）に対しては乞食（物乞い）を認め
つつも、働くことができる貧民（有能貧民）への対処は処罰による浮浪や物乞
いの抑制を試みるものの、問題の根本的な解決には至らなかった。むしろ、治
安の悪化や餓死者の増加が顕著となり、新たに救済を目的とする制度がつくら
れることになる。その端緒が1601年の救貧法である[2]。この法律の施行により、
有能貧民や貧民の児童に対しては職業の提供をおこない、無能貧民に対しては
救済をおこなうことになったが、有能貧民の救済対象の判断基準は「自ら扶養
する資力」や「生計をたつべき通常の職業」のない者が対象となった（樫原
1973：27）。もっとも、この時期の貧民の多くが今日でいうところの「ハウス
レス」であり、目にみえてわかる貧困の状態であったことは容易に想像できる。

18世紀の後半になると産業革命が進展し、新たな貧民層が生まれてくる。い
わゆる低賃金労働者[3]の存在である。1975年に成立した、いわゆる「スピーナ
ムランド制度」[4]は、パン価格と家族数によって標準生計費を算定し、賃金が
その額に満たない場合には差額を救貧費から支給するという方式である（林
1989：293）。この仕組みは、今日の公的扶助制度にみられる「最低生活保障」
や「補足性の原理」につながる萌芽的な意味合いをもつものといえるが、金銭
給付の端緒でもある。いいかえると、「金銭」という客観的な指標を用いて貧
困の程度を定めた端緒ともとらえることができる。

イギリスではその後、1834年の救貧法（新救貧法）制定によって救貧政策が
大転換をすることになる。劣等処遇原則とワークハウスシステムの導入により、
有能貧民は事実上、救済の対象から排除されていくことになった。また、産業
革命の成功によって貧民が徐々に工場に吸収されていき、「世界の工場」とな

---

[2]　エリザベス救貧法は一般的に1601年の制定された法律として解釈されるが、樫原
　　（1973：23）によれば、「1572年および1576年の法律でエリザベス救貧法は実質的に
　　完成したといわれる。一般にはエリザベス救貧法といえば1597年法および1601年法
　　を指している。1597年には法律は書き換えられ、行政的にも明確化されたことは事実
　　である。しかし、1597年および1601年の法律は1572年および76年の法律をより簡
　　潔な、そしてより体系的な形態で再制定したにすぎない」と説明している。
[3]　大河内（1949）は、産業革命の進行中およびその直後の時期における労働関係を「原
　　生的労働関係」と名付けており、広く理解されている。
[4]　この制度の由来は、他の地域でも取り組まれていたものであったが、1975年、パー
　　クシャ州（教区）スピーナムランドの治安判事がペリカン・インで有能貧民に対する
　　救済についての会合において体系化された制度である。翌年、ウィリアム・ヤング法
　　によってこの制度の法的承認がなされた（樫原1973：103-106）。

ったイギリスには、「もはや貧困は存在しない」という風潮が広がっていった。しかし、その裏側で「スウェッティングシステム」（苦汗労働）と呼ばれる不安定就業者の存在や19世紀終わり（1873〜1893年頃）に起こった長期的・慢性的な不況のなかで発生した周期的な失業問題により、新たな貧困問題が確認されることとなる。ブース（C. Booth）とラウントリー（B. S. Rowntree）による貧困調査の結果は、「貧困の発見」と呼ばれているが、貧困研究の地位を科学的研究へと押し上げることになった[5]。

（2）「絶対的貧困」と「相対的貧困」

　ブースとラウントリーによる貧困調査は、いずれも「科学的手法」を用いた調査の端緒であると評価されている。ブースの調査では「社会階層」という概念が用いられ、職業と貧困との関連性に着目したのに対して、ラウントリーの調査では必要食物量を中心に貨幣換算した最低生活費を算定して「貧困線」を設定するというものであった。しかし、阿部（1990：35）が「我国における両者に対する評価をみる時、両者に対する評価・取りあげ方には格段の差がある。ブースを『科学的』貧困調査の創始者であると評価しつつも、彼は常にいわば『前座』であり、ラウントリーが『真打』として常に後に控えているのである」と述べているように、ラウントリーの評価が高い。これには、ラウントリー方式が後に「マーケット・バスケット方式」といわれるように、わが国の当初の生活保護基準の算定に用いられた[6]ことなど、「貧困の概念」の規定のみならず、「社会制度の対象」を規定する意味においても有意義な方法であったことが評価をわけた要因であるといえよう。とはいえ、ラウントリーの方式もまた、「絶対的貧困」と解釈されるように、経済・社会状況の変化とともに貧困の定義としての限界が指摘されることになる。

　第二次大戦後、先進諸国が「福祉国家」を目指す過程において貧困問題を政

---

[5]　こうした評価は貧困研究者の間で共通の認識になっているといえる。樫原（1973：351）は「新しい科学的な社会調査を行ったが、それらは全くイギリスにおける新趣向の仕事であった。この調査以前に誰もイギリスの民衆の実情をかなりの的確さをもって述べる資料は持っていなかった」と述べている。

[6]　小山（1951）による生活保護法第3条の趣旨においても、「健康で文化的な最低限度の生活」の生活水準をラウントリーが規定した「第二次的貧乏線の上」（第二次貧困線）と説明している。

策課題に据え、戦前の貧困研究によって導き出された「貧困層＝社会制度の対象」という図式のシステムとしての公的扶助制度が成立することになる。しかし、公的扶助制度の運用が進められるなかで、この図式の範囲に収まらない新たな問題が派生することになる。後に「貧困の再発見」と呼ばれるが、唐鎌（2012：106）が「福祉国家の成立によって貧困問題が解消されたというラウントリーの主張は、『神話』にすぎなかったことがこれによって証明された」というように、「相対的貧困」という視点からこの問題を提起したのがタウンゼント（P. Townsend）である。タウンゼント（1977：19）による「相対的収奪」[7]（relative deprivation）の定義については、「個人、家庭、諸集団は、その所属で慣習とされている、あるいは少なくとも広く奨励または是認されている種類の食事をとったり、社会的諸活動に参加したり、あるいは生活の必要諸条件や快適さをもったりするために必要な社会資源を欠いている時」という説明が多く引用されるが、わが国の公的扶助制度である生活保護の基準にも影響を及ぼすことになる。これには「朝日訴訟」（1957年提訴）とこれを支援する運動による影響が大きかったといえる[8]が、生活保護基準の算定方式が当初のマーケット・バスケット方式（1948年〜）からエンゲル方式（1961年〜）、格差縮小方式（1965年〜）を経て、水準均衡方式[9]（1984年〜）という「相対的貧困」の考え方を取り入れていくことになった背景には、タウンゼントの功績との関連性は否定できない。

（3）相対的貧困と「社会的排除」

　タウンゼントによって示された相対的貧困の概念は、既述のとおり、貧困量の測定においても公的扶助制度の基準としても一定の地位を得て、相対的剥奪

---

[7]　一般的には「相対的剥奪」と訳されているが、タウンゼント（1977）の訳語をそのまま用いた。

[8]　朝日訴訟がもたらした影響については広く認識されている。一例として、唐鎌（2012：144）は、「朝日訴訟支援をめぐって国民的な大運動が展開したことと、裁判の過程で旧厚生省が保護基準の引き上げを図ったことは、運動の大きな成果であった」と述べている。

[9]　岩永（2011：230-231）によると、「保護基準の水準がほぼ妥当とされたことを踏まえ、その水準を維持していくことを名づけたのが『水準均衡方式』であり、名称が確定したのは1985年度であった。水準均衡方式とは格差縮小方式の延長で、単に『格差縮小』を『水準均衡』に言い換えた、というのが適切である」と述べている。

指標を用いた研究が広くなされ、改善もなされてきた。しかし、この相対的貧困の概念にもいくつかの課題が指摘されている（阿部2006：251-252）。これにはヨーロッパ諸国を中心に派生した「社会的排除」（social exclusion）の問題が関係している。

　社会的排除の概念については議論が錯綜し、多様な捉え方がされている。貧困と社会的排除とを別物として捉える考え方や社会的排除を貧困の新しい概念と捉える考え方、その両者の中間に位置する捉え方などさまざまである。阿部（2002、2007）による社会的排除指標のレビューや分析がなされているが、社会的排除の概念と実態とが貧困をともなって関連しているかを実証的に明らかにしようとしている点では興味深い。この意味においては、岩田（2008：58-79）が「路上ホームレス」や「ネットカフェ・ホームレス」の例を取り上げて社会的排除の実態を説明している点も社会的排除問題を理解するうえでは有意義である。しかし、こうした研究成果を踏まえつつも、本章では、この議論を深めることが課題ではなく、貧困と社会的排除との関連性の有無を確認することが分析の前提となる。この前提に従うと、杉村（2004）が提示した「日本における社会的排除の重層構造」（図１）が本研究の仮説にもっとも近接しているものといえる。

（４）相対的貧困と「潜在能力」

　貧困問題を理解するうえでもう１つ欠かすことのできない概念は、セン（A. Sen）が提示した「潜在能力」（capabilities）である。既述の貧困概念とは少し性格の異なるアプローチであるが、経済学で用いられる「効用」（utility）という個人の主観的な満足感をベースにした指標とは異なる。つまり、人には効用のレベルが著しく低い状態に置かれると苦痛や不満といった心情があらわれ、これが貧困を規定する要素と考えられてきた。絶対的貧困にしても相対的貧困にしても、十分な栄養が摂取できない、他者と比べて著しく生活水準が低い、といった身体的・精神的苦痛を許容できない程度にあることを「貧困」の状態として規定している。このことが基本的な生活資源としての所得やサービスの獲得によって解決されるものと考えられてきた理由である。

序章　貧困問題をめぐる地域構造分析　7

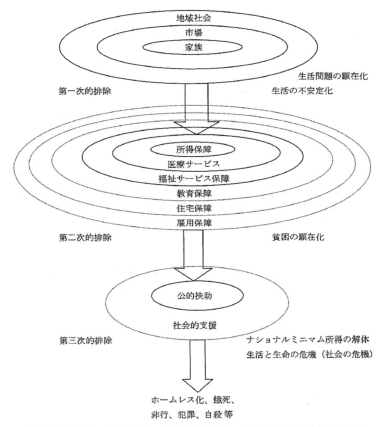

(注) 概念図の中に点線で表示した部分は、「広義の社会福祉」としては不完全な保障システムであることを
あらわしている。

出所：杉村 (2004：66)

図1　日本における社会的排除の重層構造

しかし、センのいう「潜在能力」とは、「財を用いて何かを成し遂げる能力」を意味し、この能力がどのようにしてどれほど引き出されるかという程度を「機能」の集合としている。この「機能」という評価の指標は、個人的特性（年齢や性別、健康状態等）と社会的特性（生活環境を規定する社会性や社会制度）との結びつきが前提条件となるが、この条件下での選択の自由度の高さが潜在能力を向上させるものと論じている。いいかえれば、「機会の平等」を可視化

するための指標と捉えることができる（セン1988、1999、2000 a ）。こうした観点から、セン（1999：99）は「貧困とは受け入れ可能な最低限の水準に達するに必要な基本的な潜在能力が剥奪された状態として見るべきである」と述べている。

　一方で、タウンゼントが提起した「相対的剥奪」についてもセンは言及している。セン（2000 b ：22-23）は「剥奪の感情」と「剥奪の状況」という対比においてタウンゼントが後者を有効な使い途と捉えていることに批判的な見解を示している。それは、「剥奪の状況」も「剥奪の感情」からの影響を受けているというものであり、人々の生活を豊かにするためには経済的な貧困状態にあってはならないが、貧困状態にあった人々に所得やサービスを保障するだけでは貧困問題の解決にはつながらない可能性があることを示唆している。このことが「潜在能力」という新たな貧困概念の提起に寄与した側面があるものと考えられる。

3．地域における貧困問題研究の視点

（1）地域で貧困問題に取り組む際のアプローチ

　貧困研究の学術的な発展がみられたものの、その実態を把握するためには、社会、経済、文化等の可変的な要素に絶えず着眼しながら分析していかなければならないことは理解された。とはいえ、先人たちが積み重ねてきた研究成果とその過程で確立されてきた理論的な側面は普遍的な価値を有しており、後人であるわれわれはいつもその理論的体系性と向き合いながら現実社会の態様とそこから派生する貧困問題に着眼していかなければならないことに貧困研究に取り組む意義があるものといえよう。

　しかし、センが主張する「潜在能力」が充足されている社会が実現することが望ましいが、現実には欠如した状態が長く続いてきたといえる。現にホームレス（ネットカフェ難民も含めて）のように絶対的貧困状態のなかで生命を維持している人が多数存在している。また、厚生労働省が公表している相対的貧困率（「国民生活基礎調査」）が2012年で16.1％となっており、国民の6人に1人が貧困状態にあることが示されている。安易に比較することはできないが、

2012年度の生活保護受給率（以下、保護率）が年度平均で1.67％であることを考えると、要保護状態にある人が実際に生活保護受給者（被保護者）となっている割合（捕捉率）は10％程度という見方もでき、貧困状態にありながらも社会制度から排除されている状態が起こっていることが懸念される[10]。

　既述の貧困研究レビューと現実社会で起こっている貧困問題を加味して研究課題を整理すると、わが国には多数の相対的貧困者が潜在的に存在しており、社会的排除や潜在能力の欠如した状態のなかで暮らしていることが想起される。平たくいえば、個人差はあるにしても絶対的貧困の水準を下回ることがなければ生命の維持は一定程度担保されるため、「周りのみんなが豊かに暮らしているのに、自分だけが貧しい暮らしをしている」という状態が起こりうるということである。このような状態にある人々は、セン（2000ｂ）が指摘した「剥奪の感情」にともなって派生するものと想像される行為あるいは現象としては、社会関係（social network）と隔絶した状態を引き起こし、杉村（2004）が示した「第三次的排除」の結果として起こるであろう「ホームレス化、餓死、非行、犯罪、自殺等」につながる可能性が考えられる。また、こうした剥奪された状況のなかでは潜在能力の機能は極めて低い状態にあるものと想像される（図２）。

　以上の考察を踏まえ、貧困問題の地域構造に関する分析を以下では進めていくことにする。

（２）生活保護制度からの排除としての貧困率と捕捉率

　生活保護を例にあげると、ここ数年で基準が引き下げられてきているものの、相対的貧困概念に即した基準設定がなされている。つまり、理論上は絶対的貧困の水準は下回っていないことになるが、裏返すと、生活保護基準をやや下回る水準（絶対的水準に著しく食い込まないレベル）であれば、生活保護を受けなくても生命の維持は可能であり、生活保護受給のために費やす手続き上の苦難（スティグマ）を考えれば、苦しくても「我慢する」という選択をし、社会

---

[10]　厚生労働省社会・援護局保護課が審議会資料として提出した「生活保護基準未満の低所得世帯数の推計について」（2010年4月9日）によれば、資産を考慮した捕捉率を32.1％（2007年）と推計している。

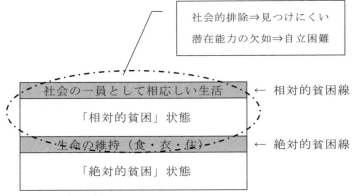

資料：筆者作成
図2　相対的貧困がもたらす弊害

との関係が隔絶された生活を選択せざるを得ない状況が生まれてくる可能性がある。こうした要因が捕捉率を引き下げることにつながっているものと考えられる。本章ではこれを「捕捉率問題」とする。

　捕捉率問題に関しては、2010年に厚生労働省が32.1％（2007年）という数値を示しているが、地域別のものは示されていない。しかし、これまでに都道府県別に貧困率および捕捉率の推計を試みた例としては、駒村（2003）と戸室（2013）の研究成果が想起される。

　駒村（2003）は総務省「全国消費実態調査」のミクロデータを活用して都道府県別に貧困率および捕捉率の推計をおこなっている。ミクロデータを用いた推計は、推計方法としての信頼性が高く、結果の妥当性を担保するうえでも有意義である。また、資産に関するデータも加味して分析されているため、生活保護制度の趣旨により近い形で推計がなされているほか、これまでに提起されてきた貧困研究の課題（所得だけではない資力）を克服するものであるといえる。推計結果については、都道府県別の数値がグラフで示されているために数値が確認できないが、全国では、1984年が16.51％、1989年が25.22％、1994年が12.02％、1999年が18.47％となっており、概ね20％前後で推移していることが示されている（駒村2003：121-122）。

　一方、戸室（2013）の推計は総務省「就業構造基本調査」のデータをオーダ

ーメイド集計という形で貧困率および捕捉率の推計をおこなうためのデータ整理をしている。同調査の場合には資産に関するデータがないため、所得をベースにして集計がおこなわれているものの、サンプルの信頼性や世帯人数別の所得階級が細かく示されていることもあり、生活保護基準との比較がしやすいものといえる。推計結果については、都道府県別の数値は分析の都合上、表3に数値を掲載しているが、全国では、1992年が14.9％、1997年が13.1％、2002年が11.6％、2007年が14.3％となっており、15％をやや下回る水準で推移している（戸室2013：48）。

　2007年の統計法改正もあって、研究者が公的統計のミクロデータを活用したり、オーダーメイド集計を関係省庁に依頼できるようになったりしたことで、統計が身近になってはきたものの、市民レベルで貧困の実態を把握するにはまだハードルが高いうえ、公表されているデータが必ずしも貧困の実態を把握できるレベルにあるとはいえない部分がある。こうした理由から、公表されている公的統計データのみを用いてどの程度まで貧困の実態に近接できるか、検討してみた。その結果、総務省「就業構造基本調査」には、所得に関する情報が、都道府県別に公表されていて、（すべてではないが）世帯類型が示されている、ということがわかった。そのため、東北6県に限定しているが、生活保護基準に照らして過小評価した最低生活費（大都市圏は2級地の2、その他は3級地の1）の算定をおこない、推計を試みた[11]。表1がその結果である。戸室（2013）と同じ統計を用いているため、どの程度の解離がみられるか確認してみたところ、ほとんど大きな差がみられなかった。

　こうした方法にも資産の要素等、限界はあるにしても、公的統計を用いて地域の貧困問題を把握する方法がまったくないというわけではないが、非常に大きな制約があり、問題に取り組むための切り口は極めて小さなものであると考える。

---

[11]　宮寺（2013）を参照されたい。

表1　東北6県における経済困窮世帯の状況

県	世帯総数 ①	困窮 世帯数 ②	生活保護 世帯数 ③	推定 貧困率 ④ (②/①)	推定 捕捉率 ⑤ (③/②)	保護率 ⑥	捕捉率： 戸室 (2013)
青森県	538,200	100,400	18,446	18.7	18.4	19.6	17.8%
岩手県	506,100	81,600	8,033	16.1	9.8	8.3	9.4%
宮城県	893,400	117,400	14,039	13.1	12.0	8.9	10.1%
秋田県	421,200	71,600	9,277	17.0	13.0	12.1	12.5%
山形県	408,500	56,900	4,164	13.9	7.3	4.4	7.5%
福島県	750,500	102,500	11,093	13.7	10.8	8.3	10.6%

資料：総務省「就業構造基本調査」（2007年）、厚生労働省「福祉行政報告例」

　　　（2007年）より作成

4．貧困問題をめぐる地域課題の考察

（1）貧困問題の地域構造

　既述の貧困研究レビューから、今日の貧困問題の可視化と生活困窮者支援の地域的な取り組みとを結びつけるため、都道府県というやや広範な地域という制約はあるものの、地域単位で貧困問題を分析するため、社会的排除の1つのモデルとしての仮説を立てて分析を試みることにする。それは、「捕捉率が低い地域ほど、犯罪や自殺が多く発生する」というものである。表2のとおり、都道府県別の「自殺死亡率」と「窃盗検挙率」、「保護率」を対応分析にかけて、その分布状況をみることにした。

　対応分析の結果は図3のとおりである。分析レベルを整えるために保護率についても人口10万人比に置き換えて分析を試みたが、数値から考えても保護率は人口比に対してもっとも高くなっていることから、保護率の方に偏りが出てきてしまうのはやむを得ない。しかし、「窃盗検挙率」や「自殺死亡率」の方（右下）に寄っている楕円で囲んだ都道府県をみると、そのほとんどが戸室（2013）の示した捕捉率が10％未満の地域（熊本を除く）であることがわかる。

序章　貧困問題をめぐる地域構造分析　13

表2　自殺死亡・窃盗検挙・保護率（2010）、捕捉率

都道府県	自殺死亡率	窃盗検挙率	保護率	捕捉率（2007年）
全国	24.66	121.7	15.2‰	14.3%
北海道	27.13	80.5	29.0‰	20.7%
青森県	31.02	106.5	20.8‰	17.8%
岩手県	32.64	69.0	10.9‰	9.4%
宮城県	24.86	100.8	11.5‰	10.1%
秋田県	32.66	98.9	13.7‰	12.5%
山形県	27.53	91.7	5.5‰	7.5%
福島県	26.13	119.7	9.2‰	10.6%
茨城県	24.44	88.9	7.6‰	10.2%
栃木県	26.59	136.6	9.2‰	11.7%
群馬県	27.09	130.0	6.1‰	6.8%
埼玉県	24.16	132.5	10.9‰	12.5%
千葉県	22.91	136.3	10.8‰	12.4%
東京都	23.39	134.1	19.5‰	19.2%
神奈川県	21.35	95.4	15.3‰	18.5%
新潟県	30.40	113.3	7.5‰	8.9%
富山県	25.78	77.4	3.0‰	5.4%
石川県	24.59	95.6	5.6‰	7.3%
福井県	21.87	105.1	4.1‰	5.2%
山梨県	28.12	115.8	5.7‰	5.4%
長野県	24.33	112.7	4.9‰	6.0%
岐阜県	22.85	97.5	5.1‰	6.8%
静岡県	23.66	101.4	6.7‰	9.5%
愛知県	22.16	114.3	9.4‰	9.9%
三重県	18.44	115.3	9.1‰	11.8%
滋賀県	23.44	132.0	7.4‰	9.7%
京都府	24.18	153.2	22.2‰	15.5%

14

表2 自殺死亡・窃盗検挙・保護率（2010）、捕捉率（続き）

都道府県	自殺死亡率	窃盗検挙率	保護率	捕捉率（2007年）
大阪府	24.65	131.0	32.0‰	20.5%
兵庫県	23.59	137.8	17.4‰	14.6%
奈良県	19.69	122.3	13.7‰	17.1%
和歌山県	27.01	152.8	13.8‰	11.8%
鳥取県	26.88	128.9	11.2‰	10.7%
島根県	27.79	93.0	7.6‰	7.9%
岡山県	21.71	138.0	12.3‰	11.5%
広島県	23.28	166.8	15.6‰	14.5%
山口県	24.11	139.3	11.6‰	11.0%
徳島県	20.71	133.0	18.1‰	13.8%
香川県	23.01	169.3	11.1‰	10.8%
愛媛県	22.84	164.4	13.9‰	10.8%
高知県	27.06	171.4	26.1‰	16.3%
福岡県	24.85	139.8	24.1‰	17.8%
佐賀県	26.88	157.3	8.7‰	8.9%
長崎県	26.69	103.3	20.0‰	14.3%
熊本県	24.87	141.8	12.0‰	9.1%
大分県	23.36	91.1	16.2‰	13.1%
宮崎県	27.07	100.8	14.1‰	9.8%
鹿児島県	26.82	104.2	18.0‰	11.0%
沖縄県	25.03	137.2	20.8‰	9.8%

資料：内閣府「自殺の統計」、法務省「検察統計」、厚生労働省「福祉行政報告例」
　　　より作成
注1：「自殺率」と「窃盗検挙率」は人口10万人比である。
　2：「自殺率」は住居地による集計である。
　3：「捕捉率」は戸室（2013）より掲載。

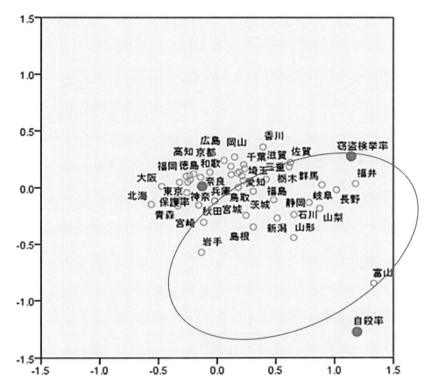

図3 自殺死亡・窃盗検挙・保護率による対応分析結果

　要因は別にして、最後のセーフティネットである生活保護が必要に応じて受給されていない地域では、自殺という形の現象があらわれたり、犯罪という形の現象にあらわれたりしている構造がみてとれる。地方別では、北陸・甲信越・中部地方での捕捉率の低さは犯罪や自殺の発生傾向を高めている可能性が考えられ、東北地方の一部での捕捉率の低さは自殺の発生傾向を高めている可能性があると考えられる。こうした傾向が社会的排除という現象のあらわれであるとすると、その要因について探求し、理解していくことが生活困窮者支援における地域課題の1つになるのではないかと考える。

　もちろん、こうした論調は、国家の責任を地方に転嫁するだけの結果につながる可能性が否定できないため、中央政府が地方政府の「潜在能力の機能」を

高めるためにも、基盤整備や財政措置を講じ、地方政府の選択の自由度が高まることが求められる。

5．むすび

　貧困問題をめぐる地域課題については、第1に貧困問題に対する理解を広げていくことにあるとする見解を示したが、貧困問題の拡大はかつてのような体制を揺るがすようなムーブメントに発展するほどの力をもっているとは考えにくく、こうしたエネルギーが密かに蓄積される状況に社会が追い込まれることがないに越したことはない。かつての階級闘争のような力関係が均衡を保つことができずに歪んでいき、テロ行為や紛争のような形で治安悪化が進むのであるならば、潜在能力を引き出す機能を無条件に高めていく方が有益なのではないかと考える。そのためにも、社会保障制度による所得再分配の機能を高め、このような「見えない貧困」の克服が求められる。

　しかし、所得保障が潜在能力を向上させる機能の役割を果たすためには、社会的特性としての社会性の見直しが必要であり、これが地域に求められる課題であるものと考える。今日のわが国の社会福祉政策は、「地域福祉」に重点を置き、インフォーマルなレベルでのコミュニティの活用や強化が推進されている。これを根本から否定するものではないが、社会の態様変化に即してそのあり方を柔軟に組み替えていけるような緩やかな関係性を重視したコミュニティの再編が必要なのではないかと考える。

　マクロレベルでの分析に従えば「社会問題」という課題を突き付けられ、どこから着手してよいか手立てが見いだせなくなる可能性がある。そのため、地域という身近な問題として認識することの方が目標を設定しやすいと考えられるため、貧困問題に関する研究は、マクロとミクロの両面からアプローチしていくことが地域課題に向き合ううえでは重要な視点であるものと考える。しかし、マクロレベルでの実態把握も公的統計の限界等がともなうため、中央政府が実施する公的統計にかかわる調査において、貧困問題を把握するツールを可能な限り組み入れ、地域の実態をある程度容易に把握できるようなシステムの構築が求められる。こうした課題の克服のために、今後も公的統計を用いた

多面的な分析に取り組んでいかなければならない。他方で、統計の数値を構成しているのはあくまでも1人ひとりの人間であるため、ミクロレベルでの人々の生活実態の把握についても輻輳させ、課題の克服に向けた研究が進められなければならない。

　以下の章では、個別の領域ごとに設定した研究課題に沿って、貧困問題をめぐる地域課題の分析を試みることとする。

文　献

阿部彩（2002）「貧困から社会的排除へ：指標の開発と現状」国立社会保障・人口問題研究所『海外社会保障研究』第 141 号

阿部彩（2006）「相対的剥奪の実態と分析－日本のマイクロデータを用いた実証研究－」社会政策学会編『社会政策における福祉と就労（社会政策学会誌第 16 号）』法律文化社

阿部彩（2007）「日本における社会的排除の実態とその要因」国立社会保障・人口問題研究所『季刊社会保障研究』第 43 巻第 1 号

阿部實（1990）『チャールズ・ブース研究－貧困の科学的解明と公的扶助制度－』中央法規出版

アマルティア・セン〔鈴木興太郎訳〕（1988）『福祉の経済学－財と潜在能力－』岩波書店

アマルティア・セン〔池本幸生・野上裕生・佐藤仁訳〕（1999）『不平等の再検討』岩波書店

アマルティア・セン〔石塚雅彦訳〕（2000 a）『自由と経済開発』日本経済新聞社

アマルティア・セン〔黒崎卓・山崎幸治訳〕（2000 b）『貧困と飢饉』岩波書店

布川日佐史（2015）「激動の中の生活保護制度と生活困窮者自立支援法」公的扶助研究会『季刊 公的扶助研究』通巻第 236 号

岩永理恵（2011）『生活保護は最低生活をどう構想したか－保護基準と実施要綱の歴史分析－』ミネルヴァ書房

岩田正美（2008）『社会的排除－参加の欠如・不確かな貴族－』有斐閣

樫原朗（1973）『イギリス社会保障の史的研究Ⅰ－救貧法の成立から国民保険の実施まで』法律文化社

唐鎌直義（2012）『脱貧困の社会保障』旬報社

駒村康平（2003）「低所得世帯の推計と生活保護制度」慶応大学『三田商学研究』第46巻第3号

宮寺良光（2013）「『多重債務問題』研究に取り組む意義（第Ⅰ章）」多重債務者支援研究会『「貧困を背景とする多重債務者等に対する新たな支援モデル構築」に関する研究報告書』

小山進次郎（1951）『改訂増補　生活保護法の解釈と運用』中央社会福祉協議会

林達（1989）『重商主義と産業革命』学文社

大河内一男（1949）『社会政策（総論）』有斐閣全書

ピーター・タウンゼント（1977）「相対的収奪としての貧困－生活資源と生活様式－」Ｄ．ウェッダーバーン編著〔高山武志訳〕『イギリスにおける貧困の論理』光生館

杉村宏（2004）「日本における貧困と社会的排除」北海道大学大学院教育学研究科・教育福祉論分野『教育福祉研究』第10号

戸室健作（2013）「近年における都道府県別貧困率の推移について—ワーキングプアを中心に」山形大学『山形大学紀要（社会科学）』第43巻第2号

第Ⅰ部

生活保護受給者の分析からみた地域の貧困問題

　第Ⅰ部は、筆者が2010年4月に岩手県立大学に着任した際に、すでに3年目を迎えていた研究プロジェクトに参加したことが契機となっている。同プロジェクトは、岩手県立大学公募型地域課題研究事業（当時）の研究助成を受けて取り組んだ研究であり、その成果は、2012年3月に発行した貧困と自立支援に関する研究会『生活保護受給者の自立阻害要因分析と自立助長のためのコミュニティ・ソーシャルワークのモデル構築に関する研究　研究プロジェクト報告書』にまとめられている。本書は、独自に集めた統計資料の分析結果に加え、この報告書で筆者が執筆担当した部分の内容を前提にしつつも、異なる視点からの分析を新たに加えたものである。

　同研究は、岩手県内各地の生活保護担当者の方々の協力があって成り立っていたものである。岩手県では特に、郡部の福祉事務所（県職）の担当者が以前から積極的に県内の貧困問題に取り組んできた歴史があり、昨今の格差社会が広がるなかで、市部の福祉事務所の方々もわれわれの研究活動を支えてくださった。また、釧路市視察の際も含めて、櫛部武俊氏（元釧路市職員）には多大なるご協力をいただいた。

第1章 生活保護受給動向にみる地域の貧困問題

1. はじめに

　生活保護の受給者の増加が社会問題として捉えられるようになったのは、バブル経済が崩壊して景気の後退が顕在化しはじめた 1990 年代半ば頃である。人口に占める生活保護受給者（＝被保護者）の割合（以下、保護率）が低下傾向から上昇傾向に転じた時期である。この時期は後に「失われた 10 年」と呼ばれている [1] が、1999 年に制定された産業活力再生特別措置法（通称、産業再生法）[2] が後押しする面もあって企業のリストラが本格化した。また、国内の閉塞的な経済状況を打開する名目で海外の市場に販路を求めるグローバル化が加速し、「グローバル・スタンダード」（世界標準）を名目に実質的にはコストダウンのための様々な規制緩和がなされた時期でもある [3]。さらに、労働者派遣法の改正にみられる派遣労働規制の緩和 [4]、社会保障制度や社会福祉制度の構造改革 [5] が推進された時期でもあり、大きな転換点にさしかかった時

---

[1] ある国あるいは地域の経済が約 10 年という長期にわたって不況と停滞に見舞われた時期のことを振り返って総称的に指す言葉。2000 年代に入って銀行の不良債権問題や企業のバランスシートの毀損などが解決しても、日本の経済成長はバブル崩壊前の勢いを取り戻せていないことから、「失われた 20 年」という見方もある。

[2] 1999 年に成立した法律で、生産性を向上させるために特別な措置を定めている（2003年までの時限立法であったが、改正法が 2003 年から施行）。経営の打開を目指し本格的なリストラを進めようとする企業は、「事業再構築計画」を提出することで、計画が実現可能だと国に認定されれば、産業再生法の適用を受けることができる。

[3] 1995 年に新食糧法が制定され、米の販売がそれまでの許可制から登録制に変更されたほか、卸は販売量、小売は施設の一定の条件が整えば自由に販売ができるようになった。また、酒類の販売については、1989 年の国税庁通達で酒類販売免許が緩和され、さらに、2003 年には酒税法の改正がおこなわれ、酒類販売も実質的に自由化された。このほか、化粧品、薬、家庭用品などの販売における規制緩和も進められてきている。

[4] 1999 年の労働者派遣法の改正では、対象業務を限定して派遣を認める「ポジティブ・リスト」から禁止業務を限定してその他の業務の派遣を認める「ネガティブ・リスト」化がなされた。なお、2004 年の改正では、「物の製造業務」（製造業）の解禁がなされ、非正規雇用の拡大をさらに促すことになる。

[5] 社会保障制度に関しては、社会保障制度審議会が 1995 年に「社会保障体制の再構築」という勧告を示し、「相互扶助」を基軸に据えた保険中心の制度再編を提唱した。社会福祉制度に関しては、2000 年の社会福祉事業法（1951 年制定）から社会福祉法への改正がその集大成になっているが、「措置から契約へ」に象徴されるように、「税から保険あるいは自己負担へ」という改革と新たな地域福祉の考え方が示され、国から地方へと主体の移行が進められる契機になった。

期であるといえる。こうした状況のなかで、一方では都市部を中心にホームレスの数が増加し、他方では生活保護受給者の増加が顕著になりはじめた。

　しかし、生活保護制度の運営に当たっては、現行法が施行された 1950 年以降、「適正化」という名のもとに受給者の抑制がなされてきた。なかでも 1981 年に当時の厚生省から出された「生活保護の適正実施の推進について」（昭和 56 年 11 月 17 日 社保第 123 号 厚生省社会局保護課長・監査指導課長通知）は、生活保護の受給対象を「すべての生活困窮者」から「自立不能の生活困窮者」に制約する内容であったといっても過言ではない。こうした対象者の制限が強まるなかで被保護者数が増加するわけであるが、それ以上に大きな問題に発展してきたのが、被保護者が抱える様々な問題である。2006 年頃を端緒に全国の福祉事務所で生活保護受給者を対象とする「自立支援プログラム」が導入されてきたものの、その取り組みの成果が目にみえてあらわれているとは考えにくい[6]。2004 年に社会保障審議会・生活保護制度の在り方に関する専門委員会による「報告書」が示したように、「受けやすく、自立しやすい」という提言のうち「自立」の部分が結果的に優先された形になったが、これまでの生活保護受給の判定をめぐる適正化が受給者の絞り込みを強化してきたことで、どうにもならない状態になって初めて保護の対象となるため、ストレングスが著しく低下した状態になっているものと想起される。このことが自立を阻害する要因になり、「福祉への依存」というレッテル張りにつなげているのではないかと懸念される。

　以上の問題意識から、生活保護制度が果たすべき役割について再確認するとともに、公表されている公的統計から生活保護受給動向を概観し、地域的な特徴について分析を試みる。

---

[6]　貧困と自立支援に関する研究会（2012：51）によると、盛岡市の「就労支援プログラムの実施状況」（福祉から就労支援事業〔Ａプログラム〕）が示されており、2007 年度が対象者数 17 人、就職決定者 3 人、保護廃止数 0 件、2008 年度が対象者数 10 人、就職決定者 7 人、保護廃止数 0 件、2009 年度が対象者数 14 人、就職決定者 8 人、保護廃止数 2 件、2010 年度が対象者数 49 人、就職決定者 10 人、保護廃止数 3 件、2011 年度（10 月末時点）が対象者数 58 人、就職決定者 15 人、保護廃止数 2 件となっている。

２．生活保護制度をめぐる政策論議の展開

（１）生活保護法の制定とその展開

　生活保護法が制定されたのは、1946 年のことである。このときの法律は、後に「旧生活保護法」と呼ばれるが、①国家責任、②無差別平等、③最低生活保障の３つの原則に則り、生活困窮者に対する保護の実施が制度化された。しかし、旧法にはいくつかの問題があったことから、1950 年に現在の生活保護法に改められることになった。その際、社会保障制度審議会による「生活保護制度の改善強化に関する勧告」（1949 年）がなされたところが大きいが、なかでも、①素行不良者・怠惰な者および扶養義務者のある者は対象から除外する「欠格条項」があったこと、②保護請求権が否定されていたために実施機関（主に民生委員）の裁量によって保護の要否が判断されたことが公的扶助システムとしての前近代性を有していた。この部分の改善がなされ、文字通りの「無差別平等」の基盤が整い、基準を下回る生活条件にある国民であれば、保護の申請をおこなうことができ、自らの意思で貧困状態からの脱却を選択できるようになった。とりわけ、第二次大戦後の荒廃から立ち直ろうとする復興期であったこともあり、被保護者数は多く、保護率も最近の水準より高い数値であった。岩手県も含め、東北地方の保護率は全国を上回る水準であった（巻末資料参照）。

　しかし、現行の生活保護法が制定された 1950 年は、朝鮮戦争が勃発した年でもあった。いわゆる「冷戦構造」の対立が深まるなかで、ＧＨＱによる占領下で進められた「非軍事化」にブレーキがかかり、再軍備を図るなかで福祉予算から軍事予算へと重みづけが転換していくことになる。このような過程で「朝日訴訟」が起こるが、結果として、保護基準の引き上げはなされたものの、「生存権」という日本国憲法第 25 条に規定した人権が国民の安心を担保させるものではないことが最高裁判所によって示された[7]。つまり、われわれの「生きる権利」は、第１に、選択の自由という意味においての「自己責任」であり、

---

[7]　いわゆる「プログラム規定説」と呼ばれる考え方で、川添・山下（1989：123）によると、「立法者に対する政治・政策の方針・目的を指示したものであり、その指示に反して、立法がなされず、また不十分な立法しかなされなかったとしても、個人が自己の権利の問題として、裁判所で争うことはできない。それに対しては、ただ、選挙を通して、国会の政治的責任を追及することができるに止まる」と説明している。

第2に、生活上の困難に遭遇した際の社会的なサポートのあり方は「民主主義」に則って決まってくるということである。後者が生活保護制度を含めた社会保障制度のあり方を左右するものであるが、そのあり方は主権者である国民がどのような為政者を選択するかによって決まってしまう可能性があるということである。その真価が問われたのが、高度経済成長が終焉した1970年代以降であり、それぞれの立場の思惑が見え隠れしてくることになる。

（2）1980年代以降の生活保護の「適正化」

1973年に起こった「オイルショック」は、日本の高度経済成長の終焉に大きく影響を及ぼすことになる。戦後から高度経済成長までの期間に日本の社会保障・社会福祉の拡充がなされたとする見方があるが、これらも「高度経済成長モデル」といわれるように、経済成長が堅調で税収が十分に見込まれるときであれば充実させるが、税収が少なくなったら切り下げるというものである。日本はまさに、オイルショックを契機に「福祉見直し論」が急速に拡大し、国庫負担の削減を中心とした「行政改革」が進められることになった。こうした過程で真っ先に白羽の矢が立ったのが生活保護制度である。

1981年に当時の厚生省から出された「生活保護の適正実施の推進について」（昭和56年11月17日 社保第123号 厚生省社会局保護課長・監査指導課長通知）は通称「123号通知」と呼ばれているが、その冒頭に「標記については、平素格別の御配意を煩わしているところであるが、近時、暴力団関係者等による生活保護の不正受給事件が再三発生し、このため生活保護行政のあり方についての批判すら招いていることはまことに遺憾である．このような事件の発生は、大多数の善意の被保護者に多大な迷惑をかけるばかりでなく、生活保護制度そのものに対する国民の信頼を失わせるおそれがあり、その社会的影響は極めて大きいものがある」と記されているように、暴力団関係者による不正受給の抑制が大義名分として示されている。その具体化について要約すると、①「新規申請の場合には資産と収入の状況、保護受給中の場合には収入の状況についてそれぞれ保護申請者又は被保護者に克明に記入させる」、②「記入内容が事実に相違ない旨付記して署名捺印した書面を提出させる」、③「資産・収入の状況を関係先に照会することについての包括的な同意書の提出をさせる」、④

「これを拒む者に対しては、申請の『却下』、保護の『停止』等を検討する」というものである。

　もちろん、不正受給を是認するものではないが、保護受給に際して新たに「高いハードル」が設けられたことで、不正受給のみならず、保護を必要とする生活困窮者までが制度から排除されることにもつながっている[8]。いくつかの餓死事件等の発生もあり、福祉行政に対する厳しい目が注がれるなかで、バブル経済の崩壊を契機に、再び生活保護受給者が増加に転じていくことになる。

（3）「利用しやすく、自立しやすい」自立支援への転換

　後述するように、1990 年代初めに起こったバブル経済崩壊の経済不況の長期化により、1990 年代半ばを底にして生活保護受給者が増加し、保護率が上昇に転じることになる。また、企業の倒産やリストラによって失業者が増加し、2003 年には計測史上最高の失業率に達するなど、生活保護受給者を増加させる社会的要因が色濃く出た時期であった。

　こうしたなか、2003 年に社会保障審議会のなかに「生活保護制度の在り方に関する専門委員会」が設置され、翌 2004 年には報告書が出された。そのうち、ポイントとなる 4 点をあげると、①「利用しやすく自立しやすい制度への転換」、②「制度のスリム化、理解の促進」、③「実施体制の改善・強化」、④「生活保護制度の機能の確認と自立の再定義」というものであった。なかでも、①「利用しやすく自立しやすい制度への転換」については、「自立支援プログラムの導入」ということにつながるものであったが、「自立しやすい」は「利用しやすく」と必ずセットでなければならないはずであった。それは、切羽詰まった状況になってからや問題が複雑化した状態になってから初めて生活保護を受給しても、問題の解決に時間がかかってしまいなかなか自立につながっていかないことへの懸念があったからである。

　生活保護制度は本来、第 1 条に「この法律は、日本国憲法第 25 条に規定する理念に基き、国が生活に困窮するすべての国民に対し、その困窮の程度に応じ、必要な保護を行い、その最低限度の生活を保障するとともに、その自立を

---

[8]　1987 年に札幌市白石区で母子世帯の母親が餓死した事件（白石事件）や 1996 年に豊島区池袋で母子が餓死した事件（池袋母子餓死事件）などが象徴的である。

助長することを目的とする。」とあるように、生活困窮者の「最低限度の生活を保障する」ことと、「自立を助長すること」が目的になっている。都合よく解釈すれば、自立できるように活用すべき制度であるということである。しかし、「123号通知」による「適正化」以来、対象を強く制限してきてしまった福祉事務所が「利用しやすく」といっても簡単に門戸を広げることが難しく、さらには「自立支援プログラムの導入」に際して、「就労自立支援プログラム」の導入が先行されたこともあって、「ワークフェア」（Workfare）[9]の様相が強まってしまった。そのため、④の「自立の再定義」で示された、「自らの健康・生活管理や社会的なつながりを回復・維持するといった『日常生活自立』や『社会生活自立』」が後回しにされてしまった側面が否めない。

　こうした課題が克服されないまま、「自立しやすい」方だけを福祉事務所が優先させようとした結果、逆に自立を阻害する要因になったと推察される。実際に、生活保護自立支援プログラムの導入による効果が目にみえる形であらわれてこなかったことが、後の生活困窮者自立支援法（2013年12月成立、2015年4月施行）の制定につながったといえる。

（4）生活保護受給者にみる貧困問題へのアプローチ

　以上の生活困窮者あるいは生活保護制度をめぐる政策変遷をたどっていくと、想起されるのが、生活保護の受給に至った生活困窮者が極めて自立可能性の低い状態にあるということである。そのような人たちへの「自立支援」が、とりわけ、「就労自立支援」が果たしてどれだけ意味のあることなのか、疑念を抱かざるにはいられなかった。しかし、2008年に起こった「リーマン・ショック」後の不況によって、いわゆる「派遣切り」に遭遇した人たちが中心となるが、新たな「ホームレス」となって少しずつ顕在化するようになった。それをさらに可視化したのが「年越し派遣村」[10]であったといえる。救済を求

---

[9] 　生活保護のような「福祉」（welfare）の受給者に対して、一定の就労を義務づけ、給付を労働の対価とすることによって、その精神的自立を促そうとする考え方や方法論のことを指す。

[10] 　湯浅誠氏を中心に、ＮＰＯや労働組合が協力して2008年の年末から2009年の年始にかけて千代田区の日比谷公園にテントハウスが設営され、炊き出しや生活相談などがおこなわれた。

めてきた「村民」は、文字通りの「生活困窮者」であったため、支援者による
生活保護の同行申請などもおこなわれ、それまで福祉事務所の窓口で門前払い
をされていた「稼働年齢層」（15〜64歳）にも生活保護の道が拓かれる契機に
なった。

　この間、全国各地で貧困を理由とする事件が相次いでいた [11] こともあり、
稼働年齢層の生活保護受給の追い風になった部分があるが、生活保護関連の統
計上にも変化がみられるようになる。世帯類型でみると、「その他の世帯」の
割合の増加が顕著になってくる。こうした背景が、第2章で触れる研究の動機
づけになっており、自立支援をすべき対象が生活保護を受給するようになって
きたということである。次章での論考に先立って、本章では、生活保護関連統
計の解析から、ターゲットとしている地域としての岩手県の特徴について概観
していくことにする。

3．生活保護関連統計にみる岩手県の生活保護受給動向分析

（1）生活保護受給者数と保護率の推移

　a）被保護者数と保護率

　図1-1は、1980年度以降の生活保護受給者（被保護者）数と保護率 [12] につ
いて、「全国（平均）」と「岩手」の数値を示したものである。既述の生活保護
の「適正化」が進められた1980年代に、「全国」「岩手」ともに被保護者数は

---

[11]　「京都・母親殺害事件」（2006年2月）：認知症の母（86歳）の介護と貧困に追い
　詰められた無職の男性（54歳）が心中を図り、母親を殺害。男性は行政に相談してい
　たが、生活保護について十分な説明を受けていなかった。「北九州・門司区餓死事件」
　（2006年5月）：市営住宅に住む障害者の男性（56歳）が、役所に生活保護の申請書
　を交付してもらえず餓死。前年にはライフラインが止められており、栄養失調で病院
　に搬送されていた。「秋田・練炭自殺事件」（2006年7月）：強い睡眠障害で働けず車
　上生活を送っていた男性（37歳）が2回生活保護を申請するも却下。「俺が犠牲にな
　って福祉をよくしたい」と市役所の駐車場に停めた車中で練炭自殺。「北九州・『おに
　ぎり食べたい』餓死事件」（2007年7月）：生活保護を打ち切られた元タクシー運転手
　（52歳）が直後に餓死。「（辞退届を）書かされ、印まで押させ、自立指導したんか」
　「おにぎり食べたい」などと日記に書き残していた。
[12]　保護率とは、ある国あるいはある地域の全人口に占める生活保護の被保護人口の割
　合を指す。保護率の算定式は、「保護率（‰）＝被保護人口÷全人口×1,000」で示さ
　れる。なお、‰（パーミル）は人口1,000人に対する割合となる。

減少しており、保護率も低下している。しかし、1995年を底に被保護者数は増加し、保護率も少々に転じている。その後、「全国」については被保護者数の増加と保護率の上昇の傾向が続き、2013年度には被保護者数が216万人になっており、保護率も17.0‰まで上昇している。一方、「岩手」については、東日本大震災（以下、震災）が発生した2010年度まで被保護者数が上昇し、保護率もうなぎ上りで上昇しているが、震災後は被保護者数も保護率もほとんど変動が起こっていない。詳細については第7章を参照していただきたいが、震災の被災者に対する寄付金や義援金の給付等が被保護者の増加を緩和している可能性がうかがえる。

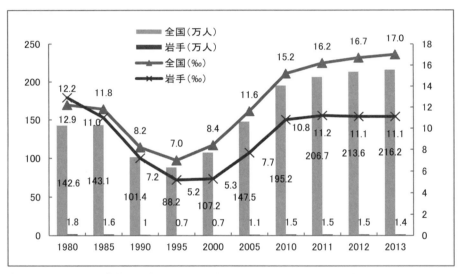

資料：厚生労働省「被保護者調査（旧・福祉行政報告例）」より作成

図 1-1　被保護者数と保護率の推移

b) 生活保護の支出状況

被保護者数の増減は、いうまでもなく生活保護費の支出に影響を与える。図1-2は生活保護費の支出状況について示したものであるが、被保護者数が減少から増加に転じた1995年以降、生活保護費の支出も急速に増加している。こうした状況が拡大し続けるのであれば、国民の負担がさらに増加していくこと

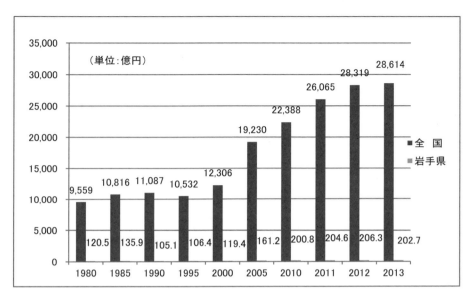

資料：国立社会保障・人口問題研究所「『生活保護』に関する公的統計データ」および岩手県保健福祉部地域福祉課「岩手県の生活保護」より作成

図1-2　生活保護費の支出状況

になるが、それを抑制できるかどうか、被保護者の内訳をみていく必要がある。

c）年齢別にみた被保護者数

表1-1および表1-2は、都道府県別にみた年齢階級別被保護者数と保護率について、2000年と2010年の数値を示したものである。

まず、「全国」をみてみると、「被保護者数」については2000年から2010年にかけて、「15歳未満」では12.9万人から20.8万人に（+61.2％）、「15～64歳」では52.6万人から93.0万人に（+76.8％）、「65歳以上」では37.7万人から74.1万人に（+96.6％）増加しており、いずれの年齢階級でも増加しているが、年齢が高くなるほど増加率が高まっている。なかでも「65歳以上」ではほぼ倍増しており、高齢者の生活困窮化が進んでいることがわかる。また、保護率についても、「15歳未満」では7.0‰から12.4‰に（+5.4‰ポイント）、「15～64歳」では6.1‰から11.5‰に（+5.4‰ポイント）、「65歳以上」では

表 1-1　都道府県別にみた年齢階級別

	被保護者数（人）				
	総　数	15 歳未満	15〜64 歳	(再掲) 15〜39 歳	(再掲) 40〜64 歳	65 歳以上
全国	1,031,770	128,510	526,138	133,390	392,748	377,122
北海道	101,696	16,893	53,517	16,561	36,956	31,286
青森県	17,618	1,636	8,855	2,001	6,854	7,127
岩手県	7,283	629	3,700	793	2,907	2,954
宮城県	11,653	1,402	5,906	1,574	4,332	4,345
秋田県	9,087	661	4,712	988	3,724	3,714
山形県	4,197	310	2,118	395	1,723	1,769
福島県	10,651	1,140	5,634	1,222	4,412	3,877
茨城県	10,830	1,211	5,864	1,215	4,649	3,755
栃木県	8,257	990	4,542	1,025	3,517	2,725
群馬県	6,380	598	3,410	686	2,724	2,372
埼玉県	29,755	4,371	16,397	4,372	12,025	8,987
千葉県	25,240	3,089	13,373	3,172	10,201	8,778
東京都	130,488	12,516	67,545	15,617	51,928	50,427
神奈川県	63,920	7,888	33,765	8,279	25,486	22,267
新潟県	9,268	937	5,142	1,164	3,978	3,189
富山県	1,975	66	876	109	767	1,033
石川県	3,660	181	1,885	274	1,611	1,594
福井県	1,837	126	883	146	737	828
山梨県	2,413	162	1,246	204	1,042	1,005
長野県	5,175	376	2,746	457	2,289	2,053
岐阜県	4,352	304	2,042	338	1,704	2,006
静岡県	10,722	1,145	5,483	1,102	4,381	4,094
愛知県	27,957	2,966	13,531	2,832	10,699	11,460
三重県	9,428	1,016	4,587	1,054	3,533	3,825
滋賀県	6,166	1,092	3,212	1,038	2,174	1,862
京都府	35,976	5,612	18,083	5,807	12,276	12,281
大阪府	130,310	18,990	64,338	18,002	46,336	46,982
兵庫県	52,821	7,169	27,237	7,393	19,844	18,415
奈良県	12,228	1,910	6,352	1,873	4,479	3,966
和歌山県	8,149	676	3,749	707	3,042	3,724
鳥取県	3,513	364	1,747	370	1,377	1,402
島根県	3,278	254	1,600	294	1,306	1,424
岡山県	14,485	1,934	7,733	1,991	5,742	4,818
広島県	22,422	2,962	12,193	3,148	9,045	7,267
山口県	12,679	1,584	6,281	1,549	4,732	4,814
徳島県	8,924	799	4,666	978	3,688	3,459
香川県	8,601	1,432	4,985	1,678	3,307	2,184
愛媛県	12,253	1,128	6,558	1,228	5,330	4,567
高知県	12,401	1,116	5,869	1,230	4,639	5,416
福岡県	77,712	9,736	37,672	9,676	27,996	30,304
佐賀県	5,029	499	2,518	516	2,002	2,012
長崎県	17,066	2,025	8,669	2,094	6,575	6,372
熊本県	14,394	1,322	6,643	1,453	5,190	6,429
大分県	12,245	1,134	5,691	1,135	4,556	5,420
宮崎県	10,590	1,181	4,834	1,045	3,789	4,575
鹿児島県	19,364	2,191	9,075	2,075	7,000	8,098
沖縄県	17,322	2,787	8,674	2,530	6,144	5,861

出所：総務省「国勢調査」および厚生労働省「被保護者調査（旧・福祉行政報告例）」

被保護者数と保護率（2000 年）

総　数	15 歳未満	保護率（‰）			65 歳以上
		15〜64 歳	(再掲) 15〜39 歳	(再掲) 40〜64 歳	
8.1	7.0	6.1	3.1	9.0	17.1
17.9	21.3	14.0	9.1	18.3	30.3
11.9	7.3	9.2	4.5	13.1	24.8
5.1	3.0	4.1	1.9	5.9	9.7
4.9	4.0	3.7	1.9	5.5	10.6
7.6	4.1	6.3	3.1	8.7	13.3
3.4	1.7	2.7	1.1	4.1	6.2
5.0	3.3	4.2	1.9	6.2	9.0
3.6	2.6	2.9	1.2	4.4	7.6
4.1	3.2	3.4	1.6	5.0	7.9
3.2	1.9	2.5	1.1	3.9	6.5
4.3	4.3	3.3	1.7	4.8	10.1
4.3	3.7	3.2	1.5	4.8	10.5
10.8	8.8	7.8	3.4	12.9	26.4
7.5	6.7	5.5	2.6	8.8	19.0
3.7	2.6	3.3	1.6	4.7	6.1
1.8	0.4	1.2	0.3	2.0	4.4
3.1	1.0	2.4	0.7	4.0	7.3
2.2	1.0	1.7	0.6	2.7	4.9
2.7	1.2	2.2	0.7	3.6	5.8
2.3	1.1	2.0	0.7	3.1	4.3
2.1	0.9	1.5	0.5	2.3	5.2
2.8	2.0	2.2	0.9	3.3	6.2
4.0	2.7	2.8	1.1	4.5	11.2
5.1	3.6	3.8	1.8	5.6	10.9
4.6	5.0	3.5	2.2	4.9	8.6
13.6	15.6	10.0	6.3	13.9	26.7
14.8	15.2	10.3	5.7	15.1	35.7
9.5	8.6	7.2	4.0	10.4	19.6
8.5	8.9	6.4	3.9	8.9	16.6
7.6	4.2	5.5	2.3	8.2	16.5
5.7	3.9	4.6	2.1	6.6	10.4
4.3	2.3	3.5	1.4	5.1	7.5
7.4	6.6	6.1	3.3	8.7	12.2
7.8	6.9	6.4	3.4	9.2	13.7
8.3	7.4	6.4	3.6	8.8	14.2
10.8	6.8	8.9	4.1	12.9	19.1
8.4	9.7	7.6	5.5	9.4	10.2
8.2	5.1	6.9	2.8	10.3	14.3
15.2	10.0	11.5	5.4	16.5	28.2
15.5	13.1	11.1	5.7	16.5	34.8
5.7	3.5	4.6	2.0	6.9	11.2
11.3	8.3	9.1	4.8	12.7	20.2
7.7	4.6	5.7	2.6	8.3	16.2
10.0	6.3	7.3	3.2	10.8	20.4
9.1	6.3	6.5	3.1	9.4	18.9
10.8	7.8	8.2	4.1	11.8	20.1
13.1	10.5	10.1	5.5	15.2	32.1

より作成

32

表 1-2 都道府県別にみた年齢階級別

	被保護者数（人）					
	総　数	15歳未満	15～64歳			65歳以上
			計	(再掲) 15～39歳	(再掲) 40～64歳	
全国	1,878,725	208,166	929,581	260,681	668,900	740,978
北海道	154,919	21,109	78,057	25,264	52,793	55,753
青森県	27,949	1,829	12,918	2,858	10,060	13,202
岩手県	14,028	1,388	7,188	1,888	5,300	5,452
宮城県	25,960	3,070	13,380	4,019	9,361	9,510
秋田県	14,463	1,059	6,879	1,532	5,347	6,525
山形県	6,156	375	2,986	576	2,410	2,795
福島県	18,109	1,709	9,296	2,160	7,136	7,104
茨城県	21,782	1,872	10,594	2,407	8,187	9,316
栃木県	17,728	1,669	9,405	2,325	7,080	6,654
群馬県	11,665	958	5,752	1,223	4,529	4,955
埼玉県	74,599	8,650	38,507	11,101	27,406	27,442
千葉県	63,840	6,690	31,816	8,557	23,259	25,334
東京都	246,341	21,558	119,766	31,764	88,002	105,017
神奈川県	132,960	16,219	66,180	20,207	45,973	50,561
新潟県	17,005	1,571	9,274	2,207	7,067	6,160
富山県	3,153	128	1,384	204	1,180	1,641
石川県	6,301	372	2,790	487	2,303	3,139
福井県	3,079	173	1,454	251	1,203	1,452
山梨県	4,672	266	2,074	381	1,693	2,332
長野県	9,913	914	5,198	1,160	4,038	3,801
岐阜県	9,841	715	4,501	984	3,517	4,625
静岡県	23,622	2,335	11,417	2,719	8,698	9,870
愛知県	65,976	6,854	34,449	9,099	25,350	24,673
三重県	16,281	1,775	7,815	2,034	5,781	6,691
滋賀県	10,204	1,528	5,300	1,707	3,593	3,376
京都府	55,839	8,204	27,355	9,430	17,925	20,280
大阪府	273,678	34,567	132,534	40,505	92,029	106,577
兵庫県	93,733	11,764	45,896	13,894	32,002	36,073
奈良県	18,501	2,482	8,629	2,695	5,934	7,390
和歌山県	13,362	970	5,538	1,235	4,303	6,854
鳥取県	6,389	683	3,413	907	2,506	2,293
島根県	5,274	485	2,736	641	2,095	2,053
岡山県	23,024	2,795	12,015	3,351	8,664	8,214
広島県	43,403	5,816	23,520	7,254	16,266	14,067
山口県	16,407	1,555	7,847	1,954	5,893	7,005
徳島県	13,714	1,291	6,763	1,518	5,245	5,660
香川県	10,709	1,463	5,653	1,597	4,056	3,593
愛媛県	19,218	1,464	9,862	2,118	7,744	7,892
高知県	18,700	1,781	8,887	2,273	6,614	8,032
福岡県	118,164	13,351	58,224	16,197	42,027	46,589
佐賀県	7,157	522	3,513	676	2,837	3,122
長崎県	27,673	2,911	14,625	3,827	10,798	10,137
熊本県	20,929	1,799	10,048	2,427	7,621	9,082
大分県	18,781	1,458	8,684	2,027	6,657	8,639
宮崎県	15,538	1,433	7,287	1,667	5,620	6,818
鹿児島県	29,981	3,252	14,726	3,597	11,129	12,003
沖縄県	28,005	3,334	13,446	3,777	9,669	11,225

出所：総務省「国勢調査」および厚生労働省「被保護者調査（旧・福祉行政報告例）」

被保護者数と保護率（2010 年）

総　数	15 歳未満	保護率（‰）			65 歳以上
		15〜64 歳			
			(再掲) 15〜39 歳	(再掲) 40〜64 歳	
14.7	12.4	11.5	6.9	15.5	25.3
28.1	32.1	22.4	16.4	27.2	41.1
20.4	10.6	15.3	8.0	20.6	37.4
10.5	8.2	9.0	5.5	11.7	15.1
11.1	10.0	8.9	5.6	11.9	18.3
13.3	8.5	10.8	6.0	13.9	20.4
5.3	2.5	4.3	1.9	6.1	8.7
8.9	6.2	7.5	4.0	10.3	14.1
7.3	4.7	5.6	2.8	8.0	14.0
8.8	6.2	7.3	4.0	10.1	15.2
5.8	3.5	4.6	2.2	6.6	10.5
10.4	9.1	8.1	4.9	11.0	18.7
10.3	8.4	7.9	4.5	10.9	19.2
18.7	14.6	13.5	7.1	20.2	39.7
14.7	13.7	11.1	6.9	14.9	27.8
7.2	5.2	6.4	3.5	8.7	9.9
2.9	0.9	2.1	0.7	3.2	5.8
5.4	2.3	3.8	1.4	5.9	11.4
3.8	1.5	3.0	1.2	4.5	7.2
5.4	2.3	3.9	1.6	5.8	11.0
4.6	3.1	4.1	2.0	5.7	6.7
4.7	2.5	3.5	1.7	5.1	9.3
6.3	4.6	4.9	2.6	6.8	11.1
8.9	6.4	7.2	3.8	10.4	16.5
8.8	7.0	6.8	3.9	9.3	15.0
7.2	7.3	5.9	3.9	7.8	11.7
21.2	24.5	16.5	11.7	21.1	33.5
30.9	29.7	23.5	14.9	31.3	54.3
16.8	15.5	13.1	8.5	17.0	28.1
13.2	13.5	9.9	6.8	12.5	22.1
13.3	7.6	9.3	4.8	12.7	25.3
10.9	8.8	9.7	5.8	12.8	14.9
7.4	5.3	6.6	3.6	8.8	9.9
11.8	10.6	10.2	6.0	13.9	16.9
15.2	15.0	13.3	8.8	17.2	20.8
11.3	8.4	9.1	5.2	12.2	17.3
17.5	13.4	14.3	7.4	19.6	27.0
10.8	11.1	9.5	6.1	12.2	14.2
13.4	7.9	11.5	5.7	16.0	20.8
24.5	19.2	19.9	11.8	25.9	36.8
23.3	19.5	18.0	10.5	24.9	41.5
8.4	4.2	6.8	2.9	10.0	15.0
19.4	15.0	17.1	10.5	21.9	27.5
11.5	7.2	9.2	5.0	12.6	19.6
15.7	9.4	12.1	6.4	16.7	27.3
13.7	9.0	10.7	5.6	14.6	23.4
17.6	13.9	14.5	8.1	19.4	26.7
20.1	13.5	15.0	8.5	21.4	46.7

より作成

17.1‰から 25.3‰に（+8.2‰ポイント）上昇しており、いずれの年齢階級でも上昇しているが、「65 歳以上」での上昇幅が大きくなっている。

次に、「岩手県」をみてみると、「被保護者数」については 2000 年から 2010年にかけて、「15 歳未満」では 629 人から 1,388 人に（+120.7%）、「15〜64 歳」では 3,700 人から 7,188 人に（+94.3%）、「65 歳以上」では 2,954 人から 5,452人に（+84.5%）増加しており、いずれの年齢階級でも増加しているが、年齢が低くなるほど増加率が高まっている。なかでも「15 歳未満」では倍以上に増加しており、児童の生活困窮化が進んでいることがわかる。また、保護率についても、「15 歳未満」では 3.0‰から 8.2‰に（+5.2‰ポイント）、「15〜64歳」では 4.1‰から 9.0‰に（+4.9‰ポイント）、「65 歳以上」では 9.7‰から15.1‰に（+5.4‰ポイント）上昇しており、いずれの年齢階級でも上昇しているが、「65 歳以上」での上昇幅が大きくなっている。

（2）世帯類型別にみた生活保護受給世帯数の推移

表 1-3 および表 1-4 は、都道府県別にみた世帯類型別被保護世帯数について、2000 年と 2010 年の数値を示したものである。

まず、「全国」をみてみると、「被保護世帯数」については 2000 年から 2010年にかけて、「総数」で 900 万世帯から 1,686 万世帯に増加（+87.3%）しており、「高齢者世帯」では 409 万世帯から 724 万世帯に（+77.0%）、「母子世帯」では 76 万世帯から 131 万世帯に（+72.4%）、「障害者世帯」では 92 万世帯から 189 万世帯に（+105.4%）、「傷病者世帯」では 257 万世帯から 370 万世帯に（+44.0%）、「その他の世帯」では 66 万世帯から 273 万世帯に（+313.6%）増加しており、いずれの世帯類型でも増加しているが、「その他の世帯」の増加率がもっとも高く 3 倍以上になっており、次ぐ「障害者世帯」でも 2 倍以上に増加している。また、構成比をみてみると、「高齢者世帯」では 45.5%から42.9%に、「母子世帯」では 8.4%から 7.7%に、「障害者世帯」では 10.2%から 11.2%に、「傷病者世帯」では 28.5%から 21.9%に、「その他の世帯」では7.4%から 16.2%に変動しており、増加率の高かった「障害者世帯」と「その他の世帯」の構成割合が上昇している。このことから、昨今問題になっている

うつ病等の精神障害者の増加や不況による失業者の増加がこれらの世帯類型の被保護世帯数を増加させている可能性がうかがえる。

　次に、「岩手県」をみてみると、「被保護世帯数」については 2000 年から 2010 年にかけて、「総数」で 6.3 万世帯から 12.2 万世帯に増加（+93.7％）しており、「高齢者世帯」では 3.0 万世帯から 5.1 万世帯に（+70.0％）、「母子世帯」では 0.3 万世帯から 0.7 万世帯に（+133.3％）、「障害者世帯」では 0.9 万世帯から 1.5 万世帯に（+66.7％）、「傷病者世帯」では 1.4 万世帯から 2.6 万世帯に（+85.7％）、「その他の世帯」では 0.7 万世帯から 2.4 万世帯に（+242.9％）増加しており、いずれの世帯類型でも増加しているが、「その他の世帯」の増加率がもっとも高く約 2.5 倍になっており、次ぐ「母子世帯」でも約 1.3 倍に増加している。また、構成比をみてみると、「高齢者世帯」では 47.6％から 41.4％に、「母子世帯」では 5.0％から 5.7％に、「障害者世帯」では 13.7％から 12.1％に、「傷病者世帯」では 22.9％から 21.0％に、「その他の世帯」では 10.9％から 19.8％に変動しており、増加率の高かった「母子世帯」の構成割合がやや上昇し、「その他の世帯」が顕著に上昇している。このことから、「岩手県」では「全国」と比べると、「その他の世帯」の増加は共通しているが、その他の世帯類型については少し異なる様相を呈している。

（3）岩手県における生活保護受給動向に関する傾向

　「人員」ベースでみると、「全国」的な傾向としては、生活保護受給者の増加において一番の要因になっているのは、高齢者層の生活困窮化であるといえる。しかし、他の年齢層でも一定の増加がみられるうえ、保護率についても上昇する傾向がみられ、貧困問題が特定の年齢層に限定した問題ではないことがうかがえる。一方、「岩手県」では、「全国」に比べると保護率が低くなっているが、同様に高齢者層の相対的な貧困化が進んできているといえる。しかし、「15 歳未満」での被保護者数の増加（2000 年から 2010 年に倍加）が顕著となっており、いわゆる「子どもの貧困」の深刻化が懸念される状況である。

　また、「世帯」ベースでみると、「岩手県」では「全国」と比べると、「その他の世帯」の増加は共通しているものの、他の世帯類型をみると、「全国」では「障害者世帯」で、「岩手県」では「母子世帯」が構成割合を上昇させている。

表 1-3 都道府県別にみた世帯類型

	被保護世帯数（世帯）					
	総　数	高齢者世帯	母子世帯	障害者世帯	傷病者世帯	その他の世帯
全国	9,002,177	4,094,347	757,514	917,807	2,569,633	662,876
北海道	821,008	350,469	117,168	82,606	208,113	62,652
青森県	155,486	75,582	11,267	29,467	31,767	7,403
岩手県	63,163	30,053	3,141	8,628	14,477	6,864
宮城県	99,989	46,005	8,218	11,711	23,526	10,529
秋田県	80,830	40,603	4,053	7,530	22,102	6,542
山形県	38,773	18,815	1,528	7,431	8,228	2,771
福島県	92,918	40,668	5,448	10,091	29,364	7,347
茨城県	95,301	39,984	5,479	9,225	34,060	6,553
栃木県	71,835	29,591	4,871	6,773	25,069	5,531
群馬県	59,143	25,279	3,329	7,272	19,204	4,059
埼玉県	249,808	94,874	25,769	27,604	81,443	20,118
千葉県	221,985	92,014	17,237	21,765	78,200	12,769
東京都	1,238,746	523,471	81,937	129,007	405,962	98,369
神奈川県	579,267	245,980	45,982	57,688	181,019	48,598
新潟県	82,578	32,252	6,226	14,925	22,152	7,023
富山県	20,866	11,668	323	2,921	5,276	678
石川県	37,184	19,181	1,214	5,150	10,393	1,246
福井県	18,062	9,402	606	1,579	5,106	1,369
山梨県	23,578	10,539	839	4,345	7,028	827
長野県	50,442	23,103	2,275	8,909	13,406	2,749
岐阜県	42,932	23,447	1,687	4,224	11,799	1,775
静岡県	99,572	43,126	6,404	14,573	29,073	6,396
愛知県	255,070	119,720	15,028	29,863	77,199	13,260
三重県	84,055	42,164	5,603	8,482	21,812	5,994
滋賀県	48,451	20,623	5,620	5,027	13,743	3,438
京都府	294,604	136,286	37,588	31,811	63,473	25,446
大阪府	1,147,200	539,853	114,396	112,187	309,774	70,990
兵庫県	451,312	204,887	40,092	38,920	134,330	33,083
奈良県	96,794	41,875	11,145	7,648	28,499	7,627
和歌山県	74,797	40,992	3,552	6,417	21,368	2,468
鳥取県	31,174	14,691	1,857	3,591	8,450	2,585
島根県	29,980	14,807	1,460	4,057	6,572	3,084
岡山県	123,688	52,919	11,558	11,220	38,173	9,818
広島県	189,180	79,557	16,649	22,948	55,740	14,286
山口県	109,853	54,157	8,668	8,855	28,277	9,896
徳島県	78,649	37,363	4,456	4,162	26,506	6,162
香川県	66,303	23,767	5,982	6,356	25,343	4,855
愛媛県	112,142	50,085	6,334	14,033	36,010	5,680
高知県	113,295	58,986	6,604	10,917	32,124	4,664
福岡県	635,507	324,679	48,814	46,966	159,172	55,876
佐賀県	44,264	22,570	2,039	4,980	11,063	3,612
長崎県	141,344	66,099	11,092	10,328	42,710	11,115
熊本県	127,814	69,861	7,116	14,705	30,337	5,795
大分県	110,581	58,621	6,648	6,616	30,749	7,947
宮崎県	92,661	49,109	5,910	7,919	21,623	8,100
鹿児島県	165,893	84,895	12,018	12,802	44,460	11,718
沖縄県	134,100	59,675	12,284	13,573	35,359	13,209

出所：厚生労働省「被保護者調査（旧・福祉行政報告例）」より作成

第1章　生活保護受給動向にみる地域の貧困問題　37

別被保護世帯数（2000年）

総　　数	構成比（％）				
	高齢者世帯	母子世帯	障害者世帯	傷病者世帯	その他の世帯
100.0	45.5	8.4	10.2	28.5	7.4
100.0	42.7	14.3	10.1	25.3	7.6
100.0	48.6	7.2	19.0	20.4	4.8
100.0	47.6	5.0	13.7	22.9	10.9
100.0	46.0	8.2	11.7	23.5	10.5
100.0	50.2	5.0	9.3	27.3	8.1
100.0	48.5	3.9	19.2	21.2	7.1
100.0	43.8	5.9	10.9	31.6	7.9
100.0	42.0	5.7	9.7	35.7	6.9
100.0	41.2	6.8	9.4	34.9	7.7
100.0	42.7	5.6	12.3	32.5	6.9
100.0	38.0	10.3	11.1	32.6	8.1
100.0	41.5	7.8	9.8	35.2	5.8
100.0	42.3	6.6	10.4	32.8	7.9
100.0	42.5	7.9	10.0	31.2	8.4
100.0	39.1	7.5	18.1	26.8	8.5
100.0	55.9	1.5	14.0	25.3	3.2
100.0	51.6	3.3	13.9	28.0	3.4
100.0	52.1	3.4	8.7	28.3	7.6
100.0	44.7	3.6	18.4	29.8	3.5
100.0	45.8	4.5	17.7	26.6	5.4
100.0	54.6	3.9	9.8	27.5	4.1
100.0	43.3	6.4	14.6	29.2	6.4
100.0	46.9	5.9	11.7	30.3	5.2
100.0	50.2	6.7	10.1	25.9	7.1
100.0	42.6	11.6	10.4	28.4	7.1
100.0	46.3	12.8	10.8	21.5	8.6
100.0	47.1	10.0	9.8	27.0	6.2
100.0	45.4	8.9	8.6	29.8	7.3
100.0	43.3	11.5	7.9	29.4	7.9
100.0	54.8	4.7	8.6	28.6	3.3
100.0	47.1	6.0	11.5	27.1	8.3
100.0	49.4	4.9	13.5	21.9	10.3
100.0	42.8	9.3	9.1	30.9	7.9
100.0	42.1	8.8	12.1	29.5	7.6
100.0	49.3	7.9	8.1	25.7	9.0
100.0	47.5	5.7	5.3	33.7	7.8
100.0	35.8	9.0	9.6	38.2	7.3
100.0	44.7	5.6	12.5	32.1	5.1
100.0	52.1	5.8	9.6	28.4	4.1
100.0	51.1	7.7	7.4	25.0	8.8
100.0	51.0	4.6	11.3	25.0	8.2
100.0	46.8	7.8	7.3	30.2	7.9
100.0	54.7	5.6	11.5	23.7	4.5
100.0	53.0	6.0	6.0	27.8	7.2
100.0	53.0	6.4	8.5	23.3	8.7
100.0	51.2	7.2	7.7	26.8	7.1
100.0	44.5	9.2	10.1	26.4	9.9

表 1-4　都道府県別にみた世帯類型

	被保護世帯数（世帯）					
	総　　数	高齢者世帯	母子世帯	障害者世帯	傷病者世帯	その他の世帯
全国	16,863,368	7,242,482	1,305,533	1,888,675	3,697,796	2,728,882
北海道	1,321,993	545,759	150,828	150,107	290,526	184,773
青森県	258,095	126,767	12,171	34,731	55,513	28,913
岩手県	122,132	50,606	6,959	14,750	25,599	24,218
宮城県	223,852	88,002	17,988	25,541	44,390	47,931
秋田県	130,332	61,448	6,524	13,482	31,489	17,389
山形県	60,417	27,793	2,275	9,029	14,339	6,981
福島県	162,945	68,741	9,000	22,788	38,597	23,819
茨城県	200,646	90,065	9,796	20,526	54,348	25,911
栃木県	163,336	64,912	9,370	18,044	45,303	25,707
群馬県	111,883	50,022	5,325	13,477	27,346	15,713
埼玉県	658,574	256,965	53,973	69,339	148,000	130,297
千葉県	579,063	249,504	39,209	58,698	137,937	93,715
東京都	2,335,947	1,013,908	145,824	229,279	579,522	367,414
神奈川県	1,187,184	507,547	102,799	138,274	223,585	214,979
新潟県	156,227	59,367	9,579	23,831	36,568	26,882
富山県	33,432	17,200	647	4,425	6,836	4,324
石川県	64,074	32,849	2,103	8,037	15,813	5,272
福井県	31,076	14,337	1,026	3,727	6,816	5,170
山梨県	46,758	22,314	1,778	6,596	9,823	6,247
長野県	94,563	38,301	4,492	16,516	20,067	15,187
岐阜県	95,996	46,851	3,934	10,174	22,043	12,994
静岡県	223,933	96,351	12,989	25,286	46,992	42,315
愛知県	617,948	248,664	37,296	62,027	129,743	140,218
三重県	145,309	63,542	9,442	18,515	33,852	19,958
滋賀県	84,765	32,387	8,943	9,762	23,051	10,622
京都府	468,081	195,287	58,461	53,826	86,177	74,330
大阪府	2,450,557	1,078,559	231,903	277,057	470,075	392,963
兵庫県	814,856	351,289	74,591	87,988	184,525	116,463
奈良県	154,819	70,021	16,540	15,455	35,616	17,187
和歌山県	126,501	68,244	6,241	11,581	28,641	11,794
鳥取県	55,409	21,649	3,449	8,715	13,598	7,998
島根県	48,660	17,997	2,916	5,742	11,666	10,339
岡山県	202,301	79,014	15,905	25,489	43,688	38,205
広島県	369,892	137,036	34,154	57,865	67,828	73,009
山口県	149,310	69,481	9,000	15,383	36,297	19,149
徳島県	123,111	53,257	7,497	10,605	36,669	15,083
香川県	93,023	35,691	7,581	10,306	24,068	15,377
愛媛県	182,955	78,466	9,050	24,015	49,642	21,782
高知県	175,568	81,987	10,775	19,488	36,522	26,796
福岡県	1,023,092	446,524	72,034	95,873	212,381	196,280
佐賀県	66,585	30,671	2,773	7,900	17,915	7,326
長崎県	236,994	91,776	18,153	23,253	63,850	39,962
熊本県	191,287	88,153	10,360	27,621	40,087	25,066
大分県	173,762	83,658	8,279	17,468	39,696	24,661
宮崎県	143,167	65,685	8,099	15,258	29,389	24,736
鹿児島県	264,021	116,022	17,303	28,886	57,683	44,127
沖縄県	238,937	107,813	16,199	41,940	43,685	29,300

出所：厚生労働省「被保護者調査（旧・福祉行政報告例）」より作成

別被保護世帯数（2010 年）

総　　数	構成比（%）				
	高齢者世帯	母子世帯	障害者世帯	傷病者世帯	その他の世帯
100.0	42.9	7.7	11.2	21.9	16.2
100.0	41.3	11.4	11.4	22.0	14.0
100.0	49.1	4.7	13.5	21.5	11.2
100.0	41.4	5.7	12.1	21.0	19.8
100.0	39.3	8.0	11.4	19.8	21.4
100.0	47.1	5.0	10.3	24.2	13.3
100.0	46.0	3.8	14.9	23.7	11.6
100.0	42.2	5.5	14.0	23.7	14.6
100.0	44.9	4.9	10.2	27.1	12.9
100.0	39.7	5.7	11.0	27.7	15.7
100.0	44.7	4.8	12.0	24.4	14.0
100.0	39.0	8.2	10.5	22.5	19.8
100.0	43.1	6.8	10.1	23.8	16.2
100.0	43.4	6.2	9.8	24.8	15.7
100.0	42.8	8.7	11.6	18.8	18.1
100.0	38.0	6.1	15.3	23.4	17.2
100.0	51.4	1.9	13.2	20.4	12.9
100.0	51.3	3.3	12.5	24.7	8.2
100.0	46.1	3.3	12.0	21.9	16.6
100.0	47.7	3.8	14.1	21.0	13.4
100.0	40.5	4.8	17.5	21.2	16.1
100.0	48.8	4.1	10.6	23.0	13.5
100.0	43.0	5.8	11.3	21.0	18.9
100.0	40.2	6.0	10.0	21.0	22.7
100.0	43.7	6.5	12.7	23.3	13.7
100.0	38.2	10.6	11.5	27.2	12.5
100.0	41.7	12.5	11.5	18.4	15.9
100.0	44.0	9.5	11.3	19.2	16.0
100.0	43.1	9.2	10.8	22.6	14.3
100.0	45.2	10.7	10.0	23.0	11.1
100.0	53.9	4.9	9.2	22.6	9.3
100.0	39.1	6.2	15.7	24.5	14.4
100.0	37.0	6.0	11.8	24.0	21.2
100.0	39.1	7.9	12.6	21.6	18.9
100.0	37.0	9.2	15.6	18.3	19.7
100.0	46.5	6.0	10.3	24.3	12.8
100.0	43.3	6.1	8.6	29.8	12.3
100.0	38.4	8.1	11.1	25.9	16.5
100.0	42.9	4.9	13.1	27.1	11.9
100.0	46.7	6.1	11.1	20.8	15.3
100.0	43.6	7.0	9.4	20.8	19.2
100.0	46.1	4.2	11.9	26.9	11.0
100.0	38.7	7.7	9.8	26.9	16.9
100.0	46.1	5.4	14.4	21.0	13.1
100.0	48.1	4.8	10.1	22.8	14.2
100.0	45.9	5.7	10.7	20.5	17.3
100.0	43.9	6.6	10.9	21.8	16.7
100.0	45.1	6.8	17.6	18.3	12.3

2008 年の「リーマン・ショック」を契機に失業者の増加が問題となったことが「その他の世帯」を増加させていることに加えて、就業環境が悪化し、「障害者世帯」の増加にみられるように、健康問題に発展していることが推察される。「岩手県」では「母子世帯」の増加がみられるが、厚生労働省「被保護者調査（旧・福祉行政報告例）」による「母子世帯」の定義は、「死別、離別、生死不明及び未婚等により、現に配偶者がいない 65 歳未満の女子と 18 歳未満のその子（養子を含む。）のみで構成されている世帯をいい、『死別』、『離別』と『その他』に区分する」としているように、失業者であろうと、傷病や障害があっても「母子世帯」に類型化されてしまう可能性が高いため、不況の問題が母子世帯とその世帯に属する子どもにも影響を与えている可能性が考えられる。

４．生活保護関連統計にみる岩手県内地域の生活保護受給動向分析

（１）地域別にみた保護率の推移

既述のとおり、1995 年頃を底にして保護率は上昇に転じており、2010 年度頃までは徐々に上昇する傾向を示してきた。しかし、2011 年の震災以降、その動きに変化がみられる。とりわけ、震災の津波による被災地が属する「岩手県」においては、「沿岸」の著しい低下の影響もあって、震災後はほとんど変動していない。

とはいえ、「岩手県」の保護率は、「全国」よりも 5.0‰ポイント程度低い水準で推移してきている。保護率の低さに鑑み、楽観的な見方をすることもできるが、県内でも、保護率の高い地域と低い地域とが存在してきた。とりわけ、「沿岸」では震災前においては「全国」に近い水準を推移してきたことを考えると、震災による一時的な低下傾向から上昇に転じる可能性も考えられることから、その動向を注意して見守る必要がある。また、「県央」のなかでも「盛岡市」に関しては、2010 年度が 16.18‰であったものが、2013 年度には 17.32‰となっており、震災後も被保護者の相対的な増加が起こっている。

県土面積の広い岩手県においては、地域間の特徴にも着目しながら生活保護の問題をみていく必要がある。

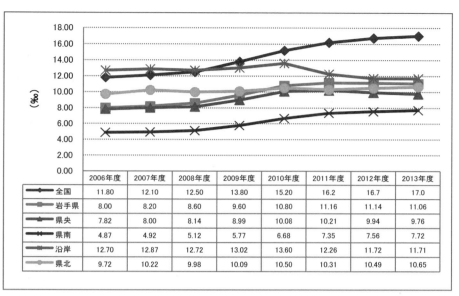

注：地域の内訳は、「県央」が盛岡市・八幡平市・滝沢市・雫石町・葛巻町・岩手町・紫波町・矢巾町、「県南」が花巻市・北上市・遠野市・一関市・奥州市・西和賀町・金ヶ崎町・平泉町・藤沢町、「沿岸」が宮古市・大船渡市・陸前高田市・釜石市・住田町・大槌町・山田町・岩泉町・田野畑村、「県北」が久慈市・二戸市・野田村・普代村・洋野町・一戸町・軽米町・九戸村となっている。

資料：資料：厚生労働省「被保護者調査（旧・福祉行政報告例）」および岩手県保健福祉部地域福祉課「岩手県の生活保護」より作成

図 1-3　岩手県内の地域別にみた保護率の推移

（2）岩手県における被保護世帯の概況

　次に、岩手県における被保護世帯の世帯類型の特徴についてみていくこととする。図1-4は、地域別にみた世帯類型別被保護世帯の割合（月平均）を示したものである。「全国」においても「高齢者世帯」の割合が半数近くを占めているように、「岩手県」においても45％前後で推移している。しかし、その「高齢者世帯」も、地域によってややその割合に違いがみられる。「県央」においては、「岩手県」に比べて5ポイントほど低い割合になっている一方で、「その他の世帯」の割合が他地域に比べて高い上、少しずつ低下する傾向は示してい

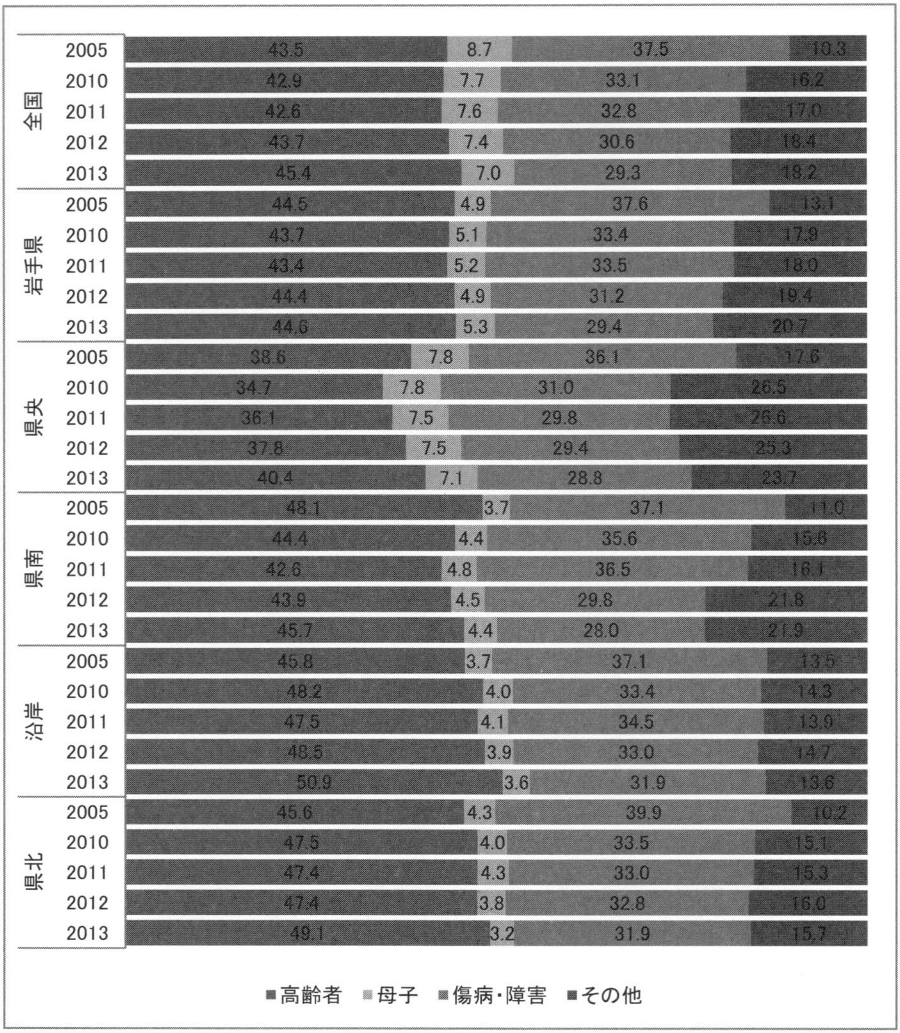

地域	年	高齢者	母子	傷病・障害	その他
全国	2005	43.5	8.7	37.5	10.3
	2010	42.9	7.7	33.1	16.2
	2011	42.6	7.6	32.8	17.0
	2012	43.7	7.4	30.6	18.4
	2013	45.4	7.0	29.3	18.2
岩手県	2005	44.5	4.9	37.6	13.1
	2010	43.7	5.1	33.4	17.9
	2011	43.4	5.2	33.5	18.0
	2012	44.4	4.9	31.2	19.4
	2013	44.6	5.3	29.4	20.7
県央	2005	38.6	7.8	36.1	17.6
	2010	34.7	7.8	31.0	26.5
	2011	36.1	7.5	29.8	26.6
	2012	37.8	7.5	29.4	25.3
	2013	40.4	7.1	28.8	23.7
県南	2005	48.1	3.7	37.1	11.0
	2010	44.4	4.4	35.6	15.6
	2011	42.6	4.8	36.5	16.1
	2012	43.9	4.5	29.8	21.8
	2013	45.7	4.4	28.0	21.9
沿岸	2005	45.8	3.7	37.1	13.5
	2010	48.2	4.0	33.4	14.3
	2011	47.5	4.1	34.5	13.9
	2012	48.5	3.9	33.0	14.7
	2013	50.9	3.6	31.9	13.6
県北	2005	45.6	4.3	39.9	10.2
	2010	47.5	4.0	33.5	15.1
	2011	47.4	4.3	33.0	15.3
	2012	47.4	3.8	32.8	16.0
	2013	49.1	3.2	31.9	15.7

■高齢者　■母子　■傷病・障害　■その他

資料：資料：厚生労働省「被保護者調査（旧・福祉行政報告例）」および岩手県保健福
　　　祉部地域福祉課「岩手県の生活保護」より作成

図 1-4　地域別にみた世帯類型別被保護世帯数の割合の推移

るものの、他地域に比べて高い割合になっている。また、「県南」地域におい
ても、「その他の世帯」の割合にやや上昇傾向がみられる。「全国」では 2012

年度から 2013 年度にかけて「その他の世帯」の割合が急速に低下しているなかで、「岩手県」もやや低下しているものの、高止まりをしている印象がある。

「その他の世帯」は、他に分類されない世帯類型であるが、世帯主等に稼働能力がある場合が多く、生活保護からの自立にもっとも近い世帯類型であると考えられている。「県央」に限らず、他の地域においても「その他の世帯」の割合が高まっている背景には、失業問題などの雇用情勢が影響しているからであると推察される。

5．むすび

生活保護の受給を左右する要因としては一般的に、失業率（＝経済状況）が関係しているという見方がなされる。しかし、図 1-5 は岩手県の失業率（国勢調査から推計）と保護率の相関を示したものであるが、これをみると相関係数

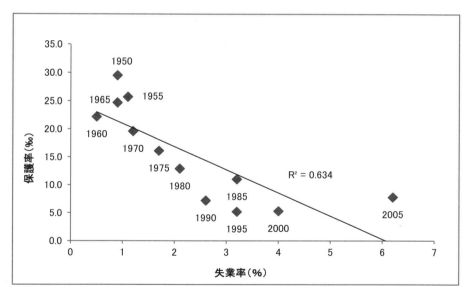

出所：総務省「国勢調査」および厚生労働省「被保護者調査（旧・福祉行政報告例）」より作成

図表 1-5　保護率と失業率の相関

が-0.7962 と逆の相関がみられる。つまり、失業率が上がると保護率が下がるということである。にわかには受け入れ難い結果である。そのため、保護率を従属変数として、市町村別に把握できるいくつかの統計数値（高齢化率、失業率、一人当たり所得、国民年金収納率）を独立変数として重回帰分析（ステップワイズ法）をおこなったが、因果関係を示すモデルは構成されなかった。本章の冒頭でも触れたように、生活保護受給者が複雑な課題を抱えている場合が少なくないことから、対象地域の人口規模が小さくなるほど、社会的な要因があらわれにくい側面があることも考えられる。

　以上の分析結果を踏まえて、次章では生活保護受給者のケース事例から地域の貧困問題との関連性に着目していくこととする。

参考文献

布川日佐史編著（2006）『生活保護自立支援プログラムの活用①－策定と援助－』山吹書店

布川日佐史（2009）『生活保護の論点－最低基準・稼働能力・自立支援プログラム－』山吹書店

貧困と自立支援に関する研究会（2012）『生活保護受給者の自立阻害要因分析と自立助長のためのコミュニティ・ソーシャルワークのモデル構築に関する研究　研究プロジェクト報告書』

川添利幸・山下威士編（1989）『憲法詳論』尚学社

近藤文二（1974）『日本の社会保障の歴史』厚生出版社

寺久保光良（1988）『「福祉」が人を殺すとき』あけび書房

横山和彦・田多英範編著（1991）『日本社会保障の歴史』学文社

第2章 「生活保護受給者ケース調査」にみる地域の貧困問題

1．はじめに

　本章は、2010年に貧困と自立に関する研究会が実施した調査結果にもとづいて、生活保護受給者（被保護者）が生活困窮に至った要因や自立の可能性に関する分析を試みることを目的としている。

　2004年に社会保障審議会・生活保護制度の在り方に関する専門委員会が示した「報告書」を受けて、翌2005年には厚生労働省から「平成17年度における自立支援プログラムの基本方針」（平成17年3月31日社援発第0331003号）が地方自治体の首長宛に通知された。これを受けて各地の福祉事務所（生活保護の実質的な実施機関）において随時「自立支援プログラム」が策定され、実施に移されることになった。しかし、各実施機関における「自立支援プログラム」の策定・実施がなされて久しいが、十分な成果があがっているとは評価できないのが現実であるといえよう。

　以上の問題意識を踏まえて、貧困と自立支援に関する研究会では、自立を阻害している要因が何なのかを探ることを目的として、岩手県内各地の福祉事務所で生活保護を実施しているケースの記録を分析することにした。本章では主に、「生活保護受給者ケース調査」という名称で実施した調査結果のまとめとなる。以下、分析視点を「その他の世帯」を対象とした、①生活困窮化の要因分析、②自立阻害要因の分析、の2点に置くこととし、その結果から支援上の課題を考察することとした。

　なお、調査の分析結果は、研究会での報告においては「貧困と自立支援に関する研究会」の名称であったり、他の研究者との連名でおこなっていたりしているうえ、「貧困と自立支援に関する研究会」の名称で刊行された報告書においても執筆分担が不明確な箇所の取りまとめや執筆のほとんどを筆者がおこなっている。しかし、共同研究というスタンスであったことから、既発表のものとは少しスタンスを変えて、本書では、筆者の新たな視点による分析を進めていくこととする。

２.「生活保護受給者ケース調査」実施の前提

（１）釧路市視察から得た示唆

　2010 年 11 月に「釧路市視察」をおこない、釧路市生活福祉事務所をはじめ、「釧路市自立支援プログラム」に関係するいくつかの機関（例：まじくる）において取り組みについて多くのことをうかがうことができた。

　釧路市は、生活保護自立支援プログラムが各地で実施されるのに先立ち、「生活保護受給母子世帯自立支援モデル事業」を 2004 年度から実施していたこともあり、先駆的な取り組みが高く評価され、視察を多く受け入れてきていた。

　以下では、釧路市役所における聞き取り調査の内容から論点を整理する。

ａ）「エンパワメント」の向上に着目

　生活福祉事務所では、生活保護自立支援プログラムのモデル地域として取り組まれてきたことから、その取り組み内容について目が行きがちであるが、被保護者のみならず、地域の実情について綿密な実態把握をした上で、「できること」と「できないこと」とを見極め、「できること」を強み（ストレングス）として実践に反映してきた。しかし、その実践に当たっても、決して従来型の福祉事務所を踏襲するわけではなく、社会福祉の理論をしっかりと見つめなおし、支援対象者である被保護者に対する尊厳を重視し、被支援者と支援者との合意（別の言い方をすると、契約）を重視し、その人に適した自立のあり方を寄り添いながら（伴走しながら）進めていくというスタンスを採用している。

　こうした成果を櫛部氏は、「実際色々な委託をしながら、外出ししながら今でいう『社会的居場所論』という形をつくったというのが今日的な時代としてつながったことだと思います」、「『中間的な就労』といういい方で居場所づくりをした」と言っているように、就労体験やボランティア体験といった経験のなかに居場所をつくり出し、対象者のエンパワメントの向上に努めてきた。実際に、釧路市の保護率は 52‰（パーミル）、市民の 19 人に 1 人が生活保護を受けている状態（当時）であり、その率が下がっているわけではない。しかし、自立支援プログラムに参加した被保護者の人たちは、次第に「中間的就労」の機会が増え、生活保護からの 1 人当たり給付額が減少しているという。つまり、

十分に経済的な自立ができなくても、足らない分を生活保護で補ってもらいながら、「希望をもって生きる」ことができていることをうかがい知ることができたといえる。

b）「福祉事務所基点型コミュニティ・ソーシャルワーク」のモデルケース

　最近、社会福祉協議会を中心に「制度の狭間や複数の福祉課題を抱えるなど、既存の福祉サービスだけでは対応困難な事案の解決に取り組む」ソーシャルワークのことを「コミュニティ・ソーシャルワーク」と呼び、徐々にその取り組みが各地で広がっている。この「コミュニティ・ソーシャルワーク」という考え方は、1982 年にイギリスで刊行されたバークレイ委員会による『ソーシャルワーカー＝役割と任務』（以下、「バークレイ委員会報告」）に端を発する。「バークレイ委員会報告」が提示した「コミュニティ・ソーシャルワーク」については、「ソーシャルワーカーやソーシャルワーク・アシスタント、ホームヘルパーなどの行政職員によるチームが、小地域にある事務所を拠点に地域をこまめに歩き回り、新たなニーズを発見してはホームヘルパーの派遣や社会福祉制度の活用につなげて対応したり、教会や教師、パブ、ボランティア、当事者組織といったインフォーマルな地域のネットワークを活用したりすることで、個人を効果的に支える方法であり、『行政の地域化』を重視したものである」としている（英国バークレイ委員会報告 1984）。

　以上をまとめると、「コミュニティ・ソーシャルワーク」には、①（行政機関による）福祉サービスに柔軟性をもたせ、②（行政の）地域における福祉サービスの供給主体としての役割を明確にし、③（行政のみならず）公私の諸機関の連携による社会資源の活用、という理念が込められているものといえる。

　視察を通じて学んだことではあるが、釧路市の取り組みは、「コミュニティ・ソーシャルワーク」という考え方により近い形で展開されたものと受け止められる。こうした観点からも、釧路市の実践から各実施主体が困窮者の自立支援を展開する上で模倣すべき点が多いのではないかと考える。

（2）「自立支援」に求められる視点の整理

　われわれが日常生活の中で、市場を通じて何らかのサービスを購入する際、

あるいは、購入した際、その善し悪しを決めるのは満足感（経済学的には「効用」）であることはいうまでもないことである。しかし、いわゆる「社会福祉」のサービスにおいては、利用者の満足感だけでは済まない部分が大きい。昨今の「社会福祉基礎構造改革」の進展で、対象者が保険料や利用料を払う機会が増加し、市場サービス的な要素が増えてきているが、依然として社会成員たる市民としての条件に近づけるためにその支援がなされる。これを「自立」と呼んでいるが、そのため、利用者の満足感だけを追求するような支援のあり方は社会から涵養されにくい。そのため、「自立」に近づくことが対象者本人にとっても満足するような形で進めることがベターであるといえよう。つまり、同じ「自立」でも、対象者自身の特性や信条にある程度配慮し、対象者自身が選択と自己決定をできる条件の中で進めていくことが肝要である。「やらされている」という感覚を軽減し、自らが主体的かつ能動的に「自立」に向けた実践を進めていくことが求められる。このような観点に立って進める支援のポイントとなるのが、「エンパワメント」や「ストレングス」という考え方である。

「エンパワメント」とは、直訳すると「力をつけさせること」であるが、「湧活（ゆうかつ）」ともいわれ、生きることへの希望や勇気を得ていくことを意味する。これは支援対象者が「自立」に向けた生きる希望や勇気等の力を身につけていけるように支援者がかかわりをもっていくことを目標に掲げることである。「力をつける」ということは、当然のことながら本人のやる気や自尊意識が根底に備わっている必要があり、こうした動機づけ（モチベーション）が対象者自身のなかに醸成されなければ、「自立」のための様々な取り組みを進めても途中で頓挫してしまったり、潜在的な能力の開花や向上につながらなかったりする。経済的に困窮化した人々の多くは、様々な問題と直面するなかで自尊心が低下している場合が多く、かつ、孤立的な状態に置かれていることで動機づけを自身で進めることが難しい。そのため、支援の前提として、対象者本人の尊厳が守られ、自尊心が修復され、かつ、しっかりとした動機づけがなされていく必要がある。

「ストレングス」とは、直訳すると「強さ」や「力」、「体力」といった意味になるが、これは支援対象者がもっている「強み」に着目して、その点をどう活かしていけるか、また、引き伸ばしていけるか、といったことを考える視点

である。この視点を組み入れた支援のモデルを「ストレングス・モデル」と呼んでいるが、支援対象者によっては、この支援モデルに参加することでエンパワメントを高める契機になることもあり、困窮者支援においては有効とされている。

　以上のように、対象者の内面的な問題や潜在的な能力について把握することが支援の前提になるのであるとすると、その把握方法を確立させていく必要がある。現時点では、釧路市で独自の評価方法を導入しているが、こうした評価方法が一般的には確立してはおらず、支援効果については、出口である「自立＝就職」あるいは「自立＝生活保護の廃止」といった形のかなり高いハードルが課せられてしまう。このことが支援者の焦りを生み出し、場合によってはパターナリズム（支援者と対象者の間に権力的な上下関係）が形成されてしまい、対象者のエンパワメントを逆に引き下げてしまう場合もある。こうしたことからも、エンパワメント視点に立った支援効果の測定方法を確立することが求められる。

　以下の分析においては、「エンパワメント」や「ストレングス」の視点を中心に困窮化要因と自立阻害要因の分析を試みることとする。

３．「生活保護受給者ケース調査」の分析結果

（１）調査概要

ａ）調査の実施概要

　分析に先立ち、調査概要について若干説明しておくことにする。本調査では、調査対象を調査時点から起算した直近の新規被保護者としている。各福祉事務所単位（自治体の人口規模に準ずる形で）で予めサンプル数を定め、各福祉事務所で面接記録やケース記録などをもとに地区担当員（担当ケースワーカー）に記述してもらう形を採用した。調査期間は、2010（平成22）年6月〜7月である。なお、詳細は、表2-1のとおりである。

ｂ）調査対象ケースの基本属性

　調査対象ケースの基本属性については、表2-2に示したとおりである。

表 2-1　調査の概要

○名称：生活保護受給者ケース調査

○主体：貧困と自立に関する研究会（岩手県地域福祉課と岩手県立大学の共同プロジェクト）

○目的：本調査は、「自立支援プログラム」の実施に当たり、被保護者を取り巻く生活状況を客観的に捉え、「自立」に向けた方途を検討するための基礎資料として用いることを目的とする。

○対象：本調査では、調査時点から起算した直近の新規被保護者を対象に、各福祉事務所単位で予め定めておいたサンプル数を抽出し、総数 200 ケースの集票を目標に実施された。抽出に際しては、「その他の世帯」を優先的に抽出し、これに該当しない場合には、直近のものを抽出する形で対象世帯を選定した。

○方法：本調査では、郵送法を用いて調査票の配布および回収を行った。各福祉事務所に配布し、面接記録やケース記録などをもとに担当ケースワーカーによる自記式の質問紙調査法を用いた。

○期間：2010（平成 22）年 6 月～7 月

c）分析対象世帯の抽出

　生活保護自立支援プログラムにおいてターゲットになっているのは、「稼働能力」の観点から「母子世帯」と「その他の世帯」[1]になりがちである。「母子世帯」については既に多くの先行研究によって分析されていることに加えて、「母子世帯」のサンプルが少なかったこともあるが、本調査の主対象が「その他の世帯」であったころから、同世帯を分析対象とする。その一覧が表 2-3 である。なお、分析が困難なケースが 1 つあったため、総数は 83 ケースとなる。

---

[1]　厚生労働省「被保護者調査」の定義では、「高齢者世帯：男女とも 65 歳以上の者のみで構成されている世帯か、これらに 18 歳未満の者が加わった世帯」、「母子世帯：死別、離別、生死不明及び未婚等により、現に配偶者がいない 65 歳未満の女子と 18 歳未満のその子（養子を含む。）のみで構成されている世帯」、「障害者世帯：世帯主が障害者加算を受けているか、身体障害、知的障害等の心身上の障害のため働けない者である障害者世帯」、「傷病者世帯：世帯主が入院しているか在宅患者加算を受けている世帯、又は世帯主が傷病のため働けない者である傷病者世帯」、「その他の世帯：上記のいずれにも該当しない世帯」としている。

第2章 「生活保護受給者ケース調査」にみる地域の貧困問題 51

表 2-2 ケースの基本属性

項目		ケース数	％
①福祉事務所の地域	都市部（盛岡市、花巻市、北上市、一関市、奥州市の各福祉事務所）	70	35.0
	他の市部（宮古市、大船渡市、久慈市、遠野市、陸前高田市、釜石市、二戸市、八幡平市の各福祉事務所）	70	35.0
	農村部（盛岡地方、県南広域、釜石地方、宮古地方、久慈地方、二戸地方の各振興局）	60	30.0
②世帯類型	高齢者世帯	51	25.5
	母子世帯	13	6.5
	障害者世帯	14	7.0
	傷病者世帯	37	18.5
	その他の世帯	84	42.0
③保護開始年	2005 年開始	1	0.5
	2006 年開始	1	0.5
	2007 年開始	1	0.5
	2009 年開始	82	41.0
	2010 年開始	115	57.5
④世帯人員	1 人	141	70.5
	2 人	38	19.0
	3 人	10	5.0
	4 人	8	4.0
	5 人	2	1.0
	6 人	1	0.5
⑤世帯主の年齢	45歳未満	44	22.0
	45〜64歳	97	48.5
	65歳以上	59	29.5
⑥受給歴	あり	30	15
	なし	170	85
計		200	100.0

52

表 2-3　分析対象とする

No.	人員	世帯主					
		性	年齢	傷病	障碍	就労	学歴
1	単身	女	40歳未満				
2	2人	男	50代前半	がん			中卒
3	単身	男	50代後半				中卒
4	単身	男	50代後半	生活			中卒
5	4人	男	50代後半	消化		あり	中卒
6	4人	男	50代後半				中卒
7	単身	女	50代前半			あり	
8	単身	男	50代前半	難病・生活			中卒
9	単身	男	50代前半				
10	2人	男	40代				中卒
11	4人	男	40歳未満				
12	単身	男	50代前半				
13	単身	男	60代前半				
14	単身	女	40代				
15	単身	男	50代後半		重度障害		
16	単身	女	60代前半	精神			中卒
17	単身	男	60代前半				
18	2人	女	後期高齢	消化			中卒
19	単身	男	50代後半		重度障害		中卒
20	6人	男	40歳未満				中卒
21	2人	男	50代後半				中卒
22	単身	男	50代後半				
23	2人	女	50代前半	皮膚			中卒
24	4人	男	40歳未満			あり	
25	2人	女	後期高齢	脳	身体3		中卒
26	単身	男	50代後半		軽度障害		
27	2人	男	40代	精神			
28	単身	男	50代後半	心臓	軽度障害		
29	2人	男	50代前半				
30	5人	男	40歳未満			あり	
31	単身	女	40代	精神		あり	
32	単身	女	40歳未満				中卒
33	単身	男	50代前半				
34	単身	女	40歳未満	精神			中卒
35	単身	女	50代後半	精神			
36	単身	男	60代前半				
37	単身	女	50代前半	精神			
38	単身	男	40代				
39	単身	男	60代前半				
40	単身	男	40代	精神			
41	単身	男	40歳未満			あり	
42	単身	男	40歳未満	精神			中卒

注：「摘要事項」欄の「WP」は「ワーキングプア」、「HL」は「ホームレス」の略であ

「その他の世帯」の一覧

世帯員					摘要事項
配偶者	高齢者	障害者	児童	傷病	
					妊娠
あり		精神			請負失業・多重債務+精神
					リストラ失業・WP
					傷病失業
あり			2人		傷病失業
あり					初老WP世帯
					WP
					傷病・WP
					失業・多重債務
あり					失業・夫婦
あり		精神:妻	2人		傷病配偶者失業・多重債務
					失業・多重債務
					不労収入減（仕送り・地代）
					ニート
					障害者
					傷病失業
					失業・HL
					老親+未婚子（ひきこもり）
					障害者
あり			4人		失業・多重債務・多子
	あり				失業+老親（年金）
					解雇失業・債務
					解雇失業・未婚子（ひきこもり）
あり			2人		傷病失業
					老親+離婚子（出戻り）
					障害失業・多重債務
	あり				失業+老親（年金）
					軽度障害者・心臓
	あり				解雇失業＋老親
あり			3人		失業（派遣切り）
					傷病・精神疾患
					多重債務・HL
					失業・多重債務
					傷病失業（精神）
					傷病・精神疾患
					失業（年金不足）
					ニート・援助減
					失業・多重債務
					元HL
					傷病・精神疾患
					多重債務・WP
					多重債務・HL

り、「+」の前の表記は主に世帯主についてで、「+」の後の表記は世帯員についてである。

54

表 2-3　分析対象とする「そ

No.	人員	世帯主					
		性	年齢	傷病	障碍	就労	学歴
43	単身	男	40代			あり	
44	2人	女	前期高齢	がん			中卒
45	単身	男	50代後半			就労	
46	単身	男	50代前半				中卒
47	単身	男	50代後半				中卒
48	単身	男	40代				中卒
49	2人	女	40代			あり	中卒
50	単身	女	60代前半				中卒
51	2人	女	後期高齢	精神			中卒
52	単身	男	60代前半				中卒
53	単身	男	60代前半			あり	
54	単身	男	50代後半				中卒
55	2人	男	前期高齢	生活			中卒
56	単身	男	50代後半			あり	
57	単身	男	50代前半				
58	2人	男	40歳未満	呼吸			中卒
59	単身	男	50代後半				中卒
60	単身	男	50代後半	脳			
61	単身	男	50代前半				
62	単身	男	40代				中卒
63	2人	男	前期高齢	がん			中卒
64	単身	男	40代				
65	単身	男	50代後半				中卒
66	単身	男	40代				
67	3人	男	前期高齢	心臓			中卒
68	単身	男	60代前半	心臓			
69	単身	女	50代前半				中卒
70	5人	男	40歳未満			あり	
71	単身	女	60代前半				中卒
72	単身	男	40歳未満				
73	単身	男	60代前半				中卒
74	2人	男	40代				
75	単身	男	50代後半				
76	単身	男	50代前半				
77	2人	女	50代後半	その他			中卒
78	単身	男	60代前半				中卒
79	単身	男	50代前半				中卒
80	単身	男	40代				
81	単身	男	60代前半	脳			中卒
82	単身	男	40代				中卒
83	単身	男	50代前半				中卒

注：「摘要事項」欄の「ＷＰ」は「ワーキングプア」、「ＨＬ」は「ホームレス」の略であ

の他の世帯」の一覧（続き）

世帯員					摘要事項
配偶者	高齢者	障害者	児童	傷病	
					軽度知的障害
					老親+未婚子（派遣切り）
					ＷＰ・多重債務
					元ＨＬ
					元ＨＬ
					傷病・失業
	あり				ＷＰ+老親
					解雇失業（年金不足）
					老親+未婚子（ＷＰ）
					失業・援助減（年金不足）
					自営失業
					倒産失業・ＷＰ
あり					準高齢者世帯
					傷病・ＷＰ（医療費）
					傷病失業
あり				がん	傷病ＷＰ・多重債務
					失業
					傷病・脳疾患
					解雇失業・債務
					失業・多重債務
					老親+未婚子（派遣切り）
					多重債務
					自発失業
					ニート→失業
あり	あり	複合			老親+障害未婚子
					傷病・自営失業
					リストラ失業・病弱
あり			3人		配偶者失業・多子
					被虐待・援助減
					失業
					失業
	あり				失業・多重債務＋老親
					ＷＰ・ＨＬ
					解雇失業・多重債務
					自営失業・寡婦（子：ＷＰ）
					失業・不労収入減
					失業
					自営失業
					傷病失業・援助減
					派遣切り失業・ローン債務
					失業

り、「+」の前の表記は主に世帯主についでで、「+」の後の表記は世帯員についてである。

（2）調査結果の分析

a）生活困窮化の要因

　図 2-1 は、今回の生活保護受給に直接関係する生活困窮化の要因について自由記述回答のなかから抽出（複数）し、数値化したものを集計したものである。83 ケースのうち、「失業問題」が生活困窮化要因に該当したのは 55 ケース（66.3%）となり、分析対象の概ね 3 分の 2 が該当している。昨今の「その他の世帯」の増加が失業によるところが大きいことを裏付けることができるが、他方では、その他の理由によって生活困窮化した「その他の世帯」が存在することになる。

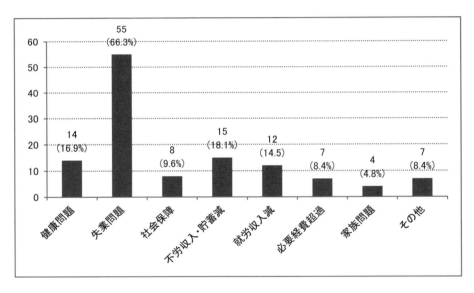

注：図中の「社会保障」は、年金収入が少ないことのほか、傷病手当金や失業給付の終了などがカウントされている。また、「必要経費超過」は、医療費が多くを占めるが、介護費や税（相続にともなう）なども一部含まれる。

図 2-1　「その他の世帯」における生活困窮化要因（複数抽出）

　「その他の世帯」における生活困窮化の要因が強く働いているとはいっても、他の要因による場合もあれば、その他の複合的な課題を有している場合もある。

そのため、各ケールの生活困窮化要因についての対応関係を分析したが、その結果が図 2-2 である（図 2-1 の集計に用いた数値をそのまま使用したが、「その他」のみ除外した）。

厳密さは欠けるが、分布状況に幾分偏りがみられることから、類似する問題を抱えるいくつかのグループが形成されているという見方ができる。しかし、ケースの多くは楕円で囲んだ中心部分に分布しており、「失業問題」はいうまでもなく、多くが「健康問題」も抱えており、預貯金の取り崩しや場合によっては借金などをして生活の立て直しをしようとしたものの難しく、生活保護に至った可能性がうかがえる。

その他、右上の方に分布しているケースはいわゆる「ワーキングプア」であり、左上の方に分布しているケースは「低年金」や「老親＋未婚子あるいは離

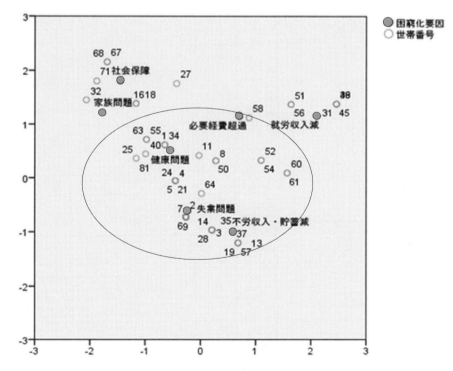

図 2-2 「その他の世帯」における生活困窮化要因に関する対応分析結果

58

婚子」といった問題を抱えているケースであるといえる。

b)「その他の世帯」の「世帯主」の社会階層移動

　表2-4は、社会階層移動のモデルである（便宜上、集計結果を記載している）。調査項目がそもそも、産業や職種、就業形態を詳細にわたって問うておらず、「職種」という項目に記載者が記載する形にしたため、多少の恣意性をもって社会階層の分類化をおこなっている。なお、分類にあたっては、江口・川上（2009）を参照している。

表 2-4　社会階層移動のモデル

初職	移動	最長職	移動	直前職	モデル	度数	％
安定	→	安定	→	安定	1	1	1.5
			→	中間	2		
			→	不安定	3	2	3.0
	→	中間	→	安定	4		
			→	中間	5	1	1.5
			→	不安定	6		
	→	不安定	→	安定	7		
			→	中間	8		
			→	不安定	9		
中間	→	安定	→	安定	10		
			→	中間	11		
			→	不安定	12		
	→	中間	→	安定	13		
			→	中間	14	14	20.9
			→	不安定	15	14	20.9
	→	不安定	→	安定	16		
			→	中間	17		
			→	不安定	18	5	7.5
不安定	→	安定	→	安定	19		
			→	中間	20		
			→	不安定	21		
	→	中間	→	安定	22		
			→	中間	23	4	6.0
			→	不安定	24	15	22.4
	→	不安定	→	安定	25		
			→	中間	26	1	1.5
			→	不安定	27	10	14.9
計						67	100.0

第2章 「生活保護受給者ケース調査」にみる地域の貧困問題　59

　表2-5は、「その他の世帯」の「世帯主」の社会階層移動について分析した
結果を示したものである。集計結果は表2-4に示しているが、「対象外」を除
き、モデルに当てはめることができたのが68ケースであった。内訳をみると、

表2-5　「その他の世帯」の「世帯主」の社会階層移動

世帯	初職	最長・最高職	直前職	モデル	備考
1	中間	不安定	不安定	18	落層
2	中間	中間	中間	14	中間維持
3	中間	中間	不安定	15	落層
4	中間	不明	中間	対象外	
5	不安定	不安定	不安定	27	不安定固定
6	不安定	中間	不安定	24	不安定維持
7	中間	中間	中間	14	中間維持
8	不安定	中間	不安定	24	不安定維持
9	不安定	不安定	不安定	27	不安定固定
10	中間	中間	中間	14	中間維持
11	不安定	中間	中間	23	昇層
12	中間	不安定	不安定	18	落層
13	不安定	中間	無職	対象外	
14	中間	中間	無職	対象外	
15	中間	中間	中間	14	中間維持
16	不安定	中間	不安定	24	不安定維持
17	中間	中間	不安定	15	落層
18	不明	不安定	無職	対象外	
19	無職	無職	無職	対象外	
20	不安定	中間	不安定	24	不安定維持
21	不安定	中間	無職	対象外	
22	中間	中間	不安定	15	落層
23	中間	中間	中間	14	中間維持
24	不安定	不安定	不安定	27	不安定固定
25	無職	不明	無職	対象外	
26	不安定	不安定	不安定	27	不安定固定
27	不安定	中間	不安定	24	不安定維持
28	不安定	中間	不安定	24	不安定維持
29	不安定	中間	不安定	24	不安定維持
30	中間	中間	不安定	15	落層
31	不安定	中間	不安定	24	不安定維持
32	中間	不安定	不安定	18	落層
33	不安定	中間	不安定	24	不安定維持
34	中間	中間	中間	14	中間維持
35	不安定	不安定	不安定	27	不安定固定
36	中間	中間	不安定	15	落層
37	中間	中間	無職	対象外	
38	不安定	不安定	不明	対象外	
39	中間	中間	不安定	15	落層

表 2-5 「その他の世帯」の「世帯主」の社会階層移動（続き）

世帯	初職	最長・最高職	直前職	モデル	備考
40	中間	中間	不安定	15	落層
41	中間	不安定	不安定	18	落層
42	不安定	中間	中間	23	昇層
43	中間	中間	不安定	15	落層
44	不安定	不安定	中間	26	昇層
45	不安定	中間	不安定	24	不安定維持
46	不安定	中間	不安定	24	不安定維持
47	中間	中間	中間	14	中間維持
48	不安定	中間	不安定	24	不安定維持
49	不安定	不安定	不安定	27	不安定固定
50	中間	中間	中間	14	中間維持
51	不安定	中間	不安定	24	不安定維持
52	不安定	中間	不安定	24	不安定維持
53	不安定	不安定	不安定	27	不安定固定
54	中間	中間	不安定	15	落層
55	不安定	不明	不安定	対象外	
56	安定	中間	中間	5	落層
57	中間	中間	不安定	15	落層
58	不明	不明	中間	対象外	
59	中間	中間	中間	14	中間維持
60	安定	安定	安定	1	安定維持
61	中間	中間	中間	14	中間維持
62	中間	中間	中間	14	中間維持
63	不安定	中間	不安定	24	不安定維持
64	不安定	中間	中間	23	昇層
65	中間	中間	中間	14	中間維持
66	中間	中間	不安定	15	落層
67	不安定	中間	無職	対象外	
68	安定	安定	不安定	3	落層
69	中間	中間	不安定	15	落層
70	不安定	不安定	不安定	27	不安定固定
71	中間	中間	無職	対象外	
72	安定	安定	不安定	3	落層
73	不安定	不安定	不安定	27	不安定固定
74	不明	不明	不安定	対象外	
75	中間	中間	不安定	15	落層
76	不安定	不安定	不安定	27	不安定固定
77	中間	不明	不安定	対象外	
78	不安定	中間	無職	対象外	
79	中間	中間	不安定	15	落層
80	中間	中間	中間	14	中間維持
81	中間	不安定	不安定	18	落層
82	不安定	中間	中間	23	昇層
83	中間	中間	中間	14	中間維持

モデル「1」が1ケース（1.5%）、「3」が2ケース（3.0%）、「5」が1ケース（1.5%）、「14」が14ケース（20.9%）、「15」が14ケース（20.9%）、「18」が5ケース（7.5%）、「23」が4ケース（6.0%）、「24」が15ケース（22.4%）、「26」が1ケース（1.5%）、「27」が10ケース（14.9%）となった。

　この結果をさらに類型化（備考）したところ、評価できる階層移動では、「安定維持」が1ケース、「中間維持」が14ケース、「昇層」が5ケースとなっている。しかし、「不安定維持」が15ケース、「落層」が22ケース、「不安定固定」が10ケースとなっており、全体の約7割となっている。

　社会階層の「落層」については、何らかのアクシデントの遭遇によって起こる場合もあるが、その多くが就業条件の改善を試みた結果、就業条件が悪化してしまうことが要因となる。また、「不安定維持」や「不安定固定」といった場合には、就業にさしかかる段階で何らかの社会的不利（ハンディキャップ）を有している場合が少なくなく、「貧困の再生産」と呼ばれるように、「固定的な貧困層」が形成される場合がある。

表 2-6　「その他の世帯」の「世帯主」の社会階層移動分析

	度数	％
安定維持	1	1.5
中間維持	14	20.9
不安定維持	15	22.4
昇層	5	7.5
落層	22	32.8
不安定固定	10	14.9
計	67	100.0

４．「生活保護受給者ケース調査」の分析結果からみた貧困問題への課題

（１）生活困窮化要因について

　今回の調査から得られた示唆としては、図 2-2 が示しているように、生活困窮化の過程で切羽詰まった状況に陥るまで生活保護受給に至っていないケースが多かったということである。表 2-3 に部分的ではあるが示したように、ケースのなかには多重債務に発展するほどの借金を抱えているケースが少なくないうえ、健康状態が悪いなかでも必死に改善しようとした痕跡がみられるケースもあった。

　このような問題を引き起こした背景には、経済不況という問題もあるが、やはり、労働規制の緩和等による影響も大きいように感じられる。社会階層移動にみられたように、階層移動にともなって不安定化するということは、経済不況下ではより助長されるうえ、不安定な就業条件下で勤労者はより多くの収入を得ようと健康を害すほど働き、生活再建が困難になるほど転落した状態になって初めて生活保護に至っているのではないかと推察される。なかには、自殺という選択をする生活困窮者も少なくはないといえよう。

　以上の分析結果を踏まえると、現状のわが国において取り組むべき点は、「フレキシキュリティ」（柔軟安定性）の強化にあるものと考える。調査ケースのなかには、詳細には触れなかったものの、健康保険の傷病手当金や雇用保険の求職者給付（失業手当）を受給したケースもいくつかみられた。しかし、これらの給付も期間が短く、生活再建ができないまま問題が深刻化している。また、それ以上に、社会保険のネットにも引っかからないケースがほとんどであり、この部分の強化が求められる。2015 年 4 月から生活困窮者自立支援制度が施行されていて、いわゆる「第二のセーフティネット」といわれているが、支援を受けている間の「所得保障の充実」がなされなければ、制度の空洞化 [2] を招くことが懸念される。

---

[2]　制度をつくってはみたものの、利用されない、あるいは、支援が効果をあげないといった問題を想定している。

（2）自立阻害要因について

　生活保護自立支援プログラムの就労支援プログラムにおいては、稼働能力の有無をもって対象とするか否かを判断する。既述のとおり、「その他の世帯」にみられる生活困窮化要因の多くは「失業問題」が関連していることを提起したが、これは安易に「仕事を紹介すれば何とかなる」ということを指し示したわけではない。それは、表 2-5 および表 2-6 に示した社会階層移動という問題を考慮する必要があるということである。

　社会階層が落層化したり、不安定な状態で固定化したりしていると、当事者の職業能力（キャリア）や就業意欲には決してよい影響を与えるとは考えられない。こうした状況のなかで生活保護を受給し、短期間のうちに自立にこぎ着けようと支援を強要しても、かえって悪循環になることが想起される。とりわけ、低賃金で過酷な労働を経験してきた人たちであればなおさら、「働いても報われない」働き方が待っていると思えば、生活保護を受けていた方がよいと判断しかねない。このような問題を克服するためにも、まずは当事者の「尊厳の回復」をする必要があり、そのためにも的確なアセスメントが必要になる。

（3）自立支援に求められる方法論

　「尊厳の回復」には、第 1 に「受容」ということが求められる。対象者の内面的な問題に介入するためには、信頼関係を築くことはもちろん、「受け入れられる環境」というものが必要となる。これまでのように、生活保護の地区担当員（ケースワーカー）が個別に対応するだけでは「日常生活自立」や「社会生活自立」は難しく、「地域社会のなかで生きる」ということが自立の条件になるものと考える。

　既述のとおり、釧路市における「生活保護自立支援プログラム」では、「エンパワメント」に着目した支援体制の確立が進められ、コミュニティに根差した興味深い実践がなされている。そして、もう 1 つが、「パーソナル・サポート・サービス」である。「寄り添い型支援」である「パーソナル・サポート・サービス」には、「ストレングス・モデル」の要素が多く含まれており、その広がりが期待される。しかし、生活保護を担当する現業員は依然として 1 人当たり 80 世帯ほどが目安となっており、被保護者に寄り添った支援を展開する

ことは難しい。そのような意味においても、釧路市が実践している「外出し」
をうまく活用していくことが肝要である。

5．むすび

　岩手県における生活保護受給者の特徴を垣間見たが、地域での「自立支援」
を促すための方策の1つの柱になるのが「コミュニティ・ソーシャルワーク」
というキーワードである。「コミュニティ・ソーシャルワーク」の考え方を取
り入れた生活保護自立支援プログラムの推進は、その理念だけを汲み上げて考
えると、生活保護行政によって専属化されてきた業務の一部を、民間を含む他
の機関や団体、個人との協力関係のなかで生活支援を実践し、被保護者の自立
能力を向上させることにつながる可能性がある。それには、生活保護の実施機
関が自立支援プログラムの実施に当たり、被保護者の自立を阻害する「内因」
部分をアセスメント（カウンセリング技術が求められる）し、その克服に向け
た支援のあり方を他機関との連携を視野に入れながら実践していくことが求
められる。

　しかしながら、これらを実践するための社会資源の発見には、地域間の格差
など、期待できる条件が地域によって異なる。インフォーマルな社会資源は、
場合によっては営利追求を優先してしまう危険性があり、バラマキ的な民間委
託は、かえって非効率や対象者の不利益を招きかねない。月並みではあるが、
こうした問題を解決する力こそ「コミュニティ」である。「コミュニティ」を
強化するために行政機関に求められることは、住民に目にみえる形で実践され
ることである。地域に信頼され、協力関係が得られるようにするためには、丁
寧な情報公開が必要となってくるものといえよう。裏返すと、「わかるようで
わからない」キャッチフレイズを先行させるような表層的な取り組みや実績を
過大評価するような広報活動ではなく、生活保護自立支援プログラムに関して
いうならば、実効性のある取り組みを重視したプログラムの策定・運用を展開
することが地域の中核的な機関としての福祉事務所に求められる役割である
ものと考える。

　とはいえ、このような取り組みが実践されることを望む一方で、筆者の貧困

問題に対する基本的なスタンスは、「予防」である。近い過去では、第二次大戦後にほとんどの国民が貧困状態にあったときには「皆が貧困」であったため、励ましあい、助けあうことができた面がある。こうした状況下では、「ハングリー精神」というものも育まれるのかもしれない。しかし、今日の社会生活は、市場経済が高度化するなかで市場競争はますます激しくなり、グローバル化のなかでさらに激化し、「格差」や「貧困」の問題が置き去りにされている「弱肉強食」の状態にある。序章で述べたように、「相対的貧困」の状態が常態化する、つまり、「みじめな思い」が重なれば重なるほど、常道を逸脱した行動や生き方を選択してしまうのが人間の心情であるといえよう。このことが紛争を生み出す要因にもなりかねず、社会をコントロールするのがより難しくなっていくものと考える。

　日本の公的扶助制度である生活保護制度は、一般的に「セーフティネット」といわれている。これは資力調査（ミーンズテスト）によって「本当に困っている人」を厳格に審査して、受給対象者を判断するからである。この資力調査が「スティグマ」を生み出すことになり、捕捉率を引き下げる要因にもなっている。だからこそ、生活に困っても生きる権利がわれわれにはあることを再確認しなければならない。

参考文献

江口英一・川上昌子著（2009）『日本における貧困世帯の量的把握』法律文化社

英国バークレイ委員会報告〔小田兼三訳〕（1984）『ソーシャルワーカー＝役割と任務』全国社会福祉協議会

唐鎌直義（2012）『脱貧困の社会保障』旬報社

釧路市福祉部生活福祉事務所編集委員会編（2009）『希望をもって生きる―生活保護の常識を覆す釧路チャレンジ』筒井書房

自立支援プログラム開発研究会（2006）『自立支援プログラムに関するアンケート調査報告書』

生活保護制度の在り方に関する専門委員会（2004）『生活保護制度の在り方に

関する専門委員会　報告書』

宮城孝（2000）『イギリスの社会福祉とボランタリーセクター―福祉多元化における位置と役割―』中央法規

杉村宏（1981）「生活保護受給世帯の実態」江口英一編著『社会福祉と貧困』法律文化社

湯澤直美・藤原千沙（2009）「生活保護世帯の世帯構造と個人指標」日本社会福祉学会『社会福祉学』

第Ⅱ部

「多重債務者」の分析からみた地域の貧困問題

　第Ⅱ部は、2010年4月から2013年3月までの3年間に、岩手県立大学公募型地域課題研究事業の研究助成を受けて取り組んだ研究の成果であり、2013年3月に発行した多重債務者支援研究会『「貧困を背景とする多重債務者等に対する新たな支援モデル構築」に関する研究報告書』の内容に加筆・修正等を加えたものである。

　同研究は、盛岡市消費生活センターといわて生活者サポートセンター（NPO法人）からの提案によってはじまったもので、いわて生活者サポートセンターの藤澤俊樹氏には多大なるご協力をいただいた。また、多重債務者支援研究会にご参加くださった関係機関の方々にも様々な情報をご提供いただいた。それらの情報も本研究のあらゆるところにエッセンセスとして散りばめられていることを付記しておきたい。

第3章 「多重債務問題」と貧困問題

1．はじめに

　「格差社会」ということがいわれて久しいが、この 10 年間で国民の生活に格差が広がった。「ヒルズ族」が象徴するように富裕層が派生する一方で、「ワーキングプア」や「ホームレス」といった低所得・貧困層の増加がみられる。加えて、2008 年の「リーマン・ショック」に端を発した世界同時不況の影響が貧困問題をより顕在化させ、今日、深刻な社会問題となっている。家庭内暴力（DV）や児童虐待、自殺、その他の犯罪行為などの増加は、貧困問題が契機とみられるものも少なくない。

　こうした貧困問題の背景には、非正規雇用労働者や名目的自営業者などの不安定就業層の増加があるものと考えられる。不安定な収入の間隙を、「消費者金融」などの簡易融資が補完してきた側面もあるが、「グレーゾーン金利」などの問題も助長し、これが債務超過を引き起こして多重債務へと発展させ、貧困化を助長してきた側面もある。雇用・就業問題が根幹にあるにせよ、「多重債務問題」に発展した副次的な要因として、「相談できる相手がいない」などの社会関係の希薄化（社会的に排除された状態にある人の増加）があげられる。「共に助け合う」といったかつての家族関係や地域社会を再現することは困難であるにせよ、社会的なシステムとして新たな枠組みの形成が求められている。

2．「多重債務問題」とは？

（1）「多重債務者」の定義

　宮坂（2008：22-23）が指摘しているように、「多重債務者」の定義については、明確なものがあるわけではないが、関係諸機関や諸氏による定義の要素を抽出し、「①複数の債務を抱えている、②借入れと返済を繰り返している、③主に消費者金融の利用による債務増加がみられる、④借入金の元利払いのために新たな借入れをしている、⑤債務額が自己の返済能力を超え、返済困難に陥っている者」という整理をしている。

本書においては、こうした明確な定義に適合するもののみを対象と捉えているわけではないが、少なくともこうした状態の一部でも適合し、生活上の困難にある者を広く「多重債務者」として認識し、検討を進めていくこととする。また、このような理由から、本書では、いずれの場合にも「多重債務者」、「多重債務問題」といった形で括弧付きの表記になることを付記しておく。

（２）「多重債務者」の典型的なケース

　「多重債務」と聞くと、かつての「サラ金問題」（1970～1980年代）を連想されるかもしれない。この問題は「男性」による「ギャンブル依存」が大半をしめていたが、その多くがギャンブルによって生じた損失の補てんを契機に雪だるま式に債務が大きくなっていくという形が典型的であったといえる。しかし、最近の「多重債務問題」は「ギャンブル依存」のような一種の病理的現象というものばかりでなく、借入れのきっかけが「収入減」などによる「生活苦」である場合が少なくないということである。はじめは少額の借入れから始まり、返済のためにまた借入れをして、こうしていくうちに利払いも加わり、債務超過となって返済不能になるというケースが典型的であるといえる（図1-1）。

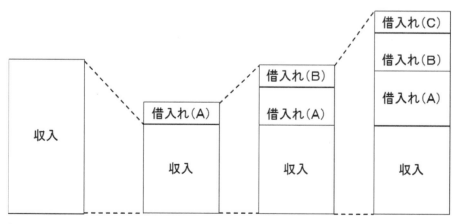

資料：筆者作成

図3-1　多重債務の典型的なケース

これには、消費者金融等による「高利の融資」や「過剰与信」（融資や信用取引などの融資に関する枠を供与すること）が問題としてあげられるが、複数の金融機関が融資をおこなうため、債務者の返済能力を超えてしまい、結果的に返済不能となる構造である。返済が滞るようになると、金融会社からの取り立てが厳しくなり、やがて、「夜逃げ」をしてホームレス化する人もあらわれるほか、「自殺」に至るなどという「社会問題」に発展してきた。

（3）「多重債務問題」の背景

　「多重債務問題」をめぐっては、その「社会問題化」を背景に様々な規制が図られたほか、周辺的な取り組みなども相まって、問題の規模が縮小する傾向にあるといえる。しかし、規模が縮小する一方で、少数になりつつある支援の対象となる「多重債務者」が抱える問題が「複雑化」あるいは「多難化」の様相を呈してきているといえる。すなわち、「多重債務者」を生み出してきた構造上の問題に対して、緩められた規制が再び引きしめられたことや、各地域において独自に「多重債務問題」に取り組む活動が広がり、家計改善のための支援や生活苦を生活保護制度などの福祉施策が下支えすることによって「多重債務問題」の規模が縮小した反面、「多重債務問題」に直面する人ほど複雑かつ多様な問題を抱えている場合が多くなっているということである。これには、以下の要因が考えられる。

　第1には、「グレーゾーン金利」の問題である。これについては、消費者金融をはじめとする簡易融資の利率が、利息制限法に定める上限規定（20%）に則るか、出資法に定める上限規定（29.2%）に則るか、議論がわかれるところであったが、2006年1月13日の最高裁判決[1]を受けて利息制限法に定める利率が適切であるという認識になった。これをうけて、貸金業規制法の改正（貸

---

[1]　法43条1項にいう「債務者が利息として任意に支払った」とは、債務者が利息の契約に基づく利息の支払に充当されることを認識した上、自己の自由な意思によってこれを支払ったことをいい、債務者において、その支払った金銭の額が利息の制限額を超えていることあるいは当該超過部分の契約が無効であることまで認識していることを要しないと解される（最高裁昭和62年（オ）第1531号平成2年1月22日第二小法廷判決・民集44巻1号332頁参照）けれども、債務者が、事実上にせよ強制を受けて利息の制限額を超える額の金銭の支払をした場合には、制限超過部分を自己の自由な意思によって支払ったものということはできず、法43条1項の規定の適用要件を欠くというべきである。

金業法）が進められ、2010 年 6 月に同法が完全施行に至っている。後述するように、同法の施行を機に、「多重債務問題」は減少する傾向を示している。

　その一方で、第 2 に、この間に経済問題（債務問題含め）を理由とした自殺者の増加が著しくなるなかで、関係諸機関による自殺対策が進められ、その一環として「多重債務問題」への対策が進められてきた。岩手県では、信用生協や盛岡市消費生活センターなどによる取り組みが先進的であったといえる。こうした流れのなかで、「多重債務問題」の減少に一定の効果があらわれているが、問題を解決した「多重債務者」が、その後の生活を再建することは容易ではない。このため、生活保護を扱う福祉事務所などにおいても、「自立」を支援するプログラムが策定される [2)] など、福祉的な支援モデルの必要性がより強まってきたといえる。

3．「多重債務問題」への取り組み

（1）政府の対策

a）貸金業規制法の改正（2006 年 12 月）

　「多重債務問題」を深刻化させて原因の 1 つにあげられているのが、いわゆる「グレーゾーン金利」と呼ばれるものであった。これは、利息制限法で定められている上限金利（元本 10 万円未満で年 20％、10 万円以上 100 万円未満で 18％、100 万円以上で 15％）と出資法で定められている上限金利（29.2％）の間のことであり、消費者金融などによる貸し付けが、このグレーゾーンの範囲に設定されていたことから、高金利での貸し付けによる債務者の返済を困難にさせてきた。「多重債務問題」が深刻化するなかで、「グレーゾーン金利」に対する問題提起がなされ、既述のように、2006 年の最高裁判決を受けて、過払金の返還などによる「多重債務者」の救済が加速化する一方、貸金業規制法が新たに「貸金業法」に改正され、「多重債務問題」の解消に向けた積極的な取り組みがなされることとなる。

　新法の特徴は、主なものとして、「金利規制の強化」、「貸金業規制の強化」

---

2)　盛岡市では、「多重債務者対策プログラム」が策定されている（2009 年 12 月聞き取り調査より）。

の2点があげられる。第1の「金利規制の強化」については、利息制限法に定める上限金利（20%）を上限として、「グレーゾーン金利」が廃止されることとなった。また、第2の「貸金業規制の強化」については、①参入規制の強化（ヤミ金融に対する罰則強化や貸金業登録に必要とする最低純資産額の引き上げによる業者数の削減など）、②行為規制の強化（取立行為規制の強化、禁止行為の追加、勧誘に関する規制の強化、書面交付に関する規定の整備など）、③総量規制を導入した過剰貸付規制の強化（借入残高が100万円超となる貸付けの場合、貸金業者に年収等の資料の取得を義務づけ、総借入残高が年収の3分の1を超える貸付けを禁止）、などがあげられる。

　このような金融規制の強化により、「多重債務問題」を発生させる根本部分にメスが入れられたといえる。

b) 多重債務問題改善プログラム（2007年6月）

　貸金業法の成立による金融規制の強化が図られる一方で、依然として存在する消費者金融の利用者（2007年当時で約1,400万人）に対して、ヤミ金融が跋扈する懸念が払拭されたわけではない。規制強化により、新たな手法が問題を深刻化させる可能性も否定できないことから、「借り手対策」として「多重債務問題改善プログラム」の策定が進められることとなった。その主な柱は、以下のとおりである。

　　①自治体に多重債務相談窓口の設置
　　②生活保護・低利融資などによる債務者救済の行政サービスの強化
　　③学校・社会における消費者教育・金融教育の強化（文科省）
　　④ヤミ金融対策の強化（警察当局）

（2）岩手における「多重債務問題」への取り組み

　こうした取り組みは、必ずしも国が率先して進めてきたというわけではなく、むしろ自治体レベルと取り組まれてきた実践が制度化につながった側面もある。その先進例として、盛岡市消費生活センターでは、国の対策に先行する形で対策が講じられてきた。また、インフォーマルな取り組みとしても、岩手県では先進的な例がいくつかあげられる。

a）盛岡市消費生活センターによる取り組み

　盛岡市では、2007年3月に「多重債務者包括的支援プログラム」を策定し、債務整理を支援することにより、多重債務状態を解消し、生活再建を進め、市民生活の安心を確保する取り組みがはじめられた。また、その取り組み内容は先進的であり、他の市町村からの視察依頼や講演依頼も多数寄せられた。松岡（2009）は、その先進的な取り組みの特徴について、①時間的サービスの先進性、②量的サービスの先進性、③空間的・地理的サービスの先進性、④質的サービスの先進性の4点あげている。

　「①時間的サービスの先進性」という点では、県の弁護士会消費者問題対策委員会の委員である弁護士を当番制で事務所に待機させ、相談が入るとすぐに案件に応じる体制を整え、スピーディな対応で相談者の相談に応じる体制を整えたことを評価している。「②量的サービスの先進性」については、消費生活センターの窓口だけに相談窓口を設けるのではなく、庁内で市民の相談業務に応じる各部署で多重債務の把握に努め、把握した際には、消費生活センターに相談するように促す取り組み、センターに連絡してつなぐ取り組みなど、「ワンストップサービス」で問題に対処できることを評価している。「③空間的・地理的サービス」については、「盛岡市は、県、信用生協、弁護士会と緊密な連携をとっており、連絡会を定期的に行い、情報交換をしている。たとえば消費生活センターは平日だけの相談業務になるが、土日については、県民生活センターが相談窓口を開催している」ことなどを例に挙げているほか、全国の自治体にノウハウを提供するほか、人材の紹介や派遣などの取り組みをおこなうなど、「営業的」にサービスを展開していることを評価している。「④質的サービスの先進性」については、「問題解決に向けた安価な手段のアレンジ」をあげている。また、「盛岡市は職員が情熱をもって消費者問題に取り組んできた伝統がある」ということも評価している。

b）消費者信用生活協同組合の取り組み

　インフォーマルな分野で債務問題に早い段階から取り組んできたのが、消費者信用生活協同組合（以下、信用生協）である。信用生協では現在、①相談業務（主に借金の相談）のほか、②消費者救済資金貸付制度（1989年〜）、③生

活再生資金貸付制度といった2つの融資制度を柱に、借金問題の解決に取り組んでいる。

「②消費者救済資金貸付制度」は、「スイッチローン」と「生活再建資金」とで構成されている。「スイッチローン」は、「多重債務問題」を抱え生活が破綻の危機に直面している消費者の救済と生活再建を目的としており、金融機関からの融資が受けられない人を対象におこなう融資制度である。「スイッチローン」は、1989（平成元）年に創設されたものであるが、2007（平成19）年度より、岩手県内の全市町村と連携した制度化がなされている。また、「生活再建資金」は、債務整理を行ったことなどにより、「どこからも借入することができない方」のための車検費用、医療費、引越し費用、冠婚葬祭費用などの生活費を貸付する制度で、2009（平成21）年からスタートし、2010（平成22）年には岩手県内全市町村が制度化し実施している。また、「③生活再建資金貸付制度」は、家計の収支や生活向上を目的とした融資制度で、5つのローン（サポートローン、オートローン、教育ローン、メンバーローン、不動産活用ローン）で構成されている。

c）いわて生活者サポートセンターの取り組み

上記の信用生協の事業を補完する役割を果たしているのが、いわて生活者サポートセンターである。いわて生活者サポートセンターの母体は信用生協であるが、事業部門を独立させて2002年9月にNPO認可を受け、現在、主に4つの事業（①くらしとお金の安心相談、②ギャンブル依存症・語り合い空間、③家族関係の悩み相談、④その他の取り組み）を展開している。このうち、「①くらしとお金の安心相談」が本研究の趣旨に合致する事業であるため、この事業のみを以下で紹介する。

「①くらしとお金の安心相談」は、貧困問題と「多重債務問題」を一括して受けつけ、生活再建に向けた支援に取り組む活動となっている。低所得や様々な理由でくらしやお金の問題で困っている方々の相談窓口を当センターに一本化して、相談及び関係機関への紹介等のコーディネート、申請への同行等の支援を行っている（図1-2）。後述する「聞き取り調査」においては、この事業の利用者を対象として調査を実施しており、文字どおりの「多重債務者」の

生活再建に寄与する事業であるといえる。

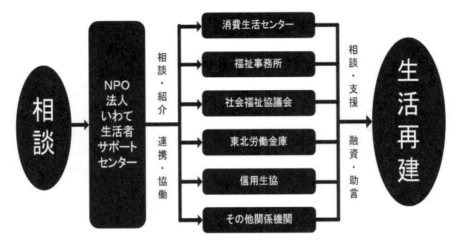

資料：いわて生活者サポートセンターHPより

図 3-2　いわて生活者サポートセンターの事業内容

（3）「サラ金・フリーローン」に関する相談

図 3-3 は、「PIO-NET に寄せられた相談件数の推移」のうち、「サラ金・フリーローン」の相談件数の推移と改正貸金業法の施行スケジュールについて示したものである。改正貸金業法が段階的に施行されるなかで、相談件数が大幅に減少していることがわかる。

また、表 3-1 は、国民生活センターに寄せられた「サラ金・フリーローン」に関する相談件数を相談内容別に示したもので、契約当事者が北海道・東北北部に該当するものを抽出したものである。統計資料の制約上、「北海道・東北北部」というエリアの相談件数に関する情報ではあるが、「多重債務問題」への対策との相関関係がみられる結果になっているといえる。

既述のように、貸金業法の制定や「多重債務問題改善プログラム」の導入がおこなわれた 2006～2007 年頃をピークとして、相談件数（「合計」欄）が減少する傾向がみられる。2007 年に 16,328 件あった相談が 2008 年には 15,407 件に減少し、さらに 2010 年には 1 万件を下回る 9,966 件、2011 年以降は震災の

影響が関係している可能性が考えられるが、大幅な減少がみられる。その内訳をみると、相談件数の多い「契約・解約」、「販売方法」については、相談件数の顕著な減少がみられるが、「価格・料金」については、2011年がピークになっている。これには、法律改正の影響が考えられるが、改正前には、返済が困難な状況に置かれた債務者からの苦情や相談が多数寄せられたことが考えられ、改正後には、借入れをめぐる貸金業者の適正な営業がなされているかどうかを疑念する相談が多数寄せられたことが考えられる。

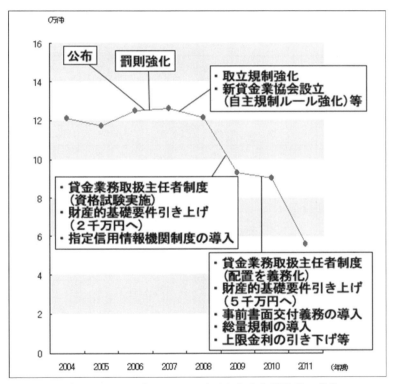

出所：国民生活センター「PIO-NETに寄せられた相談件数の推移」

図 3-3 「サラ金・フリーローン」の相談件数の推移と改正貸金業法の施行スケジュール

表 3-1　北海道・東北北部（青森・秋田・岩手）にお

主な相

受付 年度	安全・ 衛生	品質・ 機能・ 役務 品質	法規・ 基準	価格・ 料金	計量・ 量目	表示・ 広告	販売 方法
2004	0	148	438	1,010	1	734	2,698
	0.0%	1.0%	2.9%	6.6%	0.0%	4.8%	17.7%
2005	4	109	410	995	4	567	2,436
	0.0%	0.8%	2.9%	7.2%	0.0%	4.1%	17.5%
2006	3	63	548	1,312	8	543	1,844
	0.0%	0.5%	4.0%	9.7%	0.1%	4.0%	13.6%
2007	1	47	598	1,681	4	522	1,634
	0.0%	0.3%	3.7%	10.3%	0.0%	3.2%	10.0%
2008	3	60	542	1,655	3	418	1,200
	0.0%	0.4%	3.5%	10.7%	0.0%	2.7%	7.8%
2009	1	45	281	1,232	1	144	620
	0.0%	0.4%	2.6%	11.4%	0.0%	1.3%	5.7%
2010	6	41	353	1,710	2	103	454
	0.1%	0.4%	3.5%	17.2%	0.0%	1.0%	4.6%
2011	7	43	223	974	1	67	376
	0.1%	0.8%	4.0%	17.6%	0.0%	1.2%	6.8%
2012	2	34	185	692	0	60	348
	0.0%	0.8%	4.2%	15.9%	0.0%	1.4%	8.0%
2013	6	35	171	555	0	58	360
	0.1%	0.8%	3.9%	12.7%	0.0%	1.3%	8.3%
2014	2	32	167	554	1	62	318
	0.0%	0.7%	3.8%	12.7%	0.0%	1.4%	7.3%

資料：国民生活センター「消費生活相談データベース（PIO-NET）」より作成

けるサラ金・フリーローンに関する相談件数の内訳

談内容							
契約・解約	接客対応	包装・容器	施設・設備	買物相談	生活知識	その他	合計
9,974	242	0	0	14	6	5	15,270
65.3%	1.6%	0.0%	0.0%	0.1%	0.0%	0.0%	100.0%
9,099	241	0	1	9	1	28	13,904
65.4%	1.7%	0.0%	0.0%	0.1%	0.0%	0.2%	100.0%
8,958	272	0	0	0	0	0	13,551
66.1%	2.0%	0.0%	0.0%	0.0%	0.0%	0.0%	100.0%
11,530	311	0	0	0	0	0	16,328
70.6%	1.9%	0.0%	0.0%	0.0%	0.0%	0.0%	100.0%
11,323	200	1	2	0	0	0	15,407
73.5%	1.3%	0.0%	0.0%	0.0%	0.0%	0.0%	100.0%
8,332	151	0	0	0	0	0	10,807
77.1%	1.4%	0.0%	0.0%	0.0%	0.0%	0.0%	100.0%
7,149	144	1	3	0	0	0	9,966
71.7%	1.4%	0.0%	0.0%	0.0%	0.0%	0.0%	100.0%
3,730	119	2	1	0	0	0	5,543
67.3%	2.1%	0.0%	0.0%	0.0%	0.0%	0.0%	100.0%
2,948	83	0	1	0	0	0	4,353
67.7%	1.9%	0.0%	0.0%	0.0%	0.0%	0.0%	100.0%
2,425	80	1	2	0	0	0	3,693
55.7%	1.8%	0.0%	0.0%	0.0%	0.0%	0.0%	100.0%
2,390	48	1	1	0	0	0	3,576
54.9%	1.1%	0.0%	0.0%	0.0%	0.0%	0.0%	100.0%

表 3-2 は、サラ金・フリーローンに関する相談の事例について一部を取り上げて紹介したものである。2004〜2008 年度にかけては、「もう返済できない」、「高い金利をなんとか出来ないか」、「計算し直してほしい」、「元金が減らず困っている」といった「返済困難」を訴える相談内容が多々見られたのに対して、2009〜2011 年度にかけては、「借りた額の倍くらい返済したのにいつになっても返済が終わらない」、「金利が高いようだが、支払わなければならないか」、「未だに金利が 29.2%のようなのだがおかしくはないか」、「収入は年 100 万円に満たないはずなのに、どうして消費者金融業者は 100 万円も貸すのだろうか」といった返済額や金利、貸付額などの具体的な内容に触れている相談内容が多々見られた。

以上のことから、貸金業法制定による「多重債務問題」に対する一定の効果があらわれたことを示していることがうかがえる。

表3-2　北海道・東北北部（青森・秋田・岩手）におけるサラ金・フリーローンに関する相談の事例

＜2004〜2008 年度分＞ ・夫の収入が少なく、生活費を借り入れている内に、返済のためにまた借り入れをする生活になった。<u>もう返済できない</u>。 ・息子がサラ金、銀行系カード会社、友人から借金をし、返済が出来なくなったと相談してきた。<u>高い金利をなんとか出来ないか</u>。 ・友人が 3 年前から借金をはじめ、今 170 万円くらい借金がある。グレーゾーン金利の話を聞いた。<u>計算し直してほしい</u>。 ・サラ金 6 社から借金がある。6 年返済しているが、<u>元金が減らず困っている</u>。新聞等で報道があるが、何か良い方法はないか。
＜2009〜2014 年度分＞ ・張り紙を見てヤミ金融に融資を申込んだら高額な金利を請求され、<u>借りた額の倍くらい返済したのにいつになっても返済が終わらない</u>。 ・知人が 2 年以上前から、借金の返済をしている。<u>金利が高いようだが、支払わなければならないか</u>。 ・クレジットカードのキャッシングで借金しているが<u>未だに金利が 29.2%のようなのだがおかしくはないか</u>。 ・息子の借金癖を止めたい。<u>収入は年 100 万円に満たないはずなのに、どうして消費者金融業者は 100 万円も貸すのだろうか</u>。

資料：国民生活センター「消費生活相談データベース（PIO-NET）」より作成

４．「多重債務問題」に関連する公的統計の東北６県間比較

（１）「多重債務問題」に関連する公的統計からの現状把握

　「多重債務者」の数を把握するのは、現実的に難しい状況にある。しかし、「多重債務問題」の発生要因には経済困窮化（以下、貧困化）があり、生活苦のために債務を負い、その結果、破産という形で債務処理をする場合もあるが、その反面で債務を苦にした自殺という事態に発展してしまう場合もある。よって、以下では、①「破産」の指標として破産申請状況を、②「自殺」の指標として自殺率を、③「貧困化」の指標として生活保護受給状況を用い、現状を把握することとする。さらに、④「経済状況」を示す指標として失業率を用いることとする。

ａ）破産申請の状況

　表 3-3 は、地方裁判所別にみた破産申請状況について示したものである。

　まず、「全国」についてみてみると、2000 年には 145,856 件であった件数が、2002 年に 224,467 件に増加し、2005 年まで高止まりが続いているが、2006 年には 174,861 件に減少し、2014 年には 73,368 件まで減少している。このような変動要因には、景気変動の影響が考えられるが、2006 年から改正貸金業法の施行などの影響があるものと推測される。次に、「岩手」についてみてみると、「全国」とやや同様の傾向を示しているが、2000 年から 2003 年にかけての増加率が 10 ポイント以上高くなっている一方で、2004 年以降の減少率も高く、急速な減少傾向を示している。また、他の東北各県と比べても年による多少の違いはあるが、他の県でも 2000 年から 2003 年にかけて急速に増加し、その後は急速に減少する傾向がみられる。このように「全国」との違いはややみられたものの、東北地方内における違いが申請件数の増減だけでは判断できないため、「１人当たりの申請件数（破産申請率）」を推計してみることにした。

　表 3-4 は、地方裁判所別にみた１人当たり破産申請状況について示したものである。「全国」の「破産申請率」をみてみると、2000 年が 1.15%、2005 年が 1.51%、2010 年が 1.03% となっている。これに対して、「岩手」では、2000 年が 0.88%、2005 年が 1.57%、2010 年が 1.10% となっており、2000 年はや

82

表 3-3　地方裁判所別に

	2000 年	2001 年	2002 年	2003 年	2004 年	2005 年	2006 年
全国	145,858	168,811	224,467	215,800	220,261	193,179	174,861
	—	15.7%	33.0%	-3.9%	2.1%	-14.0	-10.5
青森	1,666	1,942	2,887	3,765	3,174	3,184	2,943
	—	16.6%	48.7%	30.4%	-15.7%	0.3	-8.2
岩手	1,248	1,605	2,312	2,619	2,277	2,176	2,339
	—	28.6%	44.0%	13.3%	-13.1%	-4.6	7.0
宮城	3,172	3,751	4,934	5,446	4,400	3,871	3,540
	—	18.3%	31.5%	10.4%	-19.2%	-13.7	-9.4
秋田	1,351	1,744	2,496	2,593	1,987	1,913	1,719
	—	29.1%	43.1%	3.9%	-23.4%	-3.9	-11.3
山形	1,071	1,174	1,871	2,089	1,569	1,496	1,581
	—	9.6%	59.4%	11.7%	-24.9%	-4.9	5.4
福島	1,851	2,406	2,947	3,373	3,063	2,607	2,200
	—	30.0%	22.5%	14.5%	-9.2%	-17.5	-18.5

注：下段の数値は増減率である。

資料：最高裁判所事務総局「司法統計」より作成

表 3-4　地方裁判所別にみた破産申請状況

	2000 年			2005 年		
	人口（人）	破産申請数（件）	破産申請率（‰）	人口（人）	破産申請数（件）	破産申請率（‰）
全国	126,925,843	145,858	1.15	127,767,994	193,179	1.51
青森	1,475,728	1,666	1.13	1,436,657	3,184	2.22
岩手	1,416,180	1,248	0.88	1,385,041	2,176	1.57
宮城	2,365,320	3,172	1.34	2,360,218	3,871	1.64
秋田	1,189,279	1,351	1.14	1,145,501	1,913	1.67
山形	1,244,147	1,071	0.86	1,216,181	1,496	1.23
福島	2,126,935	1,851	0.87	2,091,319	2,607	1.25

注：本表の「破産申請率」（破産申請数÷人口）は、筆者による推計である。

資料：総務省「国勢調査」、最高裁判所事務総局「司法統計」より作成

みた破産申請件数の推移

2007 年	2008 年	2009 年	2010 年	2011 年	2012 年	2013 年	2014 年
157,889	140,941	137,957	131,370	110,449	92,552	81,136	73,368
-10.7	-10.7%	-2.1%	-4.8%	-15.9%	-16.2%	-12.3%	-9.6%
2,428	1,983	1,875	1,606	1,148	934	807	766
-21.2	-18.3%	-5.4%	-14.3%	-28.5%	-18.6%	-13.6%	-5.1%
1,962	1,706	1,624	1,457	926	708	675	650
-19.2	-13.0%	-4.8%	-10.3%	-36.4%	-23.5%	-4.7%	-3.7%
3,261	2,935	2,772	2,807	1,777	1,371	1,228	1,079
-8.6	-10.0%	-5.6%	1.3%	-36.7%	-22.8%	-10.4%	-12.1%
1,557	1,362	1,243	1,194	901	623	499	508
-10.4	-12.5%	-8.7%	-3.9%	-24.5%	-30.9%	-19.9%	1.8%
1,416	1,217	1,111	960	649	544	555	472
-11.7	-14.1%	-8.7%	-13.6%	-32.4%	-16.2%	2.0%	-15.0%
1,854	1,553	1,584	1,493	1,007	643	498	487
-18.7	-16.2%	2.0%	-5.7%	-32.6%	-36.1%	-22.6%	-2.2%

にみた破産申請状況

2010 年		
人口 （人）	破産 申請数 （件）	破産 申請率 （‰）
128,057,352	131,370	1.03
1,373,339	1,606	1.17
1,330,147	1,457	1.10
2,348,165	2,807	1.20
1,085,997	1,194	1.10
1,168,924	960	0.82
2,029,064	1,493	0.74

84

や低くなっているものの、2005 年以降はやや高い水準となっている。また、他の東北各県では、「山形」と「福島」が低くなっている以外は、概ね同水準となっている。

ｂ）自殺者の状況

表 3-5 は、都道府県別自殺率の順位を示したものである。自殺率の算定方法が 2008 年以前と 2009 年以降で異なるため、単純な比較はできないが、「岩手」

表 3-5　都道府県

順位	2006 年		2007 年		2008 年		2009 年	
1	神奈川	20.8	神奈川	20.8	神奈川	20.4	奈良	20.28
2	愛知	18.6	愛知	21.0	岡山	20.9	滋賀	21.05
3	埼玉	21.0	埼玉	22.4	愛知	21.0	香川	21.15
4	岡山	21.5	三重	22.5	香川	21.7	石川	21.2
5	奈良	21.8	千葉	22.6	千葉	21.9	神奈川	21.39
43	青森	35.1	宮崎	34.6	和歌山	35.9	島根	31.6
44	山形	35.1	岩手	35.4	岩手	36.2	高知	32.04
45	岩手	36.8	青森	36.0	秋田	36.6	岩手	35.86
46	山梨	42.7	秋田	37.2	青森	36.9	青森	36.62
47	秋田	43.5	山梨	39.0	山梨	41.1	秋田	37.54

注 1 ：「自殺率」とは、人口 10 万人に対する自殺者数の割合である（自殺者数÷人口×
注 2 ：2008 年以前は、自殺者の発見地にもとづいているのに対し、2009 年以降は、自殺
資料：警察庁「自殺の概要資料」、内閣府「自殺の統計」各年版より作成

の自殺率は 2006 年から 2014 年の 9 年間で毎年ワースト 5 に入っており、自殺率が高い地域であることがわかる。この点は、近隣の「青森」や「秋田」も同様であり、北東北の特徴の 1 つといえる。内訳をみると、「岩手」の自殺率は年々低下しているものの、都道府県別の順位では下降している。2011 年は震

災が発生した年ではあるが、震災に関連する自殺者[3] は同年で 17 名となっており、自殺者数に占める割合は 4%程度に留まっている。このことから、震災に直接関連しない他の理由による割合が高くなっているものと考えられる。

　東北地方の自殺率の高さ、とりわけ、北東北 3 県が上位に入っていることがわかったが、実際にどのような要因が関係しているかを後に分析するために、東北 6 県の自殺者数および自殺率についてまとめたものが表 1-6 である。統計の制約上、2009 年以降の数値のみを掲載したが、「全国」と比べると 6 県すべ

別自殺率の順位

2010 年		2011 年		2012 年		2013 年		2014 年	
三重	18.44	奈良	17.42	香川	17.49	奈良	17.15	神奈川	16.13
奈良	19.69	徳島	18.58	京都	18.29	岡山	17.68	大阪	16.14
徳島	20.71	福井	19.1	奈良	18.34	神奈川	17.7	岡山	16.45
神奈川	21.35	三重	19.79	沖縄	18.34	福井	18.01	石川	16.68
岡山	21.71	岡山	20.48	神奈川	18.79	大阪	18.35	奈良	16.82
山梨	28.12	青森	27.72	岩手	25.95	群馬	25.65	宮崎	24.16
新潟	30.4	宮崎	28.57	宮崎	26.05	島根	26.08	富山	24.64
青森	31.02	新潟	29.26	高知	26.06	秋田	26.85	新潟	24.88
岩手	32.64	秋田	31.07	秋田	27.99	新潟	26.94	秋田	25.70
秋田	32.66	岩手	34.89	新潟	28.67	岩手	27.47	岩手	26.99

100,000 人）。

者の住居地にもとづいている。

---

[3]　内閣府によれば、「東日本大震災に関連する自殺」とは、「①遺体の発見地が、避難所、仮設住宅又は遺体安置所であるもの。②自殺者が避難所又は仮設住宅に居住していた者であることが遺族等の供述その他により判明したもの。③自殺者が被災地から避難してきた者であることが遺族等の供述その他により判明したもの。④自殺者の住居（居住地域）、職場等が地震又は津波により甚大な被害を受けたことが遺族等の供述その他により判明したもの。⑤その他、自殺の「原因・動機」が、東日本大震災の直接の影響によるものであることが遺族等の供述その他により判明したもの」と定義している。

ての自殺率が上回っているものの、徐々に下降する傾向がみられる。

表3-6　東北6県の自殺者数と自殺率の動向

	自殺者数（人）							
	2000年	2005年	2009年	2010年	2011年	2012年	2013年	2014年
全国	31,957	32,552	32,485	31,690	30,651	27,589	27,041	25,218
青森県	—	—	519	448	400	347	326	300
岩手県	—	—	488	467	401	342	361	354
宮城県	—	—	648	620	483	503	485	505
秋田県	—	—	420	368	343	304	289	275
山形県	—	—	337	333	288	297	285	246
福島県	—	—	602	540	525	432	450	452
	自殺率							
	2000年	2005年	2009年	2010年	2011年	2012年	2013年	2014年
全国	25.2	25.5	25.6	24.7	23.9	21.78	21.06	19.63
青森県	—	—	36.6	32.6	29.1	25.09	23.76	21.93
岩手県	—	—	35.9	35.1	30.1	25.95	27.47	26.99
宮城県	—	—	27.8	26.4	20.6	21.84	20.92	21.68
秋田県	—	—	37.5	33.9	31.6	27.99	26.85	25.7
山形県	—	—	28.4	28.5	24.6	25.60	24.66	21.37
福島県	—	—	29.2	26.6	25.9	21.69	22.72	22.87

注：「自殺者数」は自殺者の居住地にもとづいており、「自殺率」は人口10万人に対
する自殺者数の割合である（自殺者数÷人口×100,000人）。

資料：警察庁「自殺の概要資料」、内閣府「自殺の統計」各年版より作成

c）生活保護受給者の状況

　表3-7は、生活保護の受給動向について示したものである。「全国」の被保
護人員をみてみると、2000年から2010年にかけて107万人から195万人にほ
ぼ倍増しており、生活受給率（以下、保護率）も8.4‰から15.2‰に上昇して
いる。この傾向は、「山形県」と「福島県」を除く東北地方のすべての県で同
様にみられ、「岩手県」においても被保護人員は2000年の0.7万人から2010
年には1.4万人に倍増し、保護率も5.3‰から10.9‰に上昇している。しかし、
「岩手県」は、「全国」に比べて保護率がやや低くなっており、比較的保護率
の高い北東北のなかでも、「秋田県」よりもやや低く、「青森県」よりもかなり

第3章　貧困問題と多重債務問題　87

低い保護率になっている。

表3-7　生活保護の受給動向

	被保護人員（人）			保護率（‰）		
	2000年	2005年	2010年	2000年	2005年	2010年
全国	1,072,241	1,475,838	1,952,063	8.4	11.6	15.2
青森県	17,993	23,260	28,510	12.2	16.2	20.8
岩手県	7,493	10,760	14,499	5.3	7.8	10.9
宮城県	12,156	18,476	26,928	5.1	7.8	11.5
秋田県	9,283	12,737	14,879	7.8	11.1	13.7
山形県	4,340	5,131	6,485	3.5	4.2	5.5
福島県	6,545	8,510	10,910	4.6	6.1	8.1

注：同資料の表記が、政令都市や中核市を別記しており、都道府県単位の数値および保護率を推計し直しているため、各都道府県が発表している数値（主に、保護率）と若干の齟齬が生じている。

資料：厚生労働省「福祉行政報告」

d）失業率の状況

表 3-8 は、都道府県別にみた失業率の推移を示したものである。2000 年をみると、「全国」（4.7％）よりも高くなっているのは「青森県」（5.4％）と「宮

表 3-8　地域別にみた失業率の推移

	2000年	2005年	2010年
全国	4.7%（ － ）	6.0%（ － ）	6.4%（ － ）
青森県	5.4%（+0.7）	8.4%（+2.4）	9.0%（+2.6）
岩手県	4.0%（-0.7）	6.2%（+0.2）	7.1%（+0.7）
宮城県	4.9%（+0.2）	6.9%（+0.9）	7.8%（+1.4）
秋田県	4.3%（-0.4）	6.1%（+0.1）	7.0%（+0.6）
山形県	3.3%（-1.4）	4.8%（-1.2）	5.8%（-0.6）
福島県	4.3%（-0.4）	6.0%（±0.0）	7.1%（+0.7）

注1：本表の失業率は、「国勢調査」の結果にもとづいて計算したものである。

　2：（ ）内の数値は、全国比である。

資料：総務省「国勢調査」より作成

城県」（4.9%）の２県だけであったが、2005 年になると、「全国」（6.0%）よりも下回っているのは「山形県」（4.8%）のみで、その他の５県は同率か上回っている。2010 年になると「山形県」（5.8%）は、「全国」（6.4%）を下回っているものの、他の５県は上回り、「全国」との開きが大きくなっている。このように、東北地方における雇用情勢は、より厳しくなる様相を呈してきている。

（２）「多重債務問題」の要因に関する分析・考察

a）「多重債務問題」の要因に関する分析

以上の統計数値の相互関係をみるために、以下ではコレスポンデンス分析をおこなうこととする。なお、すべての数値が反映できる2010年の数値を用いることとする（表3-9）。

表3-9 「多重債務問題」に関連する統計指標（2010年）

	破産申請率 （破産）	自殺率 （自殺）	保護率 （福祉）	失業率
青森県	1.17	32.6	20.8	9.0
岩手県	1.10	35.1	10.9	7.1
宮城県	1.20	26.4	11.5	7.8
秋田県	1.10	33.9	13.7	7.0
山形県	0.82	28.5	5.5	5.8
福島県	0.74	26.6	8.1	7.1

注：（ ）内の表記は、下記図1-1で用いる名称である。

図3-2は、東北６県の「多重債務問題」に関連する統計指標の対応関係について示したものである。図の中央に楕円が描かれているが、このなかはいずれも失業率が7.0%以上の地域であり、地域経済の状況が決してよい状態であるとはいえない地域である。そのため、こうした地域では経済困窮化が起こりやすく、様々な問題が生じやすい状態にある。しかし、楕円内の５県をみると、「青森県」や「秋田県」では自殺率が高いものの、「福祉」の方に寄っていることから生活保護等の社会福祉が相対的に対応していることを示している。これには、経済困窮化した住民が、債務超過に陥る前に積極的に生活保護を利用

しているのか、「破産」の方に寄っていないことに鑑みると、他方では経済困窮化や債務超過化を苦に自殺に至っているか、いずれかの二極化が進んでいることが考えられる。これに対して「岩手県」や「福島県」では「自殺」に寄っていることから、経済困窮化した住民あるいは債務超過化した住民が「福祉」をあまり利用せずに自殺にいたっていることを示している。この中間に位置するのが「宮城県」である。「宮城県」では「破産」の方にも寄りつつ「福祉」の方にも寄っていることから、経済困窮化あるいは債務超過化した場合でも、法的な救済や福祉的対応が相対的に機能していることを示している。最後に、「山形県」は問題を抱えた住民が法的な手続きや福祉の利用をすることなく自殺にいたっていることを示している。

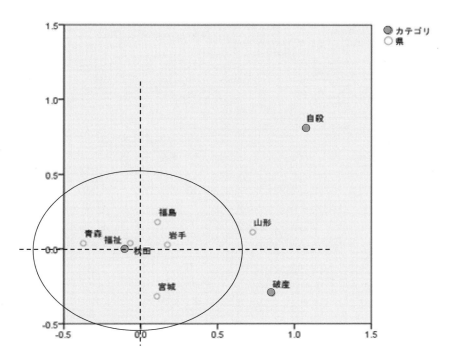

図3-2　東北6県の「多重債務問題」に関連する統計指標の対応関係

b）「多重債務問題」の要因に関する考察

　東北地方は既述のとおり、自殺率が高い地域であるが、かつて上位を占めていた「青森県」と「秋田県」の率が下降してきた背景には、福祉的な対応がおこなわれてきたことによるものと考えられる。表3-10は、東北6県における経済困窮世帯の状況[4]について示したものであるが、既述の「岩手県」と「福島県」、さらに「山形県」に関しては、「捕捉率」が他の3県よりもやや低い状態にある。このことからも、生活保護制度等の社会的な支援の充実が「多重債務問題」を抑制し、さらには自殺問題の軽減に一定の効果をもつことを示唆しているといえる。

表 3-10　東北 6 県における経済困窮世帯の状況（2007・2012 年）

	県	世帯総数①	困窮世帯数②	生活保護世帯数③	推定貧困率④（②／①）	推定捕捉率⑤（③／②）	保護率⑥	自殺率⑦
2007年	青森県	538,200	100,400	18,446	18.7	18.4	19.6	36.6
	岩手県	506,100	81,600	8,033	16.1	9.8	8.3	35.9
	宮城県	893,400	117,400	14,039	13.1	12.0	8.9	27.8
	秋田県	421,200	71,600	9,277	17.0	13.0	12.1	37.5
	山形県	408,500	56,900	4,164	13.9	7.3	4.4	28.4
	福島県	750,500	102,500	11,093	13.7	10.8	8.3	29.2
2012年	青森県	539,500	113,100	23,032	21.0	20.4	22.2	25.1
	岩手県	509,700	92,800	10,503	18.2	11.3	11.1	26.0
	宮城県	929,000	142,700	18,873	15.4	13.2	11.5	21.8
	秋田県	415,000	75,100	11,572	18.1	15.4	14.6	28.0
	山形県	405,400	62,500	5,641	15.4	9.0	6.2	25.6
	福島県	746,500	111,900	13,224	15.0	11.8	8.8	21.7

資料：総務省「就業構造基本調査」（2007年）、厚生労働省「福祉行政報告例」（2007年）、警察庁「自殺の概要資料」、内閣府「自殺の統計」より作成

---

[4]　本表の推計結果は、多重債務者支援研究会（2013）に推計方法を示している。

第3章　貧困問題と多重債務問題　91

５．「多重債務問題」に関連する公的統計の岩手県内地域別比較

（１）「多重債務問題」に関連する公的統計からの現状把握

ａ）破産申請の状況

　次に、岩手県内の状況についてみていくことにするが、表3-11は、盛岡地方裁判所における破産申請件数を示したものである。

　まず、2001年以降の「計」をみると、2003年がもっとも多く2,619件となっている。この年は、完全失業率が戦後もっとも高くなった年でもあるように、不況の影響が関係していることが考えられる。その後はやや減少するものの、いわゆる「いざなぎ越え」[5]と呼ばれる好況期にありながら2006年に再び申請件数が増加している。こうしたことが「国民が景気回復を実感できない」と揶揄されたことを象徴しているが、貸金業法が制定された2006年以降は申請件数が減少している。

　また、地域（支部）別にみてみると、2005年から2006年にかけて「遠野」と「宮古」で増加率が70%を超える顕著な申請件数の増加がみられるが、2009年の「宮古」と2010年の「花巻」で顕著な増加がみらえる以外は、概ね減少傾向になっている。地域によっては、2008年に発生したいわゆる「リーマン・ショック」の影響を受けている可能性が考えられるが、「多重債務問題」等への諸施策がこの数値にあらわれてきているものと考えられる。

　さらに、地域（支部）別に破産申請率（表1-12）についてみてみると、「県計」では2005年から2010年にかけて1.57‰から1.10‰に下がっている。地域別にみても全般的に低下しているが、率の高さという点では「盛岡」がもっとも高く、「一関」や「花巻」も他の地域に比べるとやや高くなっている。少し整合性を各部分があるが、これを行政区分上の地域に区分して計算（平均値）すると、2010年では「県央」が1.67‰、「県南」が0.82‰、「県北」が0.69‰で、「沿岸」が0.64‰となり、内陸部の方が破産申請率が高くなっている。

---

[5]　1965（昭和40）年から1970（昭和45）年にかけて続いた好景気を「いざなぎ景気」と名付けているが、2002（平成14）年2月からはじまった景気拡大が2006（平成18）年11月以降も続き、「いざなぎ景気」を上回る期間景気の拡大がみられたことから「いざなぎ越え」または「いざなみ景気」と呼ばれている。

表 3-11　盛岡地方裁判所管轄

支部	2001 年	2002 年	2003 年	2004 年	2005 年	2006 年
盛岡	—	—	—	—	1,206	1,285
					—	6.6%
一関	—	—	—	—	283	281
					—	-0.7%
花巻	—	—	—	—	226	201
					—	-11.1%
二戸	—	—	—	—	111	109
					—	-1.8%
遠野	—	—	—	—	78	135
					—	73.1%
宮古	—	—	—	—	91	155
					—	70.3%
水沢	—	—	—	—	181	173
					—	-4.4%
計	1,605	2,312	2,619	2,277	2,176	2,339
	—	44.0%	13.3%	-13.1%	-4.4%	7.5%

注1：2001～2004 年は、盛岡地方裁判所管轄内の総数である。2005 年以降の地域は、
注2：各支部が管轄している地域は、「盛岡」が盛岡市、八幡平市、雫石町、岩手町、
　　　田市、平泉町、「花巻」が花巻市、北上市、西和賀町、「二戸」が二戸市、一戸
　　　大槌町、「宮古」が宮古市、山田町、岩泉町、田野畑村、「水沢」が奥州市、金
資料：岩手県「岩手県統計年鑑」

表 1-12　盛岡地方裁判所管轄支部別の破産申請（新受）率

支部	2005 年			2010 年			地域
	人口（人）	破産申請（件）	破産申請率（‰）	人口（人）	破産申請（件）	破産申請率（‰）	
県計	1,385,041	2,176	1.57	1,330,147	1,457	1.10	—
盛岡	489,492	1,206	2.46	481,699	803	1.67	県央
一関	219,429	283	1.29	206,214	160	0.78	県南
花巻	206,724	226	1.09	201,178	193	0.96	県南
二戸	132,039	111	0.84	123,110	85	0.69	県北
遠野	90,905	78	0.86	84,181	53	0.63	沿岸
宮古	99,885	91	0.91	92,694	61	0.66	沿岸
水沢	146,567	181	1.23	141,071	102	0.72	県南

注1：本表の「破産申請率」（破産申請数÷人口）は、筆者による推計である。
　2：「地域」に関しては、行政区分と異なるため、整合性を欠く。「一関」管轄には行
　　　政区分上「沿岸」に属する大船渡市と陸前高田市が含まれ、「遠野」管轄には行政
　　　上「県南」に属する遠野市が含まれる。
資料：岩手県「岩手県統計年鑑」（盛岡地方裁判所提供）

支部別の破産申請（新受）件数

2007 年	2008 年	2009 年	2010 年	2011 年	2012 年	2013 年
1,082	965	896	803	510	366	367
-15.8%	-10.8%	-7.2%	-10.4%	-36.5%	-28.2%	0.3%
241	197	205	160	98	56	60
-14.2%	-18.3%	4.1%	-22.0%	-38.8%	-42.9%	7.1%
178	156	140	193	147	117	90
-11.4%	-12.4%	-10.3%	37.9%	-23.8%	-20.4%	-23.1%
112	88	92	85	53	43	39
2.8%	-21.4%	4.5%	-7.6%	-37.6%	-18.9%	-9.3%
101	93	80	53	18	29	21
-25.2%	-7.9%	-14.0%	-33.8%	-66.0%	61.1%	-27.6%
98	78	90	61	34	31	29
-36.8%	-20.4%	15.4%	-32.2%	-44.3%	-8.8%	-6.5%
150	129	121	102	66	66	69
-13.3%	-14.0%	-6.2%	-15.7%	-35.3%	0.0%	4.5%
1,962	1,706	1,624	1,457	926	708	675
-16.1%	-13.0%	-4.8%	-10.3%	-36.4%	-23.5%	-4.7%

地方裁判所の支部別にみた申請件数である。

葛巻町、滝沢村（現・滝沢市）、矢巾町、紫波町、「一関」が一関市、大船渡市、陸前高

町、軽米町、九戸村、久慈市、野田村、普代村、洋野町、「遠野」が遠野市、釜石市、

ヶ崎町となっている。

b）自殺者の状況

　表 3-13 は、岩手県における地域別にみた自殺者数の推移を示したものであ
る。「計」をみてみると、2004 年から 2010 年にかけてはやや減少する傾向が
みられ、2010 年から 2011 年には 50 人程度の減少がみられるものの、依然と
して自殺者数および自殺率の高い状況が続いている。こうした背景には、「多
重債務問題」への対策が効果をもたらしているとは考えにくく、既述のように、
福祉的な支援の弱さが影響しているか、政策的な規制強化が逆に経済的弱者
（貧困者等）をより窮地に追い込んでいるか、健康問題や人間関係の問題など
の他の要因が強まっているか、問題の改善につながっていないということにな
る。

　次に、地域的な側面に着目してみると、「県計」に比べて「県北」が非常に
高く、「県南」もやや高い状況がみられる。

表 3-13　岩手県における地域別

保健所	2004 年		2005 年		2006 年		2007 年		2008 年	
	死亡数	自殺率	死亡数	自殺率	死亡数	自殺率	死亡数	自殺率	死亡数	自殺率
県計	481	34.6	470	33.9	467	34.0	437	32.0	454	33.6
県央	—	—	—	—	—	—	—	—	143	29.6
盛岡市	—	—	—	—	—	—	—	—	88	29.5
県　央	—	—	—	—	—	—	—	—	55	29.7
県南	—	—	—	—	—	—	—	—	174	33.6
中部 花巻	—	—	—	—	—	—	—	—	51	38.2
北上	—	—	—	—	—	—	—	—	34	33.4
奥　州	—	—	—	—	—	—	—	—	45	31.2
一　関	—	—	—	—	—	—	—	—	44	31.4
沿岸	—	—	—	—	—	—	—	—	81	35.7
大船渡	—	—	—	—	—	—	—	—	20	27.9
釜　石	—	—	—	—	—	—	—	—	21	37.2
宮　古	—	—	—	—	—	—	—	—	40	42.1
県北	—	—	—	—	—	—	—	—	56	44.5
久　慈	—	—	—	—	—	—	—	—	27	42.2
二　戸	—	—	—	—	—	—	—	—	29	46.7

注：「自殺率」は人口10万人に対する自殺者数の割合である（自殺者数÷

資料：岩手県保健福祉部「保健福祉年報」

c）生活保護の受給状況

　表3-14は、岩手県内の地域別にみた保護率の動向について示したものであるが、地域による差がみられる。

　保護率がもっとも低い水準で推移しているのが「県南」地域である。逆に、もっとも高い地域は「沿岸」であり、その中間に「県北」と「県央」地域が位置している。「県央」は、盛岡市が含まれることもあり、産業の中心は第三次産業であるが、人口が多く、所得格差もあり、保護率は決して低いわけではない。「県南」地域は、工業団地が多数設営されていることなどもあり、失業率

にみた自殺者数の推移

2009 年		2010 年		2011 年		2012 年		2013 年	
死亡数	自殺率	死亡数	死亡数	自殺率	死亡数	自殺率	自殺率	死亡数	自殺率
459	34.2	426	32.0	370	28.2	329	25.2	340	26.3
138	30.3	142	31.6	122	27.1	130	28.3	122	27.2
69	23.1	68	22.8	59	19.7	69	23.0	60	20.0
69	37.5	74	40.4	63	34.5	61	33.6	62	34.3
192	37.4	177	34.4	148	28.6	116	22.3	136	27.3
46	34.8	86	37.3	74	32.2	63	27.7	63	27.7
38	37.7	—	—	—	—	—	—	—	—
48	33.6	44	31.2	42	30.0	37	26.9	37	26.9
60	43.4	47	34.6	32	23.7	36	27.4	36	27.4
74	34.4	65	29.9	55	27.1	47	23.4	38	18.5
21	29.6	20	28.5	20	30.5	14	21.6	10	15.6
23	41.4	17	31.0	13	26.0	12	24.5	8	16.6
30	32.1	28	30.2	22	24.7	21	24.0	20	23.2
55	44.4	42	34.2	45	37.2	36	30.2	44	37.7
26	41.2	18	28.8	22	35.8	14	23.0	12	20.0
29	47.5	24	39.6	23	38.5	22	37.4	32	55.3

人口×100,000人）。

も低く、経済状況が比較的安定している地域であることが保護率の低さを維持している要因と考えられる。「県北」地域は、産業の衰退とともに人口流出が著しい地域であり、保護率の高い地域であるが、急速な上昇をしているわけではない。最後に、「沿岸」地域も「県北」と同様に産業の衰退と人口流出が著しい地域である。

　それぞれの地域がその地理的な条件や産業の特性などによって異なる特徴を有しているが、裏返せば、貧困問題の特徴がそれぞれ異なる可能性があるということである。

表3-14　岩手県内の地域別にみた保護率の動向

	2000 年	2005 年	2010 年
岩手県	5.3‰	7.8‰	10.8‰
県央	5.4‰	7.7‰	11.4‰
県南	3.6‰	4.7‰	6.7‰
沿岸	9.1‰	12.6‰	13.6‰
県北	8.3‰	9.1‰	10.5‰

注：本表の地域別保護率は、公表されている保護率を再計算しているため、全体
の数値の整合性が取れていない。

資料：岩手県保健福祉部地域福祉課「岩手県の生活保護」より作成

（2）「多重債務問題」の要因に関する分析・考察

a）「多重債務問題」の要因に関する分析

　以上の統計数値の相互関係をみるために、以下ではコレスポンデンス分析を
おこなうこととする。なお、すべての数値が反映できる2010年の数値を用いる
こととする（表3-15）。

表3-15　「多重債務問題」に関連する統計指標（2010年）

	破産申請率 （破産）	自殺率 （自殺）	保護率 （福祉）	失業率
県計	1.10	32.0	10.8	7.1
県央	1.67	31.6	11.4	6.6
県南	0.82	34.4	6.7	6.7
沿岸	0.69	29.9	13.6	7.9
県北	0.64	34.2	10.5	9.0

注：（　）内の表記は、下記図1-1で用いる名称である。

　図3-2は、岩手県内の４地域の「多重債務問題」に関連する統計指標の対応
関係について示したものである。

　図中に楕円が描かれているが、このなかはいずれも失業率が「県計」（7.1%）

よりも高い「沿岸」と「県北」地域であり、地域経済の状況が決してよい状態であるとはいえない地域である。そのため、こうした地域では経済困窮化が起こりやすく、様々な問題が生じやすい状態にある。この2地域をみると、「沿岸」はやや自殺率が低い（29.9）のに対して、「県北」では自殺率が高く（34.2）なっているが、「沿岸」では「福祉」の方に寄っており、「県北」では「自殺」に寄っている。また、「破産」については両地域とも決して高くない。このことから、「沿岸」では、住民が経済困窮化しても借金等の債務超過にいたる前に生活保護等の社会福祉が機能しており、逆に「県北」では、住民が経済困窮化すると法的な救済や福祉的な対応にいたる前に自殺にいたってしまうことが多いと見受けられる。

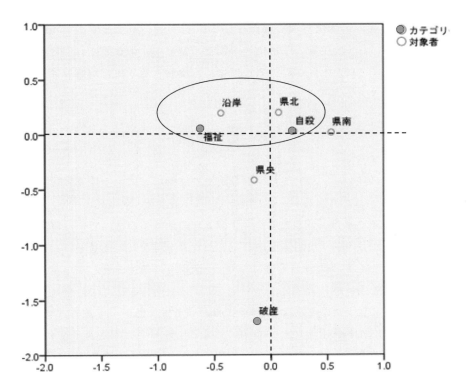

図3-2 岩手県内4地域の「多重債務問題」に関連する統計指標の対応関係

一方、楕円の外に位置している「県央」については、失業率が低く、自殺率がやや低い（31.6）ことからもわかるように、「破産」と「福祉」の両面が作用しており、自殺の抑制に一定の効果があらわれているものと見受けられる。しかし、「県南」については、失業率が低いにもかかわらず、自殺率が高く（34.4）なっているが、経済困窮化した住民が、法的な救済や福祉的な対応に頼らず、経済困窮化や債務超過化を苦に自殺に至っている可能性が考えられる。

ｂ）「多重債務問題」の要因に関する考察

岩手県内の各地域のうち、これまで「県北」地域の自殺率の高さが懸念され、自殺対策プログラムが重点的に展開されてきた。また、既述のとおり、盛岡市では消費生活センターの先駆的な「多重債務問題」への取り組みがなされてきた。しかし、依然として岩手県の自殺率の高さは全国でも上位に位置しており、さらなる取り組みの強化が求められるものと考えられる。東日本大震災によって、とりわけ「沿岸」地域の生活構造が大きく転換を余儀なくされていることなどに鑑みると、新たな問題への対策も含めた検討と取り組みが必要になってくるものと考える。

６．むすび

「破産件数の減少」については、貸金業法の施行などによる規制強化が強く影響していると考えられるが、その一方で、「自殺者数・率の高止まり」と「保護率の相対的低さ」は、「多重債務者」をより窮地に追い込んでいる可能性が考えられる。つまり、「規制強化によって消費者金融などの簡易融資といった市場をベースにした借入れが困難になり、生活資金の調達が難しくなったものの、生活保護を受けるには羞恥心が邪魔をして、生活苦の果てに自殺に及んでしまう」ということである。これが現代版の「無告の窮民」であると考える。かつての「無告の窮民」とは、「身寄りのない」ということを指していたが、今日の「無告の窮民」は、身寄りがいるにもかかわらず、その関係が「相互扶助」の性格を有していないところにあるといえよう。

今世紀に入り、「社会福祉基礎構造改革」が推進されてきているが、その主

軸になっているのが「自立」という目標と、新たな「地域福祉」に込められた「相互扶助」の関係形成である。東日本大震災では、東北地方の沿岸部を中心に未曾有の津波災害を被った。もちろん、人と人との「絆」の大切さを否定するものではないが、市場経済社会における人々の「生活」に対して「絆」の力に依拠することへの不安が他方ではある。自然災害のような緊急事態における助け合いが必要になるのは当然のことであるが、高度に市場化した現代の社会において、他者への依存がどこまで許容されるのか、少なくともかつての地域共同社会の時代（封建時代）よりは許容度は下がっていると考えられる。それは、われわれが市場経済社会での生活（生産と消費）を通じて、知らず知らずのうちに「所有権」という意識を醸成させ、そのことが「利己主義」[6]を増長させてきたからであるといってよいだろう。既述の「社会福祉基礎構造改革」は、人口問題や財政問題といった現実的な問題だけでなく、「利己主義」との葛藤のなかで展開されてきたといってもよいであろう。「多重債務問題」の裏側にある「貧困問題」は、富の分配をめぐる社会制度のみならず、社会関係の変化が作り出してきた側面が否めない。

　このような問題意識にもとづき、第4章および第5章では、「多重債務問題」あるいは「多重債務者」に関連する対象者への調査（内的要因を含む）などの分析を通じて、今後に求められる支援上の課題を検討していくこととする。

参考文献

釧路市福祉部生活福祉事務所編集委員会（2009）『希望をもって生きる―生活保護の常識を覆す釧路チャレンジ』全国コミュニティライフサポートセンター

国民生活センター（2006）「多重債務問題の現状と対応に関する調査研究」

松岡勝実（2009）「盛岡市との連携による消費者問題の取り組み」『岩手大学生涯学習論集』第5号

宮坂順子（2008）『「日常的貧困」と社会的排除―多重債務者問題―』ミネルヴ

---

[6]　自己の利益だけを行為の規準とし、社会一般の理解を念頭に置かない考え方のこと（egoism）。

ァ書房

大川内篤（2011）「改正貸金業法の完全施行をめぐる論点—多重債務問題と消費者金融業界の現状と課題」国立国会図書館『ＩＳＳＵＥ　ＢＲＩＥＦ』第 699 号

多重債務者支援研究会（2013）『「貧困を背景とする多重債務者等に対する新たな支援モデル構築」に関する研究報告書』

宇都宮健児編著（2010）『くれさら叢書 実務編 多重債務被害救済の実務 第 2 版』勁草書房

全国クレジット・サラ金問題対策協議会（2007）『改正貸金業法とこれからのクレサラ相談窓口のあり方を考える—社会的排除の状態にある多重債務者にどのような支援をすべきか』実務研究会

第4章　「多重債務者」に関する量的分析

1．はじめに

　前章において、破産・自殺・生活保護という「多重債務問題」に関連する3つの指標に着目して、都道府県別および県内の地域別にその特徴を概観してきた。岩手県全体でみると、破産申請率や保護率は決して高いわけではないものの、自殺率の高さが特徴的であるといえる。また、岩手県内の地域別にみてみると、比較的景況の状況がよい県南地域において問題の帰結が「自殺」になる可能性の高さがうかがえた。

　保護率の特徴や傾向については、一般的には景気変動などに影響を受けるものと理解されており、これを疑う余地はないが、景気変動とは異なる要因で生活保護に至るケースも少なからず存在しているものと考えられる。それには、家族・親族関係の希薄化といった関係性の変化やその地域の住民性のようなものが関与する場合がある。前者（関係性の変化）については、東北地方では強いといわれてきたが、「都市化」や「少子化」の進展とともに家族・親族の扶養能力が低下してきている側面がある。また、後者（地域の住民性）については、「世間体」などへの執着から「羞恥心」に発展し、生活保護受給を断念させてしまうような風潮（「スティグマ」）を生成させてしまうという側面である。

　表4-1-1および表4-1-2は、第2章において分析に用いた調査結果と同様、2010年6～7月に貧困と自立に関する研究会（岩手県保健福祉部地域福祉課と岩手県立大学社会福祉学部との共同研究プロジェクト）が実施した調査 [1] 結果の一部を抜粋したものである。

　まず、表4-1-1は、生活保護受給者の債務状況（債務の有無）について示したものである。「あり」が109世帯で54.5%となっており、半数強が何らかの債務を抱えた状態で生活保護受給に至っていることがわかる。その内訳をみると、表4-1-2に示したとおり、「あり」の109世帯のうち、「簡易融資（クレサ

---

[1]　同調査は、「生活保護受給者ケース調査」という名称で、調査時点から起算した直近の新規被保護者を対象に、各福祉事務所単位で予め定めておいたサンプル数を抽出し、総数200ケースの集票を目標に実施されたものである。調査方法については、面接記録やケース記録をもとに地区担当員（ケースワーカー）に記入してもらう形を採用した。

ラ）」[2]が 49 世帯（45.0％）でもっとも多く、次いで「金融機関（ローンなど）」
と「税金等滞納」が 20 世帯（18.3％）となっている。このように、生活保護
に至るケースの中には、いわゆる「多重債務者」と呼ばれるような「簡易融資」
による過剰与信によって債務超過の状態に陥っているケースが少なくないこ
とがわかる。これは、いいかえると、上記の家族・親族の扶養能力の低下の問
題から家族・親族の外部に救いを求めた結果、生活破綻に陥ったケースである
と考えられる。しかし、これらのケースは福祉的な対応によって生活の下支え
がされたものの、「スティグマ」の問題が「助けて」というＳＯＳを出せない
まま自殺に至ったケースも少なくないという可能性も示唆している。

表4-1-1　生活保護受給者の債務状況（債務の有無）

	度数	％
あり	109	54.5
なし	91	45.5
合計	200	100.0

表4-1-2　生活保護受給者の債務状況（債務の中身）

	度数	％（／109）
金融機関（ローンなど）	20	18.3
簡易融資（クレサラ）	49	45.0
税金等滞納	20	18.3
公共料金滞納	8	7.3
医療費未払い	7	6.4
家賃等未払い	13	11.9
社協（生活福祉資金）未返済	8	7.3
家族・親族からの借金	7	6.4
友人・知人からの借金	8	7.3
その他	11	10.1

注：本項目は複数回答のため、合計が 109 にはならない。

---

[2]　「簡易融資」については、クレジット（カードローン）やサラ金（消費者金融）が
　主なものである。

以上を踏まえ、以下では、経済困窮と福祉の中間的な位置で「多重債務者」の生活再建に寄与してきた消費者信用生活協同組合（以下、信用生協）の利用者情報を元に、「多重債務」にいたる要因について量的に把握していくこととする。多重債務等が原因で信用生協において融資を受けた者（以下、「多重債務者」）に関するデータについては、2000年、2005年、2010年、2011年のデータを用いて解析していくこととする。

なお、解析においての留意点として、個人情報保護法に基づく個人情報保護の観点から、信用生協から借用したデータは、すべて秘匿処理化したものである。また、個人の特定を避けるために、分析に用いたデータは、年齢、性別、家族区分（世帯人数）、職業、年収、居住地域（自治体名）、借入区分（借入の理由）、負債額の8項目に限定した。そのため、やや詳細が明確化されない側面があることが限界としてあげられる。

2．項目別にみた「多重債務者」の特徴の変遷

（1）基本属性について

はじめに、信用生協利用者の基本属性（性、年齢、世帯人数、職業、収入）について簡単に触れておくことにする。

a）性別

表4-2は、性別にみた信用生協利用者の特徴について示したものである。

まずは「合計」をみると、件数は2000年から2005年にかけて増加するも、2005年以降は減少する傾向にある。これは、既述のとおり、多重債務問題への対策が講じられてきたことによるものと推察される。

次に、性別の構成比をみてみると、2000年では「男」が71.3％で「女」が28.7％、2005年では「男」が65.4％で「女」が34.6％、2010年では「男」が62.5％で「女」が37.5％、2011年では「男」が62.1％で「女」が37.9％となっており、女性の割合が高まっていることがわかる。

表 4-2　性別にみた信用生協利用者の特徴　単位：件、%

	2000 年		2005 年		2010 年		2011 年	
男	1,631	71.3	3,290	65.4	1,757	62.5	901	62.1
女	657	28.7	1,742	34.6	1,056	37.5	550	37.9
合計	2,288	100.0	5,032	100.0	2,813	100.0	1,451	100.0

ｂ）年齢階級

　表 4-3 は、年齢階級別にみた信用生利用者の特徴について示したものである。2000 年には、「29 歳以下」の割合がもっとも高く 28.0%となっており、年齢階級が高くなるにつれて割合が下がっている。しかし、2005 年になると「30～39 歳」がもっとも高く 29.0%、さらに 2010 年には「40～49 歳」がもっとも高く 27.4%、2011 年には「30～39 歳」が 25.4%で「40～49 歳」が 25.2%とほぼ同水準になっている。このように利用者の年齢が少しずつ上昇していることを意味しているが、他方では、高齢者層の利用割合も高まっている。「60～69 歳」では、2000 年が 5.8%、2005 年が 8.6%、2010 年が 11.1%、2011 年が 12.7%となっており、「70 歳以上」では、2000 年が 0.8%、2005 年が 2.5%、2010 年が 3.7%、2011 年にはやや下がるも 3.3%となっており、上昇する傾向にあるといえる。

表 4-3　年齢階級別にみた信用生協利用者の特徴

単位：件、%

	2000 年		2005 年		2010 年		2011 年	
29 歳以下	640	28.0	1,028	20.4	305	10.8	151	10.4
30～39 歳	622	27.2	1,460	29.0	679	24.1	369	25.4
40～49 歳	486	21.2	1,097	21.8	770	27.4	365	25.2
50～59 歳	388	17.0	889	17.7	645	22.9	334	23.0
60～69 歳	133	5.8	434	8.6	311	11.1	184	12.7
70 歳以上	19	0.8	124	2.5	103	3.7	48	3.3
合計	2,288	100.0	5,032	100.0	2,813	100.0	1,451	100.0

第4章 「多重債務者」をめぐる量的分析 105

c）世帯人数

　表 4-4 は、世帯人数別にみた信用生協利用者の特徴について示したものである。世帯人数による割合の差はみられず、大きな変動もみられない。後述するように、信用生協利用者の借入理由は、債務処理が主なものであるが、債務超過に陥った理由は多岐にわたる。「多重債務問題」といえば、「社会的孤立」ということが関連していると考えられるが、世帯人数の違いが借入理由に関係することが予期される。

表 4-4　世帯人数別にみた信用生協利用者の特徴

単位：件、%

	2000 年		2005 年		2010 年		2011 年	
単身世帯	1,038	45.4	2,168	43.1	1,118	39.7	627	43.2
複数世帯	1,250	54.6	2,864	56.9	1,695	60.3	824	56.8
合計	2,288	100.0	5,032	100.0	2,813	100.0	1,451	100.0

d）職種

　表 4-5 は、職種別にみた信用生協利用者の特徴について示したものである。すべての年で「会社員・公務員」の割合がもっとも高くなっているが、2000 年には 73.1% であったものが、2005 年には 54.0%、2010 年には 49.0%、2011 年にはわずかに上昇するも 49.3% となっており、その割合は下がる傾向にある。その一方で、「パート・アルバイト」と「年金生活者」の割合が高まっていることがわかる。「パート・アルバイト」では、2000 年が 7.0% であったものが、2005 年には 15.5%、2010 年には 19.7%、2011 年にはわずかに低下するも 19.3% となっており、「年金生活者」では、2000 年が「該当者なし」であったものが、2005 年には 3.7%、2010 年には 5.4%、2011 年には 6.4% となっている。「年金生活者」については、「②年齢階級」においても高齢者層で割合が高まる傾向がみられたこととも連動しているものといえよう。

　なお、「無職・主婦」についても、2000 年から 2005 年にかけて 7.1% から 14.3% に上昇し、2010 年にはやや低下するものの 13.0% と一定の割合を維持しており、「農林漁業・自営業」についても、10% 程度で推移している。

表 4-5　職種別にみた信用生協利用者の特徴　　単位：件、％

	2000 年		2005 年		2010 年		2011 年	
農林漁業・自営業	209	9.1	474	9.4	288	10.2	130	9.0
会社員・公務員	1,672	73.1	2,716	54.0	1,378	49.0	715	49.3
パート・アルバイト	160	7.0	780	15.5	554	19.7	283	19.5
無職・主婦	162	7.1	722	14.3	366	13.0	189	13.0
年金生活者	―	―	188	3.7	153	5.4	93	6.4
その他	85	3.7	152	3.0	74	2.6	41	2.8
合計	2,288	100.0	5,032	100.0	2,813	100.0	1,451	100.0

e）年収

　表 4-6 は、年収階級にみた信用生協利用者の特徴について示したものである。割合が上昇する傾向にあるのは、「100 万円未満」と「100〜200 万円未満」で、「100 万円未満」では、2000 年が 3.2％、2005 年が 7.6％、2010 年が 9.8％、2011 年はやや下がるも 9.2％となっており、「100〜200 万円未満」では、2000 年が 13.8％、2005 年が 24.1％、2010 年が 26.3％、2011 年が 27.4％となっている。

表 4-6　年収階級別にみた信用生協利用者の特徴

単位：件、％

	2000 年		2005 年		2010 年		2011 年	
無収入	399	17.4	792	15.7	434	15.4	216	14.9
100 万円未満	73	3.2	383	7.6	277	9.8	133	9.2
100〜200 万円未満	315	13.8	1,215	24.1	741	26.3	397	27.4
200〜299 万円未満	567	24.8	1,223	24.3	666	23.7	336	23.2
300〜499 万円未満	719	31.4	1,092	21.7	547	19.4	291	20.1
500 万円以上	215	9.4	327	6.5	148	5.3	78	5.4
合計	2,288	100.0	5,032	100.0	2,813	100.0	1,451	100.0

第4章　「多重債務者」をめぐる量的分析　107

　また、「ワーキングプア」の基準となる「200万円未満」（「無収入」を含む）
をみてみると、2000年が34.4％、2005年が47.5％、2010年が51.6％、2011
年が51.4％と徐々に上昇する傾向にある。このことから、信用生協利用者に
占める「貧困・低所得者」の割合が高まっていることが示唆される。

　ｆ）居住地域
　表4-7は、居住地域別にみた信用生協利用者の特徴について示したものであ
る。人口分布から考えても、人口の2割程度が集中している盛岡市が所属する
「県央」の割合が高くなるのは当然であるが、「県南」も決して少なくない。
しかし、「県央」と「県南」がわずかに低下する傾向がある中で、「沿岸」は徐々
に上昇する傾向にある。2000年には10.2％であったが、2005年には17.0％、
2010年には17.1％、さらに、2011年には21.6％となっている。これには、信
用生協の対象地域が拡大した [3] こととも関係していることに留意する必要が
ある。

表 4-7　居住地域別にみた信用生協利用者の特徴

単位：件、％

	2000 年		2005 年		2010 年		2011 年	
県央	1,015	44.4	1,817	36.1	1,122	39.9	565	38.9
県南	959	41.9	2,157	42.9	1,097	39.0	508	35.0
沿岸	234	10.2	856	17.0	481	17.1	314	21.6
県北	80	3.5	202	4.0	113	4.0	64	4.4
合計	2,288	100.0	5,032	100.0	2,813	100.0	1,451	100.0

（2）借入理由・負債額について

　ａ）借入理由
　表4-8は、借入理由別にみた信用生協利用者の特徴について示したものであ

---

[3]　信用生協のＨＰ（http://www.iwate-cfc.or.jp/seikyou.html）によれば、「2011 年
8 月には厚生労働省東北厚生局長から認可を受けて、これまで岩手県と八戸市に限ら
れていた事業区域が岩手県と青森県の全域」に広がったことで、沿岸や県北地域での
利用者が拡大した。

る。2000年においては、「浪費・依存」といった消費行動に起因した負債の整理を理由とした借入れが35.2%でもっとも高い割合になっているが、同水準で「生活費」も32.4%と高い割合を示している。しかし、「浪費・依存」の割合はその後低下する一方で、「生活費」は逆に上昇する傾向を示しており、2005年には38.0%、2010年には49.5%、2011年にはやや下がるものの46.9%となっている。このように、借入理由がより生活に直結した形で増加しているということは、生活困窮化が進んでいることを意味しているものと考えられる。

表4-8 借入理由別にみた信用生協利用者の特徴

単位：件、％

	2000年		2005年		2010年		2011年	
生活費	741	32.4	1,913	38.0	1,393	49.5	681	46.9
事業資金	133	5.8	324	6.4	193	6.9	88	6.1
借金返済	264	11.5	505	10.0	273	9.7	166	11.4
保証・賠償	143	6.3	292	5.8	100	3.6	38	2.6
浪費・依存	805	35.2	1,590	31.6	653	23.2	377	26.0
詐欺被害	196	8.6	383	7.6	158	5.6	80	5.5
不明	6	0.3	25	0.5	43	1.5	21	1.4
合計	2,288	100.0	5,032	100.0	2,813	100.0	1,451	100.0

ｂ）負債額

　表4-9は、負債額別にみた信用生協利用者の特徴について示したものである。全体の傾向としては、負債額の規模が小さくなる傾向にあるといえる。2000年では、「300～500万円未満」がもっとも高く31.0%であったが、2005年には「100～300万円未満」が32.0%でもっとも高く、2010年および2011年も同様に38.6%、38.2%となっている。また、「300万円未満」でリカテゴリーすると、2000年が30.0%、2005年が40.6%、2010年が59.3%、2011年が66.9%と徐々に上昇しているが、負債額の規模が小さくなっていることを意味している。これには、先の改正貸金業法の施行などによる貸出額の縮小、金利の引き下げなどによるところも大きいのではないかと考えられるが、裏返すと、信用

生協利用者の生活基盤が脆弱化し、少額な負債でも生活破綻に陥りやすい状況になっていることが考えられる。また、「なし」についても2005年までは非該当であったものが2010年には3.0％、2011年には6.1％と割合が高まっているが、これも改正貸金業法の施行によって消費者金融等からの借入が難しくなったことによる影響が考えられる。

表4-9　負債額別にみた信用生協利用者の特徴

単位：件、％

	2000年		2005年		2010年		2011年	
な　し	—	—	—	—	84	3.0	89	6.1
50万円未満	21	0.9	164	3.3	202	7.2	131	9.0
50〜100万円未満	44	1.9	268	5.3	294	10.5	197	13.6
100〜300万円未満	621	27.1	1,610	32.0	1,087	38.6	554	38.2
300〜500万円未満	709	31.0	1,433	28.5	474	16.9	193	13.3
500〜1000万円未満	415	18.1	760	15.1	271	9.6	102	7.0
1000万円以上	478	20.9	797	15.8	401	14.3	185	12.7
合計	2,288	100.0	5,032	100.0	2,813	100.0	1,451	100.0

（3）小括

　表4-10は、これまでの単純集計結果をまとめたものである。これらを総合的にみていくと、社会的に弱い立場の人に生活困窮化や債務問題が集中していく傾向にあることがうかがえた。こうした全般的な傾向を把握することには一定の意義があるものといえるが、今後の「多重債務問題」対策を考える上では、決して十分なものとはいえない。「多重債務問題」をめぐっては、問題が深刻化すると自殺に至ることも少なくなく、「借金問題」などが追いつめることがある。しかし、他方では、深刻な状態に陥っても、うまく専門機関等の支援につながり、生活保護などによって生活が保障され、債務処理が進むことで生活再建の道に進むこともある。

表 4-10　借入者・借入理由の特徴

項目	特徴
性別	女性の割合の上昇
年齢層	中高年層の割合の上昇
世帯人数	―
職種	非正規、年金生活者の割合の上昇
収入	低所得層の割合の上昇
地域	沿岸・県北の割合の上昇
借入理由	「生活費」の割合の上昇
負債額	負債規模の縮小化

　「多重債務問題」に陥る「多重債務者」の特性を捉えることで、専門機関にうまくつなげていくための仕組みを形成することに役立つばかりでなく、その後の生活再建に向けた支援方法や支援体制のあり方を検討する上でも有意義なものとなりうる。よって、以下では、信用生協利用者の特徴をさらに分析していくこととする。

3．属性別にみた「多重債務者」の特徴の変遷

（1）項目間の相関関係

　表 4-11 は、借入理由と他の項目の相関関係について示したものである。それぞれの項目について共通することは、たとえ有意な相関がみられたとしても、相関係数の数値（＋－問わず）が下がってきているということである。以下では、すべての年で有意な相関がみられた「性別」、「世帯人数」、「年齢階級」の項目について詳細な分析を試みる。

表 4-11　借入理由と他の項目との相関関係

		地域	性別	世帯人数	年齢区分	年収階級	職業
借入理由 (2000)	Pearson の相関係数	-0.024	-0.152**	-0.150**	-0.247**	0.078**	-0.022
	有意確率 (両側)	0.258	0.000	0.000	0.000	0.000	0.298
	N	2,288	2,288	2,288	2,288	2,288	2,288
借入目的 (2005)	Pearson の相関係数	-0.045**	-0.178**	-0.119**	-0.187**	0.130**	-0.037**
	有意確率 (両側)	0.001	0.000	0.000	0.000	0.000	0.009
	N	5,032	5,032	5,032	5,032	5,032	5,032
借入目的 (2010)	Pearson の相関係数	-0.016	-0.138**	-0.111**	-0.145**	0.090**	-0.031
	有意確率 (両側)	0.387	0.000	0.000	0.000	0.000	0.097
	N	2,813	2,813	2,813	2,813	2,813	2,813
借入目的 (2011)	Pearson の相関係数	0.049	-0.141**	-0.108**	-0.151**	0.066*	-0.016
	有意確率 (両側)	0.064	0.000	0.000	0.000	0.012	0.531
	N	1,451	1,451	1,451	1,451	1,451	1,451

**. 相関係数は 1% 水準で有意 (両側)。

*. 相関係数は 5% 水準で有意 (両側)。

（2）属性別にみた借入理由の分析

　クロス集計結果の分析に先立ち、1 つ留意しておかなければならないことがある。それは、借入理由の偏りについてであるが、「生活費」と「浪費・依存」に理由が集中している。そのため、χ^2 検定の結果もこの 2 つの項目の結果に強く影響を受けていることが否めない。しかし、この双方は、「多重債務問題」を象徴する 2 大要因である。「浪費・依存」はかつての「サラ金問題」と同様の構造をなしており、「生活費」は今日の「貧困問題」に起因していると考えられる。よって、以下では、主としてこの 2 つの項目に着目した分析を進めていくこととする。

　a）性別にみた借入理由

　表 4-12 は、性別にみた借入理由の特徴について示したものである。χ^2 検定

表 4-12　性別にみた借入理由の特徴

年	性	生活費	事業資金	借金返済	保証・賠償	浪費・依存	詐欺被害	不明	合計
2000年	男	447	99	186	108	663	123	5	1,631
		27.4%	6.1%	11.4%	6.6%	40.6%	7.5%	0.3%	100.0%
	女	294	34	78	35	142	73	1	657
		44.7%	5.2%	11.9%	5.3%	21.6%	11.1%	0.2%	100.0%
	合計	741	133	264	143	805	196	6	2,288
		32.4%	5.8%	11.5%	6.3%	35.2%	8.6%	0.3%	100.0%
2005年	男	1,011	256	310	194	1,288	218	13	3,290
		30.7%	7.8%	9.4%	5.9%	39.1%	6.6%	0.4%	100.0%
	女	902	68	195	98	302	165	12	1,742
		51.8%	3.9%	11.2%	5.6%	17.3%	9.5%	0.7%	100.0%
	合計	1,913	324	505	292	1,590	383	25	5,032
		38.0%	6.4%	10.0%	5.8%	31.6%	7.6%	0.5%	100.0%
2010年	男	743	148	187	70	506	74	29	1,757
		42.3%	8.4%	10.6%	4.0%	28.8%	4.2%	1.7%	100.0%
	女	650	45	86	30	147	84	14	1,056
		61.6%	4.3%	8.1%	2.8%	13.9%	8.0%	1.3%	100.0%
	合計	1,393	193	273	100	653	158	43	2,813
		49.5%	6.9%	9.7%	3.6%	23.2%	5.6%	1.5%	100.0%
2011年	男	369	52	117	22	285	41	15	901
		41.0%	5.8%	13.0%	2.4%	31.6%	4.6%	1.7%	100.0%
	女	312	36	49	16	92	39	6	550
		56.7%	6.5%	8.9%	2.9%	16.7%	7.1%	1.1%	100.0%
	合計	681	88	166	38	377	80	21	1,451
		46.9%	6.1%	11.4%	2.6%	26.0%	5.5%	1.4%	100.0%

P （2000-2011）＜0.01

の結果がすべての年で有意水準 0.01 未満であったことから、男女間に有意な差があるといえる。

「生活費」をみてみると、2000 年では「男」が 27.4％で「女」が 44.7％、2005 年では「男」が 30.7％で「女」が 51.8％、2010 年では「男」が 42.3％で「女」が 49.5％、2011 年では「男」が 41.0％で「女」が 56.7％となっており、「女」の割合がいずれも 15〜20 ポイントほど高くなっている。これに対して、「浪費・依存」をみてみると、2000 年では「男」が 40.6％で「女」が 21.6％、2005 年では「男」が 39.1％で「女」が 17.3％、2010 年では「男」が 28.8％で「女」が 13.9％、2011 年では「男」が 31.6％で「女」が 16.7％となっており、「男」の割合がいずれも 15〜20 ポイントほど高くなっている。

このことから、女性が生活に困って金銭を借入れざるを得ない状況に追い込まれる場合が多く、逆に、男性は過剰な消費やギャンブル依存などの消費行動に問題をきたす場合が多いことがうかがえる。

b）世帯人数別にみた借入理由

表 4-13 は、世帯人数別にみた借入理由の特徴について示したものである。χ^2 検定の結果では、2000 年から 2010 年までの有意水準 0.01 未満であり、2011 年には有意水準 0.05 未満であったことから、世帯人数の違いに有意な差があるといえる。

「生活費」をみてみると、2000 年では「単身世帯」が 27.6％で「複数世帯」が 36.4％、2005 年では「単身世帯」が 33.7％で「複数世帯」が 41.3％、2010 年では「単身世帯」が 45.7％で「複数世帯」が 52.0％、2011 年では「単身世帯」が 42.3％で「複数世帯」が 50.5％となっており、「複数世帯」の割合がいずれも 6〜9 ポイントほど高くなっている。これに対して、「浪費・依存」をみてみると、2000 年では「単身世帯」が 40.5％で「複数世帯」が 30.8％、2005 年では「単身世帯」が 36.3％で「複数世帯」が 28.0％、2010 年では「単身世帯」が 28.3％で「複数世帯」が 19.9％、2011 年では「単身世帯」が 30.5％で「複数世帯」が 22.6％となっており、「複数世帯」の割合がいずれも 8〜10 ポイントほど高くなっている。

以上の結果から、「複数世帯」の方が生活費に困って債務を負うことが多く、

表 4-13　世帯人数別にみた借入理由の特徴

年	世帯	生活費	事業資金	借金返済	保証・賠償	浪費・依存	詐欺被害	不明	合計
2000年	単身世帯	286	46	108	50	420	124	4	1,038
		27.6%	4.4%	10.4%	4.8%	40.5%	11.9%	0.4%	100.0%
	複数世帯	455	87	156	93	385	72	2	1,250
		36.4%	7.0%	12.5%	7.4%	30.8%	5.8%	0.2%	100.0%
	合計	741	133	264	143	805	196	6	2,288
		32.4%	5.8%	11.5%	6.3%	35.2%	8.6%	0.3%	100.0%
2005年	単身世帯	731	94	202	135	788	208	10	2,168
		33.7%	4.3%	9.3%	6.2%	36.3%	9.6%	0.5%	100.0%
	複数世帯	1,182	230	303	157	802	175	15	2,864
		41.3%	8.0%	10.6%	5.5%	28.0%	6.1%	0.5%	100.0%
	合計	1,913	324	505	292	1,590	383	25	5,032
		38.0%	6.4%	10.0%	5.8%	31.6%	7.6%	0.5%	100.0%
2010年	単身世帯	511	50	94	46	316	82	19	1,118
		45.7%	4.5%	8.4%	4.1%	28.3%	7.3%	1.7%	100.0%
	複数世帯	882	143	179	54	337	76	24	1,695
		52.0%	8.4%	10.6%	3.2%	19.9%	4.5%	1.4%	100.0%
	合計	1,393	193	273	100	653	158	43	2,813
		49.5%	6.9%	9.7%	3.6%	23.2%	5.6%	1.5%	100.0%
2011年	単身世帯	265	36	64	18	191	41	12	627
		42.3%	5.7%	10.2%	2.9%	30.5%	6.5%	1.9%	100.0%
	複数世帯	416	52	102	20	186	39	9	824
		50.5%	6.3%	12.4%	2.4%	22.6%	4.7%	1.1%	100.0%
	合計	681	88	166	38	377	80	21	1,451
		46.9%	6.1%	11.4%	2.6%	26.0%	5.5%	1.4%	100.0%

P（2000-2010）＜0.01、P（2011）＜0.05

第4章 「多重債務者」をめぐる量的分析　115

逆に、「単身世帯」の方が過剰な消費やギャンブル依存などの消費行動に問題をきたす場合が多いことがうかがえる。確かに、世帯人数が多ければ収入の変動（主に収入減）への対応（生活の変質など）が難しく、単身生活の場合には、自律心が強くなければ孤立を防ぐために過度の消費行動を抑制することが難しくなることが考えられるが、検定結果が示しているように、世帯人数による差は徐々になくなってきており、世帯人数の違いによる「多重債務問題」の要因に対する説明の十分な根拠にはならない。

　ｃ）年齢階級別にみた借入理由
　表 4-14 は、年齢階級別にみた借入理由の特徴について示したものである。χ^2 検定の結果がすべての年で有意水準 0.01 未満であったことから、年齢階級間に有意な差があるといえる。
　「生活費」と「浪費・依存」の関係についてみてみると、2000 年では、「29歳以下」が 21.4％と 48.6％、「30〜39 歳」が 34.7％と 39.9％と「浪費・依存」の方が高くなっているが、「40〜49 歳」が 39.5％と 29.0％、「50〜59 歳」が38.4％と 19.1％、「60〜69 歳」が 29.3％と 19.5％、「70 歳以上」が 42.1％と26.3％と「生活費」の方が高くなっている。しかし、2005 年以降になるとやや傾向が変わり、2005 年の「生活費」と「浪費・依存」の関係では、「29 歳以下」が 28.9％と 44.3％と「浪費・依存」の方が高くなっているが、「30〜39歳」が 38.1％と 37.0％「40〜49 歳」が 41.9％と 28.4％、「50〜59 歳」が 42.3％と 21.5％、「60〜69 歳」が 40.8％と 15.9％、「70 歳以上」が 37.9％と 18.5％と「生活費」の方が高くなっている。2010 年の「生活費」と「浪費・依存」の関係では、「29 歳以下」が 33.8％と 38.4％と「浪費・依存」の方が高くなっているが、「30〜39 歳」が 46.7％と 30.6％「40〜49 歳」が 55.2％と 19.1％、「50〜59 歳」が 56.1％と 15.8％、「60〜69 歳」が 47.3％と 22.5％、「70 歳以上」が 37.9％と 8.7％と「生活費」の方が高くなっている。2011 年の「生活費」と「浪費・依存」の関係では、「29 歳以下」が 31.8％と 40.4％と「浪費・依存」の方が高くなっているが、「30〜39 歳」が 45.8％と 31.2％「40〜49 歳」が 49.6％と 29.3％、「50〜59 歳」が 49.4％と 18.3％、「60〜69 歳」が 52.7％と 15.2％、「70 歳以上」が 43.8％と 10.4％と「生活費」の方が高くなっている。

表 4-14 年齢階級別にみた借入理由の特徴

年	年齢	生活費	事業資金	借金返済	保証・賠償	浪費・依存	詐欺被害	不明	合計
2000年	29 歳以下	137	7	60	18	311	105	2	640
		21.4%	1.1%	9.4%	2.8%	48.6%	16.4%	0.3%	100.0%
	30〜39 歳	216	11	74	29	248	44	0	622
		34.7%	1.8%	11.9%	4.7%	39.9%	7.1%	0.0%	100.0%
	40〜49 歳	192	32	56	37	141	26	2	486
		39.5%	6.6%	11.5%	7.6%	29.0%	5.3%	0.4%	100.0%
	50〜59 歳	149	58	50	40	74	16	1	388
		38.4%	14.9%	12.9%	10.3%	19.1%	4.1%	0.3%	100.0%
	60〜69 歳	39	23	22	17	26	5	1	133
		29.3%	17.3%	16.5%	12.8%	19.5%	3.8%	0.8%	100.0%
	70 歳以上	8	2	2	2	5	0	0	19
		42.1%	10.5%	10.5%	10.5%	26.3%	0.0%	0.0%	100.0%
	合計	741	133	264	143	805	196	6	2,288
		32.4%	5.8%	11.5%	6.3%	35.2%	8.6%	0.3%	100.0%
2005年	29 歳以下	297	8	84	49	455	130	5	1,028
		28.9%	0.8%	8.2%	4.8%	44.3%	12.6%	0.5%	100.0%
	30〜39 歳	556	37	133	73	540	116	5	1,460
		38.1%	2.5%	9.1%	5.0%	37.0%	7.9%	0.3%	100.0%
	40〜49 歳	460	69	124	62	312	65	5	1,097
		41.9%	6.3%	11.3%	5.7%	28.4%	5.9%	0.5%	100.0%
	50〜59 歳	376	121	97	63	191	36	5	889
		42.3%	13.6%	10.9%	7.1%	21.5%	4.0%	0.6%	100.0%
	60〜69 歳	177	70	54	36	69	26	2	434
		40.8%	16.1%	12.4%	8.3%	15.9%	6.0%	0.5%	100.0%
	70 歳以上	47	19	13	9	23	10	3	124
		37.9%	15.3%	10.5%	7.3%	18.5%	8.1%	2.4%	100.0%
	合計	1,913	324	505	292	1,590	383	25	5,032
		38.0%	6.4%	10.0%	5.8%	31.6%	7.6%	0.5%	100.0%

第4章 「多重債務者」をめぐる量的分析　117

表 4-14　年齢階級別にみた借入理由の特徴（続き）

年	年齢	生活費	事業資金	借金返済	保証・賠償	浪費・依存	詐欺被害	不明	合計
2010年	29歳以下	103	3	23	12	117	39	8	305
		33.8%	1.0%	7.5%	3.9%	38.4%	12.8%	2.6%	100.0%
	30～39歳	317	27	51	22	208	48	6	679
		46.7%	4.0%	7.5%	3.2%	30.6%	7.1%	0.9%	100.0%
	40～49歳	425	48	87	19	147	31	13	770
		55.2%	6.2%	11.3%	2.5%	19.1%	4.0%	1.7%	100.0%
	50～59歳	362	68	63	22	102	19	9	645
		56.1%	10.5%	9.8%	3.4%	15.8%	2.9%	1.4%	100.0%
	60～69歳	147	26	33	17	70	13	5	311
		47.3%	8.4%	10.6%	5.5%	22.5%	4.2%	1.6%	100.0%
	70歳以上	39	21	16	8	9	8	2	103
		37.9%	20.4%	15.5%	7.8%	8.7%	7.8%	1.9%	100.0%
	合計	1,393	193	273	100	653	158	43	2,813
		49.5%	6.9%	9.7%	3.6%	23.2%	5.6%	1.5%	100.0%
2011年	29歳以下	48	2	19	1	61	17	3	151
		31.8%	1.3%	12.6%	0.7%	40.4%	11.3%	2.0%	100.0%
	30～39歳	169	8	40	8	115	23	6	369
		45.8%	2.2%	10.8%	2.2%	31.2%	6.2%	1.6%	100.0%
	40～49歳	181	15	40	10	107	11	1	365
		49.6%	4.1%	11.0%	2.7%	29.3%	3.0%	0.3%	100.0%
	50～59歳	165	33	42	13	61	12	8	334
		49.4%	9.9%	12.6%	3.9%	18.3%	3.6%	2.4%	100.0%
	60～69歳	97	21	21	5	28	10	2	184
		52.7%	11.4%	11.4%	2.7%	15.2%	5.4%	1.1%	100.0%
	70歳以上	21	9	4	1	5	7	1	48
		43.8%	18.8%	8.3%	2.1%	10.4%	14.6%	2.1%	100.0%
	合計	681	88	166	38	377	80	21	1,451
		46.9%	6.1%	11.4%	2.6%	26.0%	5.5%	1.4%	100.0%

P（2000-2011）＜0.01

以上の結果から、年齢が若くなるほど「浪費・依存」による借入の割合が高くなり、年齢が高くなるほど「生活費」の借入の割合が高まっていることがうかがえる。経験的にも若い時には放漫な消費行動に陥ることが少なくなく、ギャンブルなどにもはまりやすい。一方、年齢が高くなるにつれて消費行動に自制が働くようになるが、家庭を形成したり、失業のリスクが高まったりすることが「生活費」の窮迫を促していることが考えられる。

　ｄ）年収階級別にみた借入理由
　表 4-15 は、年収階級別にみた借入理由の特徴について示したものである。χ^2 検定の結果がすべての年で有意水準 0.01 未満であったことから、年齢階級間に有意な差があるといえる。
　「生活費」と「浪費・依存」の関係についてみてみると、2000 年では、「無収入」が 32.3％と 30.6％、「100 万円未満」が 43.8％と 9.6％、「100〜200 万円未満」が 41.6％と 24.0％と「生活費」の方が高くなっているが、「200〜300 万円未満」が 33.0％と 39.3％、「300〜500 万円未満」が 27.5％と 41.6％、「500 万円以上」が 9.3％と 35.3％と「浪費・依存」の方が高くなっている。2005 年の「生活費」と「浪費・依存」の関係では、「無収入」が 42.2％と 24.5％、「100 万円未満」が 50.1％と 17.0％、「100〜200 万円未満」が 45.7％と 25.0％と「生活費」の方が高くなっているが、「200〜300 万円未満」が 34.1％と 37.6％、「300〜500 万円未満」が 30.5％と 38.9％、「500 万円以上」が 25.1％と 43.4％と「浪費・依存」の方が高くなっている。しかし、2010 年以降はこの傾向が変わり、2010 年の「生活費」と「浪費・依存」の関係では、「無収入」が 52.3％と 21.7％、「100 万円未満」が 56.3％と 13.0％、「100〜200 万円未満」が 55.5％と 19.6％、「200〜300 万円未満」が 46.4％と 26.3％、「300〜500 万円未満」が 41.1％と 28.3％、「500 万円以上」が 43.9％と 32.4％とすべての年収階級で「生活費」の方が高くなっている。2011 年の「生活費」と「浪費・依存」の関係では、「無収入」が 42.6％と 27.3％、「100 万円未満」が 54.9％と 16.5％、「100〜200 万円未満」が 52.9％と 21.4％、「200〜300 万円未満」が 46.4％と 28.6％、「300〜500 万円未満」が 43.3％と 28.9％、「500 万円以上」が 30.8％と 28.9％とすべての年収階級で「生活費」の方が高くなっている。

第4章 「多重債務者」をめぐる量的分析 119

表 4-15 年収階級別にみた借入理由の特徴

年	年収	生活費	事業資金	借金返済	保証・賠償	浪費・依存	詐欺被害	不明	合計
2000年	無収入	129	38	49	29	122	30	2	399
		32.3%	9.5%	12.3%	7.3%	30.6%	7.5%	0.5%	100.0%
	100万円未満	32	9	13	6	7	6	0	73
		43.8%	12.3%	17.8%	8.2%	9.6%	8.2%	0.0%	100.0%
	100～200万円未満	131	17	37	10	78	42	0	315
		41.6%	5.4%	11.7%	3.2%	24.8%	13.3%	0.0%	100.0%
	200～300万円未満	187	24	55	24	223	52	2	567
		33.0%	4.2%	9.7%	4.2%	39.3%	9.2%	0.4%	100.0%
	300～500万円未満	198	25	90	53	299	53	1	719
		27.5%	3.5%	12.5%	7.4%	41.6%	7.4%	0.1%	100.0%
	500万円以上	64	20	20	21	76	13	1	215
		29.8%	9.3%	9.3%	9.8%	35.3%	6.0%	0.5%	100.0%
	合計	741	133	264	143	805	196	6	2,288
		32.4%	5.8%	11.5%	6.3%	35.2%	8.6%	0.3%	100.0%
2005年	無収入	334	59	93	44	194	60	8	792
		42.2%	7.4%	11.7%	5.6%	24.5%	7.6%	1.0%	100.0%
	100万円未満	192	27	40	19	65	38	2	383
		50.1%	7.0%	10.4%	5.0%	17.0%	9.9%	0.5%	100.0%
	100～200万円未満	555	82	113	67	304	87	7	1,215
		45.7%	6.7%	9.3%	5.5%	25.0%	7.2%	0.6%	100.0%
	200～300万円未満	417	64	125	67	460	88	2	1,223
		34.1%	5.2%	10.2%	5.5%	37.6%	7.2%	0.2%	100.0%
	300～500万円未満	333	60	103	69	425	99	3	1,092
		30.5%	5.5%	9.4%	6.3%	38.9%	9.1%	0.3%	100.0%
	500万円以上	82	32	31	26	142	11	3	327
		25.1%	9.8%	9.5%	8.0%	43.4%	3.4%	0.9%	100.0%
	合計	1,913	324	505	292	1,590	383	25	5,032
		38.0%	6.4%	10.0%	5.8%	31.6%	7.6%	0.5%	100.0%

表 4-15 年収階級別にみた借入理由の特徴（続き）

年	年収	生活費	事業資金	借金返済	保証・賠償	浪費・依存	詐欺被害	不明	合計
2010 年	無収入	227	43	32	9	94	24	5	434
		52.3%	9.9%	7.4%	2.1%	21.7%	5.5%	1.2%	100.0%
	100 万円未満	156	29	20	16	36	16	4	277
		56.3%	10.5%	7.2%	5.8%	13.0%	5.8%	1.4%	100.0%
	100〜200 万円未満	411	43	68	15	145	45	14	741
		55.5%	5.8%	9.2%	2.0%	19.6%	6.1%	1.9%	100.0%
	200〜300 万円未満	309	29	64	35	175	42	12	666
		46.4%	4.4%	9.6%	5.3%	26.3%	6.3%	1.8%	100.0%
	300〜500 万円未満	225	41	75	22	155	21	8	547
		41.1%	7.5%	13.7%	4.0%	28.3%	3.8%	1.5%	100.0%
	500 万円以上	65	8	14	3	48	10	0	148
		43.9%	5.4%	9.5%	2.0%	32.4%	6.8%	0.0%	100.0%
	合計	1,393	193	273	100	653	158	43	2,813
		49.5%	6.9%	9.7%	3.6%	23.2%	5.6%	1.5%	100.0%
2011 年	無収入	92	23	21	2	59	13	6	216
		42.6%	10.6%	9.7%	.9%	27.3%	6.0%	2.8%	100.0%
	100 万円未満	73	13	15	3	22	6	1	133
		54.9%	9.8%	11.3%	2.3%	16.5%	4.5%	0.8%	100.0%
	100〜200 万円未満	210	21	41	10	85	28	2	397
		52.9%	5.3%	10.3%	2.5%	21.4%	7.1%	0.5%	100.0%
	200〜300 万円未満	156	19	34	10	96	18	3	336
		46.4%	5.7%	10.1%	3.0%	28.6%	5.4%	0.9%	100.0%
	300〜500 万円未満	126	6	46	11	84	12	6	291
		43.3%	2.1%	15.8%	3.8%	28.9%	4.1%	2.1%	100.0%
	500 万円以上	24	6	9	2	31	3	3	78
		30.8%	7.7%	11.5%	2.6%	39.7%	3.8%	3.8%	100.0%
	合計	681	88	166	38	377	80	21	1,451
		46.9%	6.1%	11.4%	2.6%	26.0%	5.5%	1.4%	100.0%

P （2000-2011） ＜0.01

第4章　「多重債務者」をめぐる量的分析　121

以上の結果から、年収が低くなるほど「生活費」の割合が高まる傾向にあり、年収が高くなるほど「浪費・依存」の割合が高まる傾向にあるが、年を追うごとに「生活費」の借入の割合が高まっていることがうかがえる。2000年代前半の構造改革により、中間層以下の収入の減少と社会的必要経費（税や社会保険料、サービスの利用料など）の負担の増加が進み、一定の年収を得ていても生活コストが大きくなったことが生活を圧迫してきたものと考えられる。

4．社会階層別にみた「多重債務者」の特徴の変遷

（1）多変量解析による分析方法

以上の分析から、いくつかの傾向がみてとれた。性別では、「女」の「生活費」を理由とした借入の割合が高い上、上昇傾向にあり、「男」の「浪費・依存」を理由とした借入の割合が高いものの、低下傾向にあること。世帯人数別では、「複数世帯」の「生活費」を理由とした借入の割合が高い上、上昇する傾向にあり、「単身世帯」の「浪費・依存」を理由とした借入の割合が高いものの、低下傾向にあること。年齢階級別では、年齢が高くなるほど「生活費」を理由とした借入の割合が高く、年齢が低くなるほど「浪費・依存」を理由とした借入の割合が高くなっていること。年収階級別では、年収が低くなるほど「生活費」を理由とした借入の割合が高い上、上昇する傾向にあり、年収が高くなるほど「浪費・依存」を理由とした借入の割合が高くなっていることが示された。

仮に、この分析結果をもとに、「多重債務問題」へのさらなる予防策を講じるとするならば、どのような対象をターゲットにすると効果があらわれやすいか、といった課題には、乾いた砂を目の粗いザルですくい上げるようなものである。改正貸金業法のような法規制や専門機関における相談支援体制の整備などによって「多重債務問題」には一定の効果があらわれているものの、このことが生活の質を保証するものになっているわけではない。むしろ、規制によって社会的に弱い立場の人々の生活上の不安をより深刻化させている可能性も否定できない。今後の「多重債務問題」対策に求められることは何か、以上の分析結果からいくつかの仮説を設定し、これをもとに分析を試みる。

仮説の第1は、負債額が小さくなったとしても、生活の困窮化による債務者は発生している。

　仮説の第2は、社会的に孤立している人ほど、孤立を解消するために消費行動に抑制がかけられない。

　上記の仮説を検証するために、いくつかの項目を用いて階層（クラスター）を構成した。まず、「世帯人数」と「年収階級」の2項目を用いて「貧困層」と「安定層」に分類した。この分類に「職業」を組み合わせて構成したものが「職業的社会階層」であり、「年齢階級」と再び「世帯人数」を組み合わせて構成したものが「関係的社会階層」である。いずれも、統計ソフトＳＰＳＳの分析機能である「大規模ファイルのクラスタ」を用いている。

（2）借入理由「生活費」と職業的社会階層の関係

　表4-16は、借入れ理由「生活費」と職業的社会階層の関係について示したクロス集計表である。2000年から2011年にかけて割合に上昇傾向がみられるのが、「非正規有職貧民」と「無職貧民」、「年金受給貧民」の3つの階層である。「生活費」を借入理由とする利用者総数は2005年以降減少しており、この3つの階層においても2010年から2011年にかけては大幅に減少しているものの、他の階層に比べてその減少傾向が鈍いことがうかがえる。この3つの階層においては、不安定な生活の中で借金に依存しなければならない状況に置かれているものと推察される。

　「非正規有職貧民層」については、近年の非正規雇用労働者の増加が背景にあるものと考えられるが、典型的な「ワーキングプア」であり、不安定かつ低賃金による生活費の不足が考えられる。「無職貧民層」については、経緯は不明であるものの、その多くは「失業者」である可能性が考えられ、離職を機に生活費の枯渇が生じたのではないかと考えられる。「年金受給貧民」については、いわゆる「低年金者」である。集計結果は示していないが、その多くが老齢年金であり、経済状況の悪化にともない、補足的に就業して得ていた収入の減少や喪失などが生じているものと考えられる。

　その他、「名目的自営業層」についても一定割合の利用者がおり、「正規有職貧民」についてもやや変動はあるものの、一定割合の利用者が存在する。いず

れも「ワーキングプア」に属する階層であり、これらの階層が今日の「多重債務問題」を象徴する存在であるといえる。

表 4-16　借入理由「生活費」と職業的社会階層の関係

		職業的社会階層							
		名目的自営業層	正規有職貧民層	非正規有職貧民層	無職貧民層	年金受給貧民層	その他貧民層	安定層	合計
生活費	2000年	41	196	42	44	0	21	397	741
		5.5%	26.5%	5.7%	5.9%	0.0%	2.8%	53.6%	100.0%
	2005年	106	441	153	178	14	36	985	1,913
		5.5%	23.1%	8.0%	9.3%	0.7%	1.9%	51.5%	100.0%
	2010年	103	262	196	172	43	29	588	1,393
		7.4%	18.8%	14.1%	12.3%	3.1%	2.1%	42.2%	100.0%
	2011年	37	155	94	98	18	8	271	681
		5.4%	22.8%	13.8%	14.4%	2.6%	1.2%	39.8%	100.0%
合計		287	1,054	485	492	75	94	2,241	4,728
		6.1%	22.3%	10.3%	10.4%	1.6%	2.0%	47.4%	100.0%

P＜0.01

注１：「名目的自営業層」および「正規有職貧民層」、「非正規有職貧民層」、「無職貧民層」、「年金受給貧民層」、「その他貧民層」は、いずれも年収が単身世帯で200万円未満、複数世帯で300万円未満である自営業者（農業、他の自営業）、正規雇用（サラリーマン、公務員）、非正規雇用（パート・アルバイト）、無職者、年金受給者で構成されている。

　２：不明な項目がある場合のケースについては、欠損値として処理したため、サンプルの合計と一致しない場合がある。

（３）借入理由「浪費・依存」と関係的社会階層の関係

　表 4-17 は、借入れ理由「浪費・依存」と関係的社会階層の関係について示したクロス集計表である。2000 年から 2011 年にかけて割合に上昇傾向がみら

れるのが、「中高年孤立貧困層」である。「浪費・依存」を借入理由とする利用者総数は 2005 年以降減少しており、「中高年孤立貧困層」において減少しているが、他の階層に比べてその減少傾向が鈍く、浪費やギャンブルに傾倒し、借金に依存しなければならない状況に置かれているものと推察される。

表 4-17　借入理由「浪費・依存」と関係的社会階層との関係

		関係的社会階層						
		中高年孤立貧困層	若年孤立貧困層	中高年包摂貧困層	若年包摂貧困層	孤立安定層	包摂安定層	合計
浪費・依存	2000年	44	64	124	115	231	227	805
		5.5%	8.0%	15.4%	14.3%	28.7%	28.2%	100.0%
	2005年	156	174	338	274	368	280	1,590
		9.8%	10.9%	21.3%	17.2%	23.1%	17.6%	100.0%
	2010年	83	57	186	93	119	115	653
		12.7%	8.7%	28.5%	14.2%	18.2%	17.6%	100.0%
	2011年	64	28	88	40	90	67	377
		17.0%	7.4%	23.3%	10.6%	23.9%	17.8%	100.0%
合計		347	323	736	522	808	689	3,425
		10.1%	9.4%	21.5%	15.2%	23.6%	20.1%	100.0%

P＜0.01

注 1 :「関係的社会階層」を分類する際に用いた区分について、年齢層については「中高年」が 40 歳以上で「若年」が 39 歳以下、「孤立」と「包摂」の関係については、「単身世帯」と「複数世帯」とで区分した。なお、「貧困層」と「安定層」については、年収が単身世帯で 200 万円未満、複数世帯で 300 万円未満である場合を「貧困層」に区分した。

　　 2 : 不明な項目がある場合のケースについては、欠損値として処理したため、サンプルの合計と一致しない場合がある。

「浪費・依存」という消費行動については、生活歴とともに育まれてきた経済観念の問題もあるが、当事者の置かれている生活環境とそれに伴う情緒的な安定性が関与してくるものと考えられる。割合の上昇がみられた「中高年孤立貧困層」は40歳以上の独居者であり、かつ低収入であることに鑑みると、収入を生活費に充足させるよりも、孤立感を解消するために外食で浪費したり、余暇時間を充足させるためにギャンブルに傾倒したりして、生活費を枯渇させている可能性が考えられる。こうした要因が借入による債務の拡大につながるなど、「多重債務問題」を助長する要因になってきたものと考えられる。

かつては、中高年層の多くは安定的な階層に属していたが、1990年代のバブル経済の崩壊以降の企業のリストラや2008年の「リーマン・ショック」に端を発した世界同時不況やその後の円高による国内産業の不調など、失業者と非正規雇用の増大が中高年層にも広がった。このような経済状況も後押しし、「熟年離婚」といった風潮が広がる中で離婚率が上昇し、中高年層の単身化が促された側面もある。このような社会・経済状況が中高年層の貧困化と孤立化を促してきた側面が否めない。

5．むすび

「多重債務者」の中には、債務調整では解消できないほどの債務額になっている場合、自己破産による債務整理に及ぶ場合もある。また、信用生協が岩手県のすべての「多重債務者」の債務調整（ローンの組み換え等による返済負担の軽減化など）に関与しているわけではないため、利用者の基礎データを用いた分析が、必ずしも岩手県内の「多重債務問題」の全貌を捕捉するものではない。しかし、この分析から一定の傾向と特徴がみてとれた部分があることも否めない。とりわけ、「多重債務問題」への対策が進められる中で新たに生じてきた課題がみえてきた部分がある。

既述のとおり、「多重債務者対策」が一定の効果をあらわす中で、逆に深刻な問題を抱える「多重債務者」があぶりだされた形になったといえる。「職業的社会階層」の観点では、その多くが「ワーキングプア」と呼ばれる有職貧民層であり、さらに失業による無職者やリタイア後の低年金受給者である。また、

「関係的社会階層」の観点では、「貧困」と「孤立」の状態に追い込まれる中高年層の相対的増加傾向がうかがえた。

このような特徴や傾向からさらなる対策を検討する上で必要になることは、法規制等によるマクロ的な対策のみならず、地域や対象者の個別的課題に目を向けたミクロ的な対策が求められることになるものと考える。

以上の問題意識を踏まえて、次章では、「多重債務者」に対して実施した聞き取り調査の結果について分析を試みることとする。

第5章 「多重債務者」に関する質的分析

1. はじめに

　2004 年に社会保障審議会・生活保護制度の在り方に関する専門委員会が出した「報告書」では、被保護世帯の抱える問題について「傷病・障害，精神疾患等による社会的入院、ＤＶ、虐待、多重債務、元ホームレス」といった多様化の様相を呈しており、生活保護からの「自立」が困難な状況にあることを提起している。このような問題に対して、行政レベルにおいても、民間レベルにおいても、様々な取り組みを行ってきたが、その結果、最悪の事態に発展する前に問題が食い止められてきたことがうかがえる。しかし、こうしたことが根本的な解決につながっているかといえば、必ずしもそうとはいえない。「多重債務問題」は、一見すると「借金問題」と理解されがちであるが、いくつもの複合的な問題が重なり合って起こっており、この問題の解決は、マクロ的な施策 1) によって取り残される「真の社会的弱者」にこそ重要なポイントがある。

　「多重債務問題」の発生要因には、個別的な特徴や努力の有無などとは関係なく問題へと導かれる「外的要因」という側面と、個人や家族などの個別的な要素が問題へと導く「内的要因」という側面が考えられる。「外的要因」については、①経済状況、②経済・社会政策、③社会関係（友人や近隣住民などの地域との関係）、そして、ここにさらに岩手県の特徴を加えると、④風土（気候や地理的条件など）、⑤住民性、といった点が、また、「内的要因」については、①健康状態（傷病や障害など）、②当事者の気質、③家族関係（世帯構成、家族や親族との人間関係など）、といった点が問題の深刻さを左右する要因になっていると考えられる。

　既述の諸状況を踏まえ、仮説的に岩手における「多重債務問題」の特徴を考

---

1)　政策の多くは、「最大公約数」を念頭に置いて検討されることが一般的であり、とりわけ社会福祉政策においては、少ない費用で効果を最大限に得ようとするために「ザルで砂をすくう」というようなマクロ的な施策がつくられやすい。これに対して、個別的な対応を「ミクロ的な施策」と本稿では位置づける。
　　なお、社会福祉学の領域では、「マクロ」、「メゾ」、「ミクロ」という区分をする場合がある。

えると、「無告の窮民」の存在が連想される。かつて恤救規則（1894 年制定）が制定されたときに、その対象と考えられていたのが身寄りのない高齢者や障害者、児童など、いわゆる「無告の窮民」に限定されていた。岩手県のみならず北東北 3 県にみられる住民の気質（住民性）が「内向的である」といわれることや「自尊心の高さ」（裏返すと「羞恥心の強さ」や「我慢強さ」）が「多重債務問題」をより深刻化させている可能性が否めない。

　以上の問題意識から、以下では、多重債務等が原因でいわて生活者サポートセンター（ＮＰＯ法人）の支援を受けた利用者（以下、「多重債務者」）を対象とする聞き取り調査から「多重債務問題」への質的な分析を試みる。

2．「多重債務者」への聞き取り調査の概要

（1）調査概要

ａ）調査の対象

　本研究では当初、①生活保護受給者、②債務超過のために債務調整・整理をした者（もしくは、調整・整理準備中の者）、という 2 つの条件に当てはまる対象者を、いわて生活者サポートセンターと盛岡市消費生活センターの利用者から抽出し、30 ケースの聞き取り調査を実施することを目標としていた。しかし、2011 年 3 月 11 日の東日本大震災の発生により、最終目標の 30 ケースに到達せずに調査を断念したものの、2010 年 12 月から 2011 年 3 月までのおよそ 4 ヶ月間に 11 ケースの聞き取り調査を実施した。以下は、その内容である。

ｂ）調査の目的

　本調査の目的は、研究当初から懸念材料となっていた問題に道筋をつけるためである。つまりは、いわゆる「多重債務者」が多重債務に陥った経緯が内的要因によるものか、外的要因によるものかを明確にし、予防策を検討するとともに、それぞれの要因を踏まえた柔軟かつ細やかな支援体制を模索するためである。とりわけ、「多重債務問題」については、生活保護制度の適用などによって生活保障がなされ、債務調整や債務整理などによって債務問題に一定の目

処が立った後に精神的な不安定さ（例：自殺企図）を示す場合が多く、その後のケアと生活再建に向けた支援を継続的に進めていく必要があるため、事後的な支援における課題点を明確にする必要があると考えたからである。

表5-1　調査の概要

○名称：多重債務者等の生活困窮化および債務超過化要因に関する実態調査
○主体：岩手県立大学社会福祉学部　宮寺良光
○対象：ＮＰＯ法人いわて生活者サポートセンターの支援対象者（被保護者11ケース）
○方法：半構造化面接調査法による（聞き取り調査）
○場所：ＮＰＯ法人いわて生活者サポートセンターおよび消費者信用生活協同組合（信用生協）の相談室
○期間：2010年12月1日〜2011年3月31日

（2）倫理的配慮等

　本調査の実施に先立ち、調査方法の適性が社会的に評価される必要があるものと考え、岩手県立大学倫理審査委員会に倫理審査の申請をおこなった。いくつかの微修正を加えることにはなったが、同申請は2010年10月4日に承認され、同年12月より調査が実施されることとなった。しかし、既述のとおり、東日本大震災の発生により調査継続を断念し、当初予定していた目標ケースに到達することはできず、11ケースで終了を余儀なくされた。

（3）分析上の分類について

　以下の分析においては、3つのグループに分類して分析をおこなった。1つめが、「一般単身世帯」である。このグループは、すべての対象者が40歳以上64歳以下の単身男性であり、前章の分析で顕著となった「中高年孤立貧困層」に該当するため、有益な分析につながるものと考えたからである。次に、2つ

めのグループが「高齢単身世帯」である。この世帯も前章の分析の「中高年孤立貧困層」に含まれるが、年金受給の関係などを明確にするために「一般単身世帯」と区別した。最後に、3つめが「一般複数世帯」である。この世帯は、先の分析の「中高年包摂貧困層」に該当するが、この階層も「多重債務者」に占める割合としては高かったため、1つのグループとした。

なお、分析に当たっていくつかのポイントを整理しておくことにする。既述の目的のとおり、本調査は「要因」を分析することに主たる課題を設定しているため、第1に、「困窮化要因」について分析を試みる。分析に当たっては、対象者の、①生得的不利（生育歴などから生じるハンディキャップ）、②心身の健康状態、③社会階層形成要因（学歴、職能、情緒）、④社会関係（孤立の程度）等について整理する。第2に、「支援課題」について分析を試みる。ここでは対象者の「強み」や「支えになっているもの」など、いわゆる「ストレングス」の部分に着目し、①健康状態、②職能、③生活上の自立性、④支えとなる社会関係等について整理する。

3．世帯類型別にみた聞き取り調査結果

（1）一般単身世帯の結果（6ケース）

表5-2は、一般単身世帯における基本的特徴についてまとめたものである。以下では、それぞれの項目について整理していくこととする。

a）基本項目

B氏が40代とやや若い年齢であるが、対象者すべてが「中高年層」に該当する。いずれも調査時点では「単身」であるが、婚姻歴については、C氏に事実上の婚姻（内縁）経験があるものの、A氏に戸籍上の婚姻経験がある以外は、いずれも婚姻経験がない。婚姻歴のない5人には、傷病や障がいといった健康上の問題（B、C、F）と生活歴（児童期の生活水準、学歴、ホームレス経験：D、E）という点で類似しているようにうかがえる。

ｂ）生活困窮化の理由（債務、職歴、社会技能〔ソーシャルスキル〕等）

「債務」の「目的」の欄をみると、Ａ・Ｃ・Ｄ氏の３人が景気変動に影響を受けており、Ｂ・Ｅ氏の２人が自主退社後に生活苦に陥っている。「社会技能」欄をみると、「対人関係」にＢ・Ｅ氏が難しさを示しており、Ｆ氏も「目的」は不明であるものの、「対人関係」上のトラブルが起因しているものと推察される。また、「職歴」欄の「最後職」をみると、Ｂ氏を除き、いずれも不安定な就業形態（Ｅ氏も正規ではない）となっており、就業継続が困難になった途端に生活困窮化が進んだ印象を受ける。

ｃ）生活実態と今後の生活改善に向けた課題

対象者６人のうち、法的な債務整理が必要な人は３人（Ａ・Ｂ・Ｆ氏）であるが、いずれもその手続きは終わっており、債務整理を必要としない他の３人（Ｃ・Ｄ・Ｅ氏）も含めると、「自立支援」ということが１つの課題になってくる。

「自立」に関しては、「就労自立」、「日常生活自立」、「社会生活自立」の３点がポイントになるが、就労自立につなげていくためには、少なくとも日常生活自立が一定程度成立している必要がある。食事や光熱水費等の支出における金銭管理が第１関門であるが、健康上の問題と生活水準の大きな落差からＢ氏がやや生活管理ができていないものの、他の５人はそれぞれ問題があるものの、支障をきたすほどのレベルではない。よって、健康上の問題があるＦ氏を除く４人（Ａ・Ｃ・Ｄ・Ｅ氏）には就労自立が期待されるが、いずれも職歴的な点からかなり限定的な仕事になるものとうかがえる。

132

表 5-2 一般単身世帯の聞き取り調

	項目	A	B	C
				一般単
基本事項	性別	男	男	男
	年齢	62	40	61
	世帯人数	1人	1人	1人
	通院の有無	腰痛・肝臓	軽度抑うつ症	高血圧
	障害の有無	無	有（聴覚）	無（知的障害の疑い）
	居住形態	民間アパート	民間アパート	民間アパート
債務	生活苦の要因	仕事の減少	健康上の問題等	失業
	借入先	親族・友人ほか	カードのキャッシング	税金や社会保険料、公共料金、家賃の滞納あり
	目的	事業継続のため	自主退職後の生活費のため	失業による生活苦
	債務処理	債務整理済（資産の売却等）	任意整理済	―
生活歴	幼少期の暮らし向き	どちらかといえばよい（資産あり）	恵まれていた	よかった（農業経営の祖父・土木行経営の母方の叔父と同居）
	児童期の影響（家族・親族・学校関係）	父親の再婚により連れ子との関係	特になし	母親の死後、叔父に預けられ父親との関係断絶 叔父・叔母に叱られることはあった
	最終学歴	水産高校卒業	大学卒業	中学卒業
	出身地	岩手県	岩手県	岩手県
	他地域での生活経験	有（仙台）	有（大学が仙台）	有（静岡）
	婚姻歴	有（離婚）	無	有（内縁）
職歴	現在の就労	有（塗装業：自営）	無	無
	技能・資格	塗装	特になし	特になし
	最初職	卸売市場（正規）	営業職（正規）	土木（日雇）
	最長職	パチンコ店（請負）	販売職（正規）	とび職（請負）
	最後職	塗装業（自営）	営業職（正規）	同上

注：C氏については、外見等からは判断が難しいものの、対話をしてみると認知にや

査のまとめ

身世帯

D	E	F
男	男	男
61	58	56
1人	1人	1人
無	無	精神科、他
無	無	無（精神障害の疑い）
民間アパート	民間アパート	民間アパート
仕事の減少によりホームレス化	職場での人間関係のもつれ、憂さ晴らしで浪費	多様かつ複雑な問題
税金や社会保険料、公共料金、家賃の滞納あり	税金や社会保険料、公共料金、家賃の滞納あり	消費者金融
仕事（大工）の減少による生活苦	自主退職（職場の人間関係）後の生活苦	不明
―	―	自己破産
かなり悪い（多子、農業を子どもの頃から手伝わされる）	かなり悪い（家計を助けるために中学校卒業後就職）	どちらかといえばよい（父が国鉄職員）
小学校の先生にいつも叱られ・叩かれる役だったため、勉強が嫌いに	特になし（父親は厳しかったが、殴られたりはしなかった）	特になし（母親に精神障害の疑いがあるが、詳細不明）
中学卒業	中学卒業	商業高校卒業
岩手県	岩手県	岩手県
有（出稼ぎで関東）	無	有（関東）
無	無	無
無	無	無
大工	特になし	特になし
林業（出稼・請負）	土木（正規）	鉄道員（正規）
大工（日雇）	倉庫管理（正規）	日雇
同上	パチンコ店（不明）	日雇

や支障があり、軽度の知的障害が疑われる。

表 5-2　一般単身世帯の聞き取り調査のま

項目		A	B	C
				一般単
社会技能	対人関係	問題なし	人付き合いが苦手（聴力の問題）	問題なし
	対話能力	対話困難（一方的に話をしてしまう）	聴力の関係でやや難あり	表層的な会話なら可能
	社会的感覚・意欲（社交性）	問題なし	意欲がやや低い	社会的感覚にやや難あり
社会関係	親族との交流	娘との交流あり他の親族はなし	弟との交流あり（連絡・食事等）母との関係ＮＧ	弟・姉との交流あり叔父との交流あり
	友人との交流	いる（将棋仲間等）	数人いる（買い物や旅行に行く）	なし
	地域との交流	ほぼなし	なし	なし
生活	充実していること	なし	死にたいと思わなくなった	叔父宅の除雪や農業の手伝い
	管理力　時間　金銭　食事	―やや問題あり―	不規則ややルーズやや問題あり	規則的ややルーズ概ね良好
	困っていること	貸したお金が返ってこない	食費・たばこ代	なし
心境	支え	飼い犬娘の存在	弟との関係支援者との関係	弟が相談相手
	希望	塗装の仕事があれば	精神的に安定していること	土木の仕事をやりたい
	生保スティグマ	少し見え隠れ	強くあり（堕落者）	なし
課題	ほしかった支援	親族からの支援、業者組合の営業支援	相談窓口の周知（消費生活センターでサポートセンターを紹介された）	特になし
	再建可能性	塗装の注文があれば繁忙期はそれなりに収入を得られる可能性がある	精神状態が安定すれば就労も可能であるが、良好な人間関係が不足している	人付き合いに問題はない印象だが、新たな職種の就労は難しい

とめ（続き）

身世帯

D	E	F
問題なし	やや難あり（信用できる人以外困難、感情起伏あり）	対人関係でのトラブル多く不満
やや難あり（会話内容のズレあり）	やや難あり（思い込みが強い）	対話困難（一方的に話をしてしまう）
やや難あり（ホームレス経験、自暴自棄、ギャンブル依存の傾向）	やや難あり（ホームレス生活の10年間に社会生活の感覚が麻痺）	難あり（精神障害の疑い、自殺願望を示すが）
母、兄弟姉妹と話す程度の交流あり	なし（兄弟、姉はいるが交流はない）	なし（弟はいるが、母は不明、その他疎遠）
なし（顔見知りになって話す人はたくさんいる）	数人いる（話をする相手）	なし
なし	なし	なし
自転車で各地を巡回すること	ビデオ鑑賞・編集	なし
規則的 ややルーズ やや問題あり	規則的 計画的 良好	規則的 概ね計画的 概ね良好
なし	隣りの住民がうるさい	近くの飲み屋がうるさい
なし	近所の警察官をしている方の奥さん	なし
なし	働きたいと思ってハローワークに行っている	不明
なし	なし	あり（仕事しろと言われることに苛立ち）
サポートセンターのような支援、県大生の弁当配付	個別の支援	住宅の保証人（安い住まいに転居できなかった）
大工の仕事に自信があるため、仕事があれば就労は可能である	職を転々としてきたのは感情の起伏が大きい（怒りっぽい）からであるため、ストレスの強い仕事は難しい	職歴が不安定なのは精神障害の疑いがあるからだと考えられるため、適切な治療が必要

（2）高齢単身世帯の結果（2ケース）

　表5-3は、高齢単身世帯における基本的特徴についてまとめたものである。以下では、それぞれの項目について整理していくこととする。

　a）基本項目

　対象者の2人はともに高齢者（65歳以上）ではあるものの、G氏が68歳でH氏が69歳であり、いわゆる「前期高齢者」である。見た目の印象からも老け込んでいる様子はみられず、大きな傷病やアクシデントに遭遇しなければ、当面の生活は固定的な状態が続くものとうかがえる。いずれも調査時点では大きな傷病もなく、生活環境に適応しようと努力している。

　b）生活困窮化の理由（債務、職歴、社会技能〔ソーシャルスキル〕等）

　「債務」の欄をみると、いずれも借金等はなく、生活の糧を失ったことによる生活苦が原因で生活保護にいたっている。G氏の場合は、直前まで就業していた事業所での過密・長時間労働が原因で体調不良となったことで離職し、その後生活の立て直しをしようと転居して就業先を探していた矢先に交通事故を起こしてしまい、賠償等のために預貯金を失った。H氏の場合は、親族の経営する宿泊施設で就業していたが、その親族による嫌がらせが原因で逃避行してしまったことが生活苦の要因になっている。ある意味ではアクシデントによるものと解釈できるが、高齢期に入ってからの遭遇が生活設計を大きく狂わせる原因になっているものと考えられる。

　c）生活実態と今後の生活改善に向けた課題

　対象者2人はともに特段の債務を有しているわけではないが、受給する年金額の少なさが生活保護を受給せざるを得ない要因になっている。生活保護を脱却するためには他の収入が必要となるが、いずれも加齢によって就業の機会を得ることが難しい上、職歴からも高齢者雇用につながるようなキャリア形成がされてきたとはいえない。よって、健康および生活管理をしっかりして、一定の情緒的な充足感を得ながら生活できる方法を確立することが必要であると考える。

第5章 「多重債務者」に関する質的分析 137

表 5-3 高齢単身世帯の聞き取り調査のまとめ

| | 項目 | 高齢単身世帯 | |
		G	H
基本事項	性別	男	男
	年齢（主）	68	69
	世帯人数	1 人	1 人
	通院の有無	無（半年前にポリープの手術）	無（貧血あるいは栄養失調の疑い）
	障害の有無	無	なし
	居住形態	民間アパート	民間アパート
債務	生活苦の要因	体調不良による退職（長時間・過密労働）→不安定就業による収入減 低年金（月額5万円程度） 交通事故の補償による貯蓄の消失	姉の経営する旅館（岩手県内）の経営に従事するために横浜から移住してきたが、他の親族が経営に携わるようになり、居場所を失い逃避行 年金額が生活保護基準をやや下回る
	借入先	債務等なし	債務等なし
	目的	—	—
	債務処理	—	—
生活歴	幼少期の暮らし向き	恵まれていた方だと思う	よかったと思う（会社経営）
	児童期の影響（家族・親族・学校関係）	事業経営のために家族関係が希薄（サラリーマン家庭への憧れがあった） 中学時代は祖父母宅で生活 戦争（空襲）体験が精神に影響か？	特になし（ただし、自身主張をする機会はもてなかった様子）
	最終学歴	中学卒業（商業高校中退）	工業高校卒業
	出身地	岩手県	神奈川県（父親が岩手県出身）
	他地域での生活経験	有（東京で数年間）	有（40歳くらいまで神奈川で生活）
	婚姻歴	有（離婚：結婚生活 16 年）	有（離婚：
職歴	現在の就労の有無	無	無
	技能・資格	特になし （接客の技量はある）	特になし
	最初職	紙製品小売業（自営業）	鉄工所 （正規：他社〜実家の家業）
	最長職	同上	旅館経営
	最後職	ホテルフロント係 （アルバイト）	同上

表 5-3　高齢単身世帯の聞き取り調査のまとめ（続き）

項目		高齢単身世帯	
		G	H
社会技能	対人関係	人付き合いが苦手（煩わしさを回避）	問題なし（生活感覚のズレあり）
	対話能力	問題なし	問題なし
	社会的感覚・意欲（社交性）	常識的な感覚は持ち合わせている印象　社交性は低い（特に生保受給の影響）	主体性の欠如（誰かに言われないと何も行動しない）
社会関係	親族との交流	なし（兄弟姉妹が3人、子どもが5人いるが、交流はない）	なし
	友人との交流	なし	なし
	地域との交流	なし	なし
生活	充実していること	健康のために毎日歩くようにしている　買い物も気分転換になる	読書（県立図書館で借用して）
	管理力　時間　金銭　食事	規則的　良好　やや問題あり	やや問題あり　かなりルーズ　かなり問題あり
	困っていること	住環境の悪さ（騒音、揺れ）、近隣住民とのトラブル（生活音をめぐり苦情がきた）→転居希望あり　生活費（特に食費）の管理	生活水準の大転落→生活の質を落とすのに厳しさあり（食事とたばこ）
心境	支え	できるだけ他人に迷惑をかけたくない	やれるところまでがんばってみる
	希望	なし	特になし
	生保スティグマ	地元でないことが救いだが、肩身の狭さは感じている	ほとんど感じていない
課題	ほしかった支援	特になし	特になし
	再建可能性	年齢的就業は難しく、年金も少ないため、経済的な自立は難しいが、日常生活自立は本人も意識的に努力している	親族との関係が原因で困窮化したため、精神的にかなり滅入っており、日常生活自立に向けては気持ちの立て直しが必要

（3）一般複数世帯の結果（3ケース）

　表 5-4 は、一般複数世帯における基本的特徴についてまとめたものである。以下では、それぞれの項目について整理していくこととする。

ａ）基本項目

対象者の３人はいずれも複数人の世帯員で構成されているが、いずれも形態が異なる。Ｉ氏は妻と未婚の子との３人世帯、Ｊ氏は内縁関係の妻との２人世帯、Ｋ氏は母親との２人世帯となっている。世帯主である対象者の年齢は、いずれも50歳代後半から60歳代前半となっており、間もなく高齢期を迎えようとしている世代である。そのため、Ｊ氏は良好であるが、他の世帯員も含めて健康状態にそれぞれ問題を抱えており、複雑な世帯状況にあるといえる。

ｂ）生活困窮化の理由（債務、職歴、社会技能〔ソーシャルスキル〕等）

「債務」の欄をみると、いずれも消費者金融やヤミ金といったいわゆる「多重債務問題」の典型的なケースである。しかし、その契機はそれぞれ異なり、Ｉ氏は事業資金の調達のため、Ｊ氏は生活費のため、Ｋ氏は保証人になったことによる債務の発生となっている。いずれも破産の手続中であるとか、破産手続のための弁護士との協議中といった状態にあり、調査中の対象者の表情は決して明るいものではなかった。

ｃ）生活実態と今後の生活改善に向けた課題

対象者３人はいずれも債務の整理段階にあり、生活再建の第１段階にある。しかし、手続を進めたことで程度に差があるとは考えられるが、少し安堵している様子がうかがえた。いずれの対象者も複雑な課題を抱えているが、生活態度は決して放漫ではないことがうかがえるため、債務整理の手続が順調に進めば、生活の再建が一定程度は期待できるものと考えられる。なかには、健康上に課題を抱えている対象者もおり、まずは健康状態の改善が課題になるものといえる。しかし、就労自立については、職能が必ずしも高い需要を有しているものではないため、生活費の補足的な就業に留まらざるを得ない状況にあることが否めない。年齢的な点からも、正規雇用での就業は難しく、年金や生活保護等の受給に加えて、身の丈に合った就業ができれば生活の質の向上につながるものとうかがえる。

表 5-4　一般複数世帯の聞き取り調査のまとめ

項目		一般複数世帯		
		I	J	K
基本事項	性別	男	男	男
	年齢（主）	63	60	56
	世帯人数	3 人（妻 60、子 30）	2 人（妻 48）	2 人（母 85）
	通院の有無	主：あり（糖尿病） 妻：あり（高血圧、心疾患、やや精神疾患） 子：無（小児喘息あり）	主：なし 妻（内縁）：糖尿病による 白内障・緑内障	主：あり（糖尿病） 母：あり（糖尿病）
	障害の有無	主：有（身体 4 級：心筋梗塞）	妻：有	母：有（身体 4 級）
	居住形態	民間アパート	民間アパート	マンション（持ち家）
債務	借入先	消費者金融（銀行の貸しはがしに合ったため）	消費者金融（2 社）家賃・公共料金等滞納	民間金融機関 ヤミ金
	目的	事業継続のため（病気のために 1 年休業）	生活費のため（就業先の経営が不安定で賃金低下、後に倒産）	同僚の消費者金融での借入の保証人、仕事減少による生活費の補填
	債務処理	破産手続中	破産手続準備中	弁護士と協議中
生活歴	幼少期の暮らし向き	主：かなり悪い 妻：どちらかと言えば良い	主：よかった 妻：不明	悪かった（父が新聞配達員）※資産形成あり
	児童期の影響（家族・親族・学校関係）	主：有（生保受給歴あり） 妻：無	主：無（やや贅沢気味） 妻：有（詳細不明）	近所の児童に待ち伏せされて威嚇された
	最終学歴	主：専門学校	主：工業高校卒業	中学卒業
	出身地	主：青森、妻：秋田	主：青森	岩手
	他地域での生活経験	主：有（仙台、東京） 妻：有（秋田）	主：静岡、埼玉、北海道等（単身赴任の転勤族）	有（関東、卒業後から 22〜23 歳くらいまでの数年）
	婚姻歴	有	有（離婚後、現在は事実婚）	無
職歴	現在の就労の有無	無（全員）	無（全員）	無
	技能・資格	主：有（空調関係）	自動車整備関係	無
	最初職	空調関係（正規）	自動車製造（正規）	食品製造業（正規）
	最長職	空調関係（自営業：法人）	同上（35 年）	警備（正規）
	最後職	同上	自動車整備工場（非正規）	警備（非正規）

表 5-4　一般複数世帯の聞き取り調査のまとめ（続き）

項目		一般複数世帯		
		I	J	K
社会技能	対人関係	主・妻：問題なし 子：やや問題あり	主：問題なし	やや問題あり
	対話能力	主・妻：問題なし 子：やや問題あり	主：問題なし	やや問題あり
	社会的感覚・意欲 （社交性）	主・妻：問題なし 子：問題あり	主：問題なし（ただし、金銭管理にやや難あり）	やや問題あり（就労と福祉とで意思が揺れている）
社会関係	親族との交流	子女との交流あり 妻の兄との交流あり	主の兄と関係あり （話をする程度）	なし
	友人との交流	なし	なし	なし
	地域との交流	なし	なし	なし
生活	充実していること	周辺の環境のよさ （景色）	特になし	特になし
	管理力　時間 　　　　金銭 　　　　食事	概ね規則的 良好 良好	規則的 良好 良好	規則的 やや問題あり やや問題あり
	困っていること	住環境の悪さ子息の問題（失業） 交通アクセスの厳しさ	交通の利便性の悪さ 債務保証人である兄との関係 内縁の妻の問題 （家族関係）	医療扶助単給だが、生活費が厳しい たばこを止められない
心境	支え	また社会の役に立ちたい	ケースワーカーの言葉（過去の就業への評価・労い）	特になし
	希望	今はゆっくり休養して健康状態を整えて体力をつけたい	65歳から厚生年金（35年加入）がもらえるため、もう少しの辛抱。仕事を見つけたい	人との関係を求めている
	生保スティグマ	有（窓口で保護費を受け取るとき）	主：やや申し訳ない気持ち 妻：強くあり	なかった（ただし、扶養調査には若干の抵抗感あり）
課題	ほしかった支援	自営業者への休業時の支援 若者（子息）の支援	妻（内縁）の生活背景が複雑なために生活保護申請に躊躇った（特に扶養調査）	特になし

（4）小括

　1ケースあたりの調査時間は、2時間程度であったことから、生活歴（ライフヒストリー）も含めた対象者の生活実態が事細かいところまで把握できたとは考えていない。そのため、対象者の価値観や心情的な側面からみた生活行動等の動機づけを知りうるところまでには至らなかったという課題は残る。しかし、「多重債務問題」の根底には「貧困問題」が横たわっており、この状態に陥った人々が取る行動の1つとして「借金をこさえる」という行動が「多重債務問題」の入り口である。この問題に近接するために、以下では、対象者相互間の相対的な比較を試み、「多重債務問題」の根源を探るとともに、「自立支援」に向けた課題の考察につなげていくこととする。

4．聞き取り調査の分析結果

（1）先天的ハンディキャップに関する分析

　表5-5は、すべての世帯の調査結果をもとに、「先天的ハンディキャップ」と考えられる要素を抽出し、該当するものに得点をつけて「対応分析（コレスポンデンス分析）」の基礎データとしたものである。

　「生得的不利」については、「①経済不利」と「②環境不備」の項目を設定し、児童期を過ごした家庭の経済状況が厳しかった場合に経済不利があったものとし、家庭のみならず学校や地域での生活環境全般に暮らしにくさを感じた点があった場合には環境不備があったものとして反映した。また、「健康問題」については、児童期から抱えてきた傷病や障害の有無を反映した。さらに、「社会階層規定要因」については、対象者の年齢を考慮し、50歳代以上の場合には「中学校卒業」以下を、40歳代以下の場合には「高校卒業」以下をそれぞれ「④学歴不利」に当てはまるものとして反映し、学校卒業後に最初に就いた職業は、当時の景気状況にも影響を受ける可能性があるため、その影響を受けている場合には「⑤初職不利」に反映した。

表 5-5　先天的ハンディキャップのまとめ

項目		一般単身世帯					
		A	B	C	D	E	F
生得的不利	①経済不利	なし	なし	なし	あり	あり	なし
	②環境不備	あり	なし	あり	あり	なし	なし
健康問題	③傷病・障害	なし	あり	やや	なし	なし	あり
社会階層規定要因	④学歴不利	なし	なし	あり	あり	あり	なし
	⑤初職不利	なし	なし	あり	あり	やや	なし

項目		高齢単身世帯		一般複数世帯		
		G	H	I	J	K
生得的不利	①経済不利	なし	なし	やや	なし	やや
	②環境不備	やや	やや	なし	やや	なし
健康問題	③傷病・障害	なし	なし	なし	なし	なし
社会階層規定要因	④学歴不利	やや	なし	なし	なし	あり
	⑤初職不利	なし	なし	なし	なし	あり

　図 5-1 は、先天的ハンディキャップに関する対応分析結果を示したものである。この分析結果は、対象者が児童期に何らかのハンディキャップ（社会的不利）を受けていたかどうかの関係を図示することを目的に行っているが、図中に 3 つのグループが構成されていることがわかる。

　〔1 X〕には、C・D・E・I・K 氏の 5 人が含まれる。いずれも、児童期に過ごした家庭の経済的状況が厳しかったことと、学歴や初職といった社会的な要因によって構成されるものとうかがえる。しかし、C 氏については、養育された叔父の家庭が比較的裕福であったにもかかわらず、学歴や初職に影響が出ているのは知的障害の疑いもさることながら、叔父宅での居づらさがあったこと（叱られることが多かった）を調査時に話しており、擬制的に〔1 X〕に入ってしまったことが否めない。とはいえ、早く叔父から独立したいという気持ちから中学校卒業後に不安定ながらも就職をした点は経済的な窮迫性があったことも否めない。

　〔1 Y〕には、A・G・H・J 氏の 4 人が含まれる。この 3 人については、児童期に経済的な不利を経験したことがないものの、裕福な家庭で奔放な育てられ方をされたことで、生活感覚が他の対象者と異なるということがうかがえる。生活歴の中に共通することは、自制的な生活経験が乏しい（やりたいこと

をやってきた）ことと、4人がいずれも離婚の経験（家庭の崩壊）をしているということである。つまり、俗な言い方をすると、「わがまま」であるとか、「自己中心的」であることが当てはまる可能性を示唆している。

〔1Z〕には、B・F氏の2人が含まれる。この2人については、児童期から健康問題に遭遇してきたということである。B氏については先天的な聴覚障害（手帳所持）があり、F氏については精神障害の疑いが強い。F氏については、回想をした際に、児童期の頃から人間関係でたくさんのトラブルに遭遇していることを話しており、障害というハンディキャップが先天的につきまとっていたことがうかがい知れた。

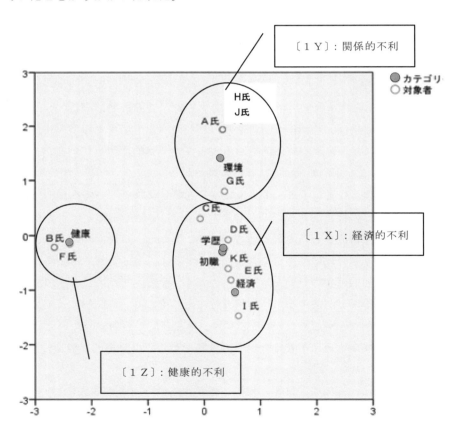

図5-1　先天的ハンディキャップに関する対応分析結果

第5章 「多重債務者」に関する質的分析　145

（２）後天的困窮化要因に関する分析

　表5-6は、すべての世帯の調査結果をもとに、「後天的困窮化要因」と考えられる要素を抽出し、該当するものに得点をつけて「対応分析（コレスポンデンス分析）」の基礎データとしたものである。

表5-5　後天的な困窮化要因のまとめ

項目		一般単身世帯					
		A	B	C	D	E	F
社会・経済動向	①景気の影響	あり	なし	あり	あり	なし	なし
	②階層の落層	あり	なし	あり	あり	あり	あり
健康問題	③傷病・障害	やや	あり×2	あり	なし	なし	あり×2
	④加齢・体力	やや	やや	やや	やや	やや	やや
社会関係上の困難	⑤親族関係	あり	やや	やや	なし	なし	あり
	⑥社会的孤立	やや	あり	なし	あり	あり	あり

項目		高齢単身世帯		一般複数世帯		
		G	H	I	J	K
社会・経済動向	①景気の影響	なし	なし	あり	あり	やや
	②階層の落層	あり	あり	なし	あり	あり
健康問題	③傷病・障害	やや	なし	あり	なし	やや
	④加齢・体力	やや	なし	やや	やや	やや
社会関係上の困難	⑤親族関係	あり	あり	なし	あり	なし
	⑥社会的孤立	あり	あり	なし	やや	あり

注1：「②階層の落層」は、就業状態から失業（無職）状態になった場合も「落層」とみなす。

　　2：「④加齢・体力」については、加齢によって仕事を失ったり、加齢や傷病等による体力の低下から就業が困難になったりしたケースを想定している。

　　3：「⑤親族関係」については、学校等卒業後に親族間で何らかのトラブル等（離婚、介護など）があって生活上の困難の要因になっていると考えられるものを加えた。また、「⑥社会的孤立」については、困ったときに助けてくれる人が困窮化した当時にいたかどうかを示している。

　「社会・経済動向」については、「①景気の影響」と「②階層の落層」の項目を設定し、景気の影響を受けて就業の中断や転職の経験を余儀なくされてき

たかに着目し、その結果、社会階層の落層化につながっているかを反映した。また、「健康問題」については、児童期から抱えてきた傷病や障害の有無に加えて、社会生活の過程で新たな健康問題等が加わった点を「③傷病・障害」と「④加齢・体力」に反映した。さらに、「社会関係上の困難」については、家庭の崩壊や親族関係の険悪化といったことによって頼れる親族がいなくなった場合に「⑤親族関係」に反映し、友人や知人、地域社会、専門機関とのつながり等がない状態で孤立した状態が形成された場合に「⑥社会的孤立」に反映した。

　図5-2は、後天的困窮化要因に関する対応分析結果を示したものである。この分析結果は、対象者が社会生活に移行（社会人になった）後、どのようなことが契機で生活困窮化に至ったのか、その要因についての相互関係を図示することを目的に行っているが、図中に3つのグループが構成されていることがわかる。

　〔2X〕には、A・C・D・E・I・J・K氏の7人が含まれる。いずれも、景気の影響や自身の選択にともなって落層化がみられ、その状態から自力で改善されることが難しかったケースといえる。職能や年齢等が就業上の障壁になっていたことが考えられ、程度に差があるものの、社会的な影響を受けていることがうかがえる。しかし、I氏については、大病を患った期間中に当該業界の経済情勢が徐々に悪化し、健康が回復した後に事業を再開したものの、銀行からの資金繰りができずに消費者金融に融資を受けざるを得なくなっているため、景気と健康に影響を受けていることになる。

　〔2Y〕には、G・H氏の2人が含まれる。この2人については、家庭関係の問題に端を発して困窮化に至っていることと、加齢により就業が難しくなっていることが共通している。G氏については、離婚を機に親族との関係が一切遮断され、その後は職を転々としながらも何とか自力で生活してきたが、加齢とともに就業が厳しくなり、アクシデントとの遭遇に際しても親族等のサポートが受けられず、生活保護を受けざるを得なくなっている。また、H氏についても、離婚を機に関東から岩手に移住してきて親族が経営する宿泊施設で就業するものの、その親族との関係のもつれから孤立を余儀なくされ、生活保護に至っている。

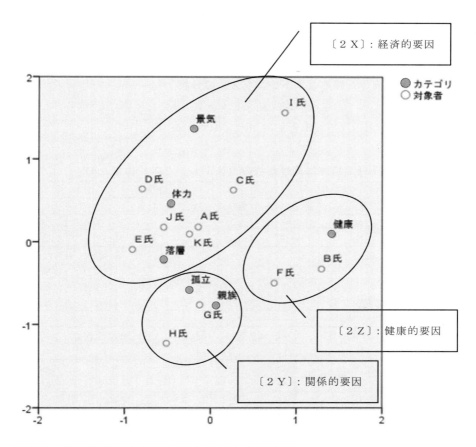

図 5-2　後天的困窮化要因に関する対応分析結果

　〔2Z〕には、B・F氏の2人が含まれる。この2人については、前項の「先天的ハンディキャップ」を社会生活へ移行後も引きずってきたものと考えられる。B氏については、就業の機会には恵まれるものの、障害(聴覚)の影響から就業先の人間関係がうまく形成できず、そのことが要因となって軽度ではあるものの抑うつ症状(うつ病)が出てくるようになってしまった。また、F氏についても、高校卒業後に安定した職業に就いたにもかかわらず、人間関係のもつれが原因で退職し、その後も職を転々としてきた。こうした根源的な問題を抱える人たちについては、傷病や障害へのケア的なアプローチはもちろんの

148

こと、社会的な寛容性が育まれないと社会生活が難しいため、課題のハードル
が高くなる。

（3）自立に向けた強み（ストレングス）の分析

　表 5-6 は、すべての世帯の調査結果をもとに、「自立に向けた強み（ストレ
ングス）」と考えられる要素を抽出したものである。

表 5-6　自立に向けた強み（ストレングス）のまとめ

項目		一般単身世帯					
		A	B	C	D	E	F
心身の状態	①健康	やや	なし	やや	やや	やや	なし
	②意欲	やや	なし	やや	やや	やや	なし
生活力	③職能	やや	やや	なし	やや	なし	なし
	④自己管理	なし	なし	なし	なし	あり	やや
関係力	⑤社会技能	やや	なし	やや	やや	やや	なし
	⑥親族支援	なし	やや	あり	なし	なし	なし

項目		高齢単身世帯		一般複数世帯		
		G	H	I	J	K
心身の状態	①健康	やや	やや	なし	やや	やや
	②意欲	やや	やや	あり	やや	なし
生活力	③職能	なし	なし	やや	やや	なし
	④自己管理	やや	なし	あり	あり	なし
関係力	⑤社会技能	やや	やや	あり	あり	なし
	⑥親族支援	なし	なし	やや	なし	なし

注：「①健康」および「②意欲」については、本人の健康状態や生活意欲が高くても、
　　加齢によって就業上や生活上の不利を受ける可能性があるため、55歳以上の場合に
　　は評価を下げた。

　「心身の状態」については、「①健康」と「②意欲」の項目を設定し、傷病
や障害により他者からのサポートが必要かどうかの健康上の可能性を考慮し、
その上で対象者の意欲がどの程度の状態にあるかに着目し、自立に向けた強み
があるかどうかを反映した。また、「生活力」については、上記の健康状態（年
齢的な要素も含めて）を加味した上で、対象者の学歴や職歴等からみた職能上

の可能性を「③職能」に反映し、同様に健康状態を加味した上で、調査時点の生活上の管理力（時間管理、金銭管理、食事管理）を「④自己管理」に反映した。さらに、「関係力」については、対人関係を良好に進めるための社交性や対話能力等を「⑤社会技能（ソーシャルスキル）」に反映し、親族等からの何らかの支援が受けられる可能性があるかどうかを「⑥親族支援」に反映した。

なお、評価に際しては、些細な要素でもプラスに転じる可能性があるものを「やや」とし、明らかにわかるものについては「あり」とした。

（4）聞き取り調査の総合的考察

a）児童期の生活環境が及ぼす社会生活への影響

些細なことでも、対象者が強みにできそうなものは、心身上の問題があるB・F氏を除くと、複数個の強みがあるものと判断された。しかし、この点に、「先天的ハンディキャップ」や「後天的困窮化要因」を被せてみると、改善の度合いと高めるためには、長年にわたって積み重ねられてきた価値観や生活経験を見つめ直し、その修復にまで立ち入らなければならなくなる可能性がある。つまり、この点が「内的要因」の部分になる。

近年、「子どもの貧困」をめぐる議論の中に、「貧困の連鎖」と呼ばれる貧困の世代間継承の問題がある。この点に関する質的な分析については十分に分析がなされているとはいえないが、統計的にみると、この現象が生じていることは否めない。今回の分析結果をみてみると、「先天的ハンディキャップ」や「後天的困窮化要因」でそれぞれ3つのグループが形成されたが、この移行過程を示したのが図3-3-3である。

本調査の11人の対象のうち9人に、児童期の経済的な面や関係的な面での「家庭」のあり方がその後の社会生活に影響を及ぼしている可能性が考えられる。〔3ＸＸ〕は児童期の経済的不利が原因で十分な社会生活における経済的安定基盤が形成できなかったことが考えられ、〔3ＸＹ〕は児童期の関係的不利が原因で社会生活上の基盤をうまく形成することができず、景気等の経済的影響を受けた際にその脆弱さを露呈した可能性が考えられる。

次に、〔3ＹＹ〕についてみてみると、既述の〔3ＸＹ〕と質的な面では近似しているが、該当するG・H氏が高齢期に入り、経済的な基盤の脆弱性がさ

らに露呈したケースといえる。2人とも、児童期に経済的不利な条件があったわけではないが、2人に共通する実家が事業経営をしていて親からの十分な養育を受けてこなかった経験が、社会生活移行後に自身の生活に影響を及ぼしている可能性が考えられる。

最後に、〔3ZZ〕についてみてみると、該当するB・F氏にはいずれも心身の障害があり、このことがまさに「ハンディキャップ」となって社会生活上の障壁をつくり出す要因になっている。

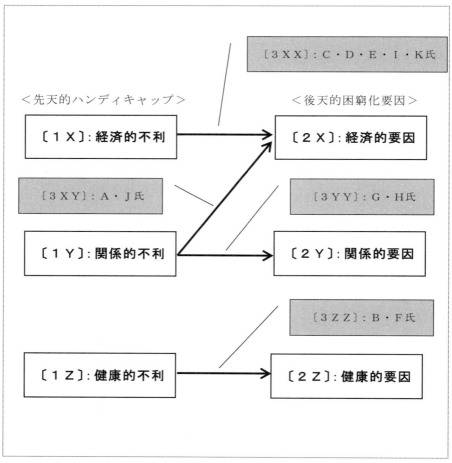

図 5-3　聞き取り調査のまとめ

ｂ）聞き取り調査から得た示唆

　以上の分析から、心身の傷病や障害については、治療等によって改善できる
ものとできないものがある中で、根本的な問題の改善を進めることは難しく、
その状態を受け入れる社会システムであったり、社会的寛容性であったりが求
められる。いいかえれば、こうした人たちが出現してきた背景には、十分なフ
ォロー体制が整っていないことを示している。この点は、政策的な課題といえ
よう。また、個別家庭の経済的不利に関しても、傷病や障害と同様に政策上の
課題であるといえるが、経済問題に関しては「アクシデント性」の追求が難し
いため、往々にして「自己責任」にすり替えられてしまうことが多い。そのた
め、非常に難しい切り口ではあるものの、経済的不利の問題は関係的不利と同
時並行で議論される必要がある。つまり、経済的不利の有無にかかわらず、児
童の健全な育成のための児童福祉の充実が図られる必要があることであり、児
童が家庭環境から受ける影響を最小限に止めるための取り組みが今日の日本
社会における大きな課題であるということである。

　こうした予防的な取り組みの必要性がある一方で、現に困窮化した人々への
支援のあり方については、支援者の支援を充実させるための技術的な面での向
上と、これを支える社会制度（とりわけ、財源）の拡充が求められる。すでに
生活保護受給者を対象とする「自立支援プログラム」が実施機関（福祉事務所）
単位で策定され、実施に移されている。生活保護の中枢を担うケースワーカー
（地区担当員）は担当ケースが多く、なかなか自立支援にまで手が回せていな
い中で、就労支援相談員の配置や就学支援相談員の配置など、実施機関に温度
差はあるものの、専門職員を配置して自立支援に取り組んでいる。しかし、そ
の成果は必ずしも上がっているとはいえない状況にあり、これに代わる取り組
みも模索されてきた。その中には、対象者の気持ちに「寄り添う」ということ
がキーワードとして挙げられているものもあり、「寄り添い型支援」を十全に
機能させるためには、応分の人員配置と専門職員の専門職性の向上が求められ
る。もつれ合い、絡み合ってしまった人生の糸を取りほぐし、その人に合った
生き方を再構築していくための支援が求められる。

5．むすび

　前章と本章の2つの調査分析は、いずれもかなり踏み込んだ分析を試みている。それは、「多重債務問題」というものの根源が「貧困問題」に起因しており、その「貧困問題」の根が深いことを示すためである。「貧困問題」は、世帯の何らかの個別的な特徴が影響して作り出されることがあることは否定できないが、それですべてを要因付けることもできない。なぜならば、個別世帯が独立した社会を構成しているわけではなく、社会関係や社会情勢に少なからず影響を受けながら、そのあり方を変容させていくことになるからである。よって、「社会と世帯」あるいは「社会と個人」を有機的に結びつける点での動的な力がどのように作用しあっているかを、絶えず意識しながら政府は舵取りをしなければならない。各家庭が社会の基礎的な構成要素になっており、その家庭が不安定な存在であれば、社会の土台を揺るがす要因になり、家庭内の個別的な課題に対しても「自己責任」として放置することは、社会の維持を放棄することに他ならない。かつて、「福祉国家」が構想された背景には、こうした経験から社会のあり方を見直すことにつながっていることを再確認する必要がある。

　しかしながら、家庭という世界は、ある意味では非常に閉塞的な空間であり、プライバシーという権利によって簡単にはその中身を開示することが難しい。そのため、問題が家庭内に潜在化してしまう可能性が高く、その状態が長期間続くと、取り返しがつかないほど深刻な問題に発展してしまう場合もある。だからこそ、家庭というミクロの世界を垣間見ずとも懸念せずに済む状態が社会によってつくられなければならない。その役割が生活保障の一端を担う「社会保障制度」によってなされるべきであり、経済的な困窮を所得保障によって未然に防ぎ、金銭給付で補うことのできない物理的・関係的な諸問題にサービス保障をおこなうことで、ミニマム（最低限）ではあるものの、オプティマム（最適）な生活が守られなければならない。この社会保障制度が確立する間もなく揺らぎはじめ、その体が瓦解しようとしている。その背景には、生活に困窮する者の存在が見えにくくなっていることが社会の問題認識を低下させ、潜在化させてしまっていることがあげられる。こうした「見えない貧困」問題に関し

ては、2通りのアプローチから「可視化」を進めていく必要がある。

　1つは、「研究」というアプローチから量的な把握、あるいは、質的な把握を進めていくという点である。昨今、「ワーキングプア」に関する研究がなされてきている。これらは、生活保護基準以下の労働条件で働く就業者のことを指すが、この「ワーキングプア」がどの程度存在するか、ということが量的把握をするためのツールとして考えられている。この点に関しては、1900年頃のイギリスにおいて、ブース（Booth, C）やラウントリー（Rowntree, B, S）が貧困調査を実施して、およそ3割の市民（ブースがロンドン、ラウントリーがヨーク）が貧困状態にあることを示し、いわゆる「貧困の発見」として社会に大きな衝撃を与えたように、その量的な把握の意義は大きい。その一方で、今日の「貧困問題」が単なる経済的な困窮ということだけでなく、様々な複合的な課題を抱えていることに鑑みれば、その質的な要素についても「可視化」していかなければならない。それは、経済的困窮に対して、所得保障さえすれば問題の解決につながるわけではなく、社会の一成員たる「市民」としての地位を確立するためには、健康的な食事の摂取や衛生的な環境の整備等の生活管理を自身の力でできることが必要（日常生活自立）であり、友人や地域住民との交流や政治参加等の社会参加といった社会関係の形成（社会生活自立）が条件となるからである。経済的困窮状態の恒常的な維持により、このような力が心身共に剥奪されていくことを「見える」形にしなければならないということである。

　もう1つは、「実践」による対象者へのアプローチである。支援の網を広く張り巡らせ、経済的な困窮状態にある人々がアクセスしやすい状態（ネットワーク）をつくっていくことである。「ホームレス」のように、目に見える形で貧困問題が派生する場合には、政府も対応を取らざるを得なくなる。しかし、「見えない貧困」問題を潜在化させないためには、掘り起こしをしたり、情報を拡散させたりすることで、支援を必要とする人（ニーズのある人）を浮かび上がらせることが必要である。その象徴的な現象が「年越し派遣村」であったが、湯浅誠氏を筆頭に多くの支援団体が行き場を失った困窮者を「目に見える」形で支援したことで、大きなムーブメントとなった。

　以上のとおり、「貧困問題の可視化」に対しては「研究」と「実践」が必要

であるが、これはまた同時に、「研究」と「実践」とが結びつくことによって
より大きな効果をもたらすことになる。こうした連携の強化が各地域で図られ
ていく必要があるものと考える。

第Ⅲ部

東日本大震災の沿岸部被災地における貧困・生活問題

　第Ⅲ部は、2011年3月から継続的に取り組んできた研究をまとめたものである。この間に、日本社会福祉系学会連合・東日本大震災復興対応委員会が発行した『平成23年度　研究活動報告書』に「自然災害の発生にみる『想定』と生活保障の課題」を、『平成24年度　研究活動報告書』に「被災地における貧困・生活問題の現状分析」をそれぞれ寄稿し、さらに鷲谷徹編著『変化の中の国民生活と社会政策の課題（中央大学経済研究所研究叢書62）』に「東日本大震災後の沿岸被災地における生活問題の変遷過程」として寄稿した。

　本研究を進めるにあたっては、ＮＰＯ法人くらしのサポーターズが運営する「あすからのくらし仕事支援室」（あすくら）の吉田直美氏に多大なるご協力をいただいた。また、調査に応じてくださった気仙沼市応急仮設住宅入居者等サポートセンター（特定非営利活動法人なごみ）や視察の際にお声かけくださった被災地の住民の方々にも感謝の意を表したい。

第6章　東日本大震災にみる「想定」と生活保障の課題
—岩手県沿岸部の被災地を視察して—

1. はじめに

　2011年3月11日に発生した「東日本大震災」（以下、震災）は、「複合災害」といわれるように、津波被害や原発事故を引き起こし、公私の財産を大量に消失した上、多くの行方不明者を含む犠牲者と避難生活者を創出した[1]。こうした震災の発生を誰が予測していただろうか。震災発生後、連日マスメディアに登場した、地震や原発等に関係する公私の専門家や関係機関の職員が揃って「想定外」と述べていたことが象徴していたといえるが、われわれの生活は、これまでいつも誰かが作り出す「想定」の枠内でしか生活し得ていなかったということである。これを社会的な「合意」だとするならば、われわれはいつも極めて「危険」な状態にあるということである。われわれはいつも、誰かが発する「安心である」や「安全である」という言葉にいつの間にか支配され、そこに安住してしまうことで物事の本質から目を背け、重大な事象に遭遇して初めて後悔する。「想定していなかった」という「想定の枠組み」、つまり、「何も担保されない」という「想定」をわれわれはどこまで許容して生活していけるのか、今回の震災のように予期できなかった自然災害の経験を省みる必要があるのではないかと考える。

　以上の問題意識から、以下では、筆者が岩手県内の沿岸部を中心に実施した視察でのエピソードを交えながら、貧困・生活問題に関する概観を進めていくこととする。視察（主に、岩手県の沿岸部）は、2011年3月28日（大船渡市

---

[1]　警察庁緊急災害警備本部が2016年2月10日に発表した資料（平成23年（2011年）東北地方太平洋沖地震の被害状況と警察措置）によると，震災による死者は全国で15,894人，行方不明者が2,562人となっている。このうち，津波で大きな被害を受けた東北地方の内訳をみると，岩手県の死者が4,673人で行方不明者が1,124人，宮城県の死者が9,541人で行方不明者が1,237人，福島県の死者が1,613人で行方不明者が197人に上っている。また，復興庁が2015年12月25日に発表した資料（東日本大震災における震災関連死の死者数（平成27年9月30日現在調査結果））によると，震災関連死の死者数は全国で3,407人（2013年が2,916人）となっている。このうち，岩手県が455人（2013年が417人），宮城県が918人（2013年が873人），福島県が1,979人（2013年が1,572人）となっている。

〜宮古市）、4月2日（岩泉町〜宮古市）、4月17日（陸前高田市〜宮古市）、5月15日（久慈市〜岩泉町）、6月19日（陸前高田市〜宮古市）、7月17日（久慈市〜岩泉町）、8月20〜21日（陸前高田市、気仙沼市）、11月6日（岩泉町〜洋野町）の計8回を実施した。

2．家屋損失および人的被害の状況

（1）家屋損失の状況

　表6-1は震災による岩手県内の人的被害・建物被害の状況について示したものである。岩手県において、震災による家屋倒壊数は、2016年1月31日現在

表6-1　震災による岩手県内の人的被害・建物被害の状況

	死者数（人）			行方不明者数（人）		家屋倒壊数（棟）
	直接死	関連死	計		うち、死亡届の受理件数（件）	
陸前高田市	1,556	46	1,602	205	202	4,044
大船渡市	340	79	419	79	75	3,938
釜石市	888	104	992	152	152	3,656
大槌町	803	51	854	423	421	4,167
山田町	604	83	687	148	147	3,167
宮古市	420	54	474	94	94	4,098
岩泉町	7	3	10	0	0	200
田野畑村	14	3	17	15	15	270
普代村	0	0	0	1	1	0
野田村	38	1	39	0	0	479
久慈市	2	1	3	2	2	278
洋野町	0	0	0	0	0	26
沿岸小計	4,672	425	5,097	1,119	1,109	24,323
内陸小計	0	33	33	5	4	1,845
計	4,672	458	5,130	1,124	1,113	26,168

注1：「死者数」のうち、「直接死」は岩手県警調べ、「関連死」は岩手県復興局調べ。

　2：家屋倒壊数は、全壊及び半壊数を計上。

資料：岩手県総務部総合防災室「東北地方太平洋沖地震に係る人的被害・建物被害状況一覧」（平成28年1月31日現在）

26,168棟（うち、沿岸部が24,323棟）となっている。比較には無理があるが、被害規模を想像するために「住民基本台帳人口・世帯数（平成23年3月1日現在）」との対立比をみてみると、沿岸部においては、世帯数109,351に対する家屋倒壊数の割合は22.2%となる。つまり、今回の震災で岩手県沿岸部12市町村の約2割の世帯が被災した可能性があるということになる。同様に、この推計に従って被害の大きかった市町村別にみると、宮古市（4,098棟／24,332世帯）で16.8%、大船渡市（3,938棟／14,729世帯）で26.7%、陸前高田市（4,044棟／8,196世帯）で49.3%、釜石市（3,656棟／17,561世帯）で20.8%、大槌町（4,167棟／6,348世帯）で65.6%、山田町（3,167棟／7,182世帯）で44.1%、田野畑村（270棟／1,452世帯）で18.6%となっており、被害の大きさがわかる。

図6-1は、陸前高田市の市街地があった場所を撮影したものである。震災発生から1カ月余が経っていたため、瓦礫と化した資材の撤去が進められていたものの、想像を絶する景色であった。津波の被害は、ここからさらに内陸5km程度にまで及んだ。

図6-1 陸前高田市（高田街道：海岸から1kmほどの地点、2011年4月17日撮影）

図6-2および図6-3は、大槌町の一地区をそれぞれ撮影したものであるが、大槌町では震災当時の町長をはじめ町役場の職員が多数犠牲になったように、平地の市街地は壊滅的な被害を受けたことがわかる。

図 6-2 大槌町(大槌駅付近、2011年 6 月 19 日撮影)

図 6-3 大槌町(吉里吉里駅付近、2011 年 6 月 19 日撮影)

　図 6-4 は、山田町の船越湾に整備されていた防潮堤を撮影したものである。一部が津波によってなぎ倒されていることから、津波の威力が計り知れないものであったことがわかる。図 6-5 は、山田町の市街地であった場所を撮影したものであるが、山田町もまた、大きな被害を受けたことがわかる。

図 6-4 山田町(船越湾:船越小学校付近、2011 年 6 月 19 日撮影)

図 6-5 山田町(国道 45 号線:陸中山田駅付近、2011 年 6 月 19 日撮影)

　以上は、岩手県沿岸部の 12 市町村のうち、被害規模が相対的に大きかった 3 市町を例に取り上げたが、他の市町村においても決して小規模とはいえない損害を被っていることが視察を通じてわかったことである。過去にも数度の大

きな津波被害[3]を受けている岩手県の沿岸部において、今回の震災がどれほど「想定」からかい離していたのであろうか。この点については、地域によっても意識が異なっていたように受け止められる。

視察のなかで、地域住民の話を聞く機会が幾度かあったが、地震が発生した場合には速やかに高台へ避難することが意識づけられていた地域、防潮堤等の整備によって危機感が低かった地域、ほとんど意識づけがなされていなかった地域など、様々であった。もちろん、各地域の地理的条件や社会資本の整備状況が関係しているといえるが、こうした意識の違いが、津波による人的被害に何らかの影響をもたらしたのではないかと考える。

（2）家屋損失と人的被害の相関

家屋の損失規模が人的被害の規模に影響しているのではないかと考え、家屋倒壊棟数と人的被害者数との相関関係をみることにした。図6-6は、家屋倒壊棟数と人的被害者数の関係を散布図に示したものである。相関係数（R）は、0.832144となっており、強い相関関係がみられることがわかる。しかし、「陸前高田市」のように、回帰線から大きく上に外れている地域がある一方で、「大船渡市」や「宮古市」のようにやや下に外れている地域がある。平地面積の割合が高い「陸前高田市」のように、高台などの避難場所が限られている地域に被害が集中していることが考えられるが、家屋倒壊棟数が多かったにもかかわらず、人的被害者数が他の市町村に比べて少なかったところもある。

同じ太平洋に面した市町村であっても、リアス式海岸が特徴的な地域では浜辺が狭く、海からほど近いところに急な斜面があって津波から避難できるような高台として活用できるところもあれば、平地面積が広く、避難できるような高台が近くにないところもある。また、海岸の地形によっては津波のエネルギーを直接受けたところもあれば、エネルギーが緩和されたところもある。

---

[3] 2011年の震災は「千年に一度」といわれたが、これは、『日本三代実録』（901年）の記録に由来し、平安時代の869年（貞観11年）に東北地方を襲った大地震と大津波から2011年の東日本大震災の発生までおよそ1000年が経過したことによる。その他、気象庁や岩手県などの官公署のホームページには、1896（明治29）年の「明治三陸地震（明治29年三陸沖地震津波）」や1933（昭和8）年の「昭和三陸地震（昭和8年三陸沖地震津波）」、さらに、1960（昭和35）年の「チリ沖地震（チリ地震津波）」が主なものとして紹介されている。

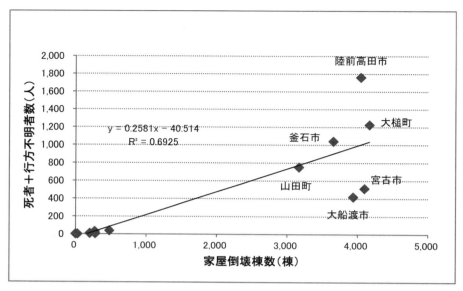

資料：岩手県総務部総合防災室「東北地方太平洋地震に係る人的・建物被害状況一覧」
（平成28年1月31日現在）

注：「人的被害者数」については，把握されている死者数と行方不明者数の和を指すものとする。

図6-6　岩手県沿岸12市町村における家屋倒壊数と人的被害者数の散布図

とはいえ、宮古市のなかでも、田老地区についてはやや状況が異なる。宮古市の発表（2012年1月25日17時時点）によると、家屋倒壊棟数（全壊＋半壊）4,675棟のうち田老地区が1,668棟で35.7％を占めている。先の推計に従うと、世帯数1,593（2010年10月1日現在）に対する割合は100.0％を超えており、ほぼすべての世帯が被災したことになる（図6-7、6-8）。

この地区では高さ10mの防潮堤が整備されていた。地域住民の話によると、三重に整備された防潮堤と防潮堤の間には、住宅が建設されており、公営住宅も設営されていたという。しかし、この防潮堤を乗り越えた津波が、この地域に壊滅的な被害をもたらしたのである。これはまさに、自然の力の「想定」をどう捉えるかということを問いかけているように考える。また、自然の力に対して人工的な力で対処するのか、自然の力と共存するための工夫をするのか、

被災地における復興の柱になってくるものと考える。

図 6-7　宮古市田老地区（第 3 防潮堤　　図 6-8　宮古市田老地区（第 3 防潮堤の
　　　　の海岸側、2011 年 4 月 17 日撮影）　　　　　　　内陸側、2011 年 4 月 17 日撮影）

（3）震災後の避難者数の推移

　震災の発生から 5 年が経過したが、依然として多くの被災者が仮設住宅等での避難生活を余儀なくされている。表 6-2 は、避難者数の推移（所在都道府県別）を示したものである。年々減少する傾向にはあるが、2015 年 12 月時点で全国に 182,000 人の避難者が存在している。被害の大きかった東北地方では、岩手県が 23,525 人、宮城県が 50,206 人、福島県が 57,775 人となっており、依然として生活の再建ができていない被災者が多数存在する。これには、用地の買収やかさ上げといった住宅建設のための準備が整っていないことや復興公営住宅建設の遅れといった問題がある。その一方で、避難者数は 2012 年 3 月時点の 344,290 人から 3 年 9 ヶ月間で 162,290 人減少（率としては-47.1％）しており、生活再建が徐々に進んでいるものの、被災地での生活再建を断念し、他地域に移住している被災者が少なくないことを疑わせる数値となっている。

　図 6-9 および図 6-10 は、2015 年 11 月 15 日に撮影したものであるが、宮古市田老地区の防潮堤は改修工事の過程にあり、陸前高田市の旧市街地の場所もかさ上げ工事が終了したところであり、住民生活の再建が本格化するのがこれからであることを物語っている。

表 6-2 避難者数の推移

		2012（平成24）年				2013（平成25）年			
		3月	6月	9月	12月	3月	6月	9月	12月
北海道		3,075	3,057	3,011	2,981	2,947	2,839	2,798	2,728
東北	岩手県	42,789	43,096	42,263	41,626	40,304	38,780	37,370	35,925
	宮城県	127,792	128,197	115,856	112,008	108,357	101,328	96,330	92,290
	福島県	97,946	101,320	99,521	98,235	97,072	93,915	91,392	87,712
	他の県	23,778	22,552	20,817	19,397	18,317	16,404	14,310	13,130
	合計	292,305	295,165	278,457	271,266	264,050	250,427	239,402	229,057
関東		35,545	35,303	35,140	34,086	33,279	32,154	31,447	30,191
東海北陸		3,026	2,903	2,960	2,898	2,870	2,792	2,742	2,699
近畿		4,580	4,679	4,337	4,215	4,193	3,995	3,904	3,752
中国		1,739	1,933	1,907	1,967	1,997	2,021	1,980	1,983
四国		639	554	539	536	516	493	480	480
九州・沖縄		3,381	3,393	3,426	3,484	3,477	3,312	3,253	3,198
合　計		344,290	346,987	329,777	321,433	313,329	298,033	286,006	274,088

出所：復興庁（http://www.reconstruction.go.jp/topics/main-cat2/sub-cat2-1/201

図 6-9　宮古市田老地区（第3防潮堤の内陸側、2015年11月15日撮影）

第 6 章　東日本大震災にみる「想定」と生活保障の課題　165

(所在都道府県別)

2014（平成 26）年				2015（平成 27）年			
3 月	6 月	9 月	12 月	3 月	6 月	9 月	12 月
2,695	2,627	2,589	2,575	2,555	2,524	2,291	2,138
34,494	33,221	31,714	30,289	28,950	26,673	25,230	23,525
88,575	81,923	77,836	73,796	69,561	61,816	55,920	50,206
84,221	82,657	78,577	75,440	71,399	65,485	61,800	57,775
12,555	11,287	10,641	10,233	9,992	9,148	8,805	8,600
219,845	209,088	198,768	189,758	179,902	163,122	151,755	140,106
29,549	28,281	30,405	30,120	31,836	30,991	30,397	29,677
2,688	2,585	2,561	2,512	2,449	2,342	2,316	2,280
3,610	3,421	3,378	3,312	3,247	3,092	3,037	2,959
1,978	1,993	1,992	1,964	1,940	1,928	1,915	1,809
458	449	438	431	424	413	407	386
3,135	2,975	2,909	2,840	2,824	2,720	2,675	2,645
263,958	251,419	243,040	233,512	225,177	207,132	194,793	182,000

51225_hinansha_suii.pdf：2016 年 2 月 22 日）

図 6-10　陸前高田市（高田街道：海岸から 1 km ほどの地点、2015 年 11 月 15 日撮影）

3．産業損失・復興と失業問題

（1）産業損失の状況

　三陸沖には豊かな漁場があることから、その規模は縮小する傾向にありなが
らも、岩手県の沿岸部も漁業や水産加工業が盛んな地域である。表6-3は、沿
岸部の市町村別にみた漁業・製造業における就業構造を示したものである。「漁
業」については、就業者に占める割合が岩手県全体で1.1％であるのに対して、
沿岸部12市町村では5.7％と高くなっている。なかでも、普代村が14.1％で
もっとも高く、次いで山田町が13.5％、田野畑村が9.3％となっている。また、
水産加工業が含まれる「製造業」については、岩手県全体で15.5％であるの
に対して、沿岸部12市町村では17.5％とやや高い割合となっている。市町村
別では、大槌町が23.7％でもっとも高く、次いで釜石市が20.7％、大船渡市

表6-3　沿岸部の市町村別にみた漁業・製造業における就業構造

	就業者数（人）			割合（％）		
	総数	漁業	製造業	総数	漁業	製造業
県　　計	631,303	7,015	97,743	100.0	1.1	15.5
沿岸部計	121,030	6,906	21,142	100.0	5.7	17.5
宮古市	25,669	1,182	4,290	100.0	4.6	16.7
大船渡市	18,663	1,314	3,528	100.0	7.0	18.9
久慈市	16,282	350	2,399	100.0	2.1	14.7
陸前高田	10,633	738	1,962	100.0	6.9	18.5
釜石市	16,900	884	3,504	100.0	5.2	20.7
大槌町	6,677	326	1,584	100.0	4.9	23.7
山田町	8,327	1,125	1,544	100.0	13.5	18.5
岩泉町	4,917	109	594	100.0	2.2	12.1
田野畑村	1,776	165	229	100.0	9.3	12.9
普代村	1,398	197	216	100.0	14.1	15.5
野田村	2,056	143	283	100.0	7.0	13.8
洋野町	7,732	373	1,009	100.0	4.8	13.0

資料：総務省「平成22年国勢調査」より作成

が 18.9％、陸前高田市および山田町が 18.5％となっている。この地域には、釜石市に新日本製鐵、大船渡市に太平洋セメントといった大企業が立地していることもあって製造業の就業率が高くなっている側面もあるが、震災前は、各地域の漁港に水産加工業を営む工場が軒を連ねていたことも寄与している。こうした企業も、震災による損害を少なからず被ることになった。

図 6-11 および図 6-12 は、大船渡市および山田町の国道 45 号線沿線を撮影したものである。このように、漁港に停泊していた漁船が陸地に打ち上げられている景色を沿岸部のあらゆるところで目の当たりにした。また、漁具や養殖場の設備なども津波によって大きな被害を受けたことがわかる。さらに、野田村の住民の話では、養殖用の設備が海底に散在しており、漁船のスクリューが絡まる危険性があるために漁船を航行できないという問題もあり、津波被害からの再建は陸上だけでなく、海中にもあることがうかがえた。

図 6-11　大船渡市（国道 45 号線沿線、2011 年 3 月 28 日撮影）　　図 6-12　山田町（国道 45 号線沿線、2011 年 3 月 28 日撮影）

一方、水産加工業についても、津波による大きな被害を受けていることがわかる。図 6-13 および図 6-14 は、大船渡湾および釜石湾の工場が複数立地している地域を撮影したものである。いずれも津波による建物の倒壊や製造設備の損壊がみられる。このほかにも、太平洋セメント（大船渡市）では工場の一部が破損しているところや敷地内に大量の瓦礫が押し寄せられている様子がうかがえ、新日本製鐵（釜石市）においても敷地内に大量の瓦礫が山積されているなど、津波被害の影響が及んでいることがわかった。

こうした生産活動の拠点における被害が、雇用・就業に大きな影響を及ぼすことになる。

図6-13　大船渡市(大船渡湾西岸、　図6-12　釜石市（釜石港・魚河岸付近、
　　　2011年4月17日撮影)　　　　　　　　　2011年4月17日撮影）

　2011年8月の視察においては、陸前高田市や気仙沼市周辺のいわゆる「気仙地域」で事業を営む経営者の話をうかがうことができた。当時、工場や店舗を被災した企業においては、再建の見通しが立たないだけでなく、従業員の雇用をどう維持するか苦慮していた様子が想起される。とりわけ、「二重ローン問題」[4]に象徴されるように、新規の融資を受けて事業を再開したとしても、旧融資を含めた借入金の返済をするだけの利益が確保できるのか、事業者にとっても厳しい選択が迫られていることを目の当たりにした。

　岩手県では、2012年度から毎年、夏と冬に「被災事業所復興状況調査」[5]を実施しており、直近では、第8回目の調査結果が公表されている。回答内容を概観すると、水産加工業を除く他の業種での再建が進んでいることがみてとれる。しかし、第1回の調査（2012年2月1日時点の状況）においては、対象事業所が3,150事業所あったものが、第8回の調査（2015年8月1日時点の状況）においては、対象事業所が2,113事業所にまで減少している。このこ

---

[4] 震災前からの返済中の債務がある状態で、新規に融資等の債務を背負う状態のことを意味する。個人の住宅ローンのほか、企業の事業資金などがこれに該当する。
[5] 同調査は、被災12市町村の商工会議所及び商工会の会員等で被災した事業所を中心とした事業所（既に廃業を把握している事業所は除く）を対象としており、調査項目としては、事業の再開状況、事業所の復旧状況、雇用の状況、業績の状況などが設定されている。

とから推測すると、3年半の間に少なくとも1,000を超える事業所が廃業している可能性が考えられ、事業再建の難しさをうかがわせる結果になっている。

（2）失業問題

　筆者が3月28日に大船渡市に赴いたのは、視察という理由だけでなく、勤務先の卒業を目前に控えた学生の内定先を訪問し、就職の可否を確認するためでもあった。震災後、にわかに「内定取消」という問題が危惧されたが、雇用の問題は新卒者に限ったことではなく、被災した企業に雇用されていた労働者や自営業者の失業問題を深刻化させることとなった。

　図6-13は、沿岸部の4ヶ所の公共職業安定所に登録した求職者数、求人数および求人倍率を示したものである。震災発生直後の3月から4月にかけては求職者数が2倍近くに増加している一方で、求人数は微増の状態であり、求人倍率は2011年4月に0.24倍と最低の数値となった。その後、年度替わりの時期（2～5月）に求人倍率が下がる傾向にあるが、2012年7月に1.0倍に達してからは1.0倍を下回ることがない状態で推移している。これは慢性的な人手不足の状態にあることを意味しているうえ、一定の求職者数が存在することから「雇用のミスマッチ」が起こっていることが推察される。また、年度替わりの時期に求人倍率が下がるところをみると、有期契約（期限付き）の求人が多いことをうかがわせ、被災地の失業者（求職者）必ずしも安定した雇用・就業の機会を得られていないことを示唆しているものといえる。

（3）避難生活者と復興を支える仮設商店街

　震災で大きな被害を受けた岩手・宮城・福島の3県のうち、応急仮設住宅（以下、仮設住宅）の建設等によりすべての県で避難所の閉鎖に漕ぎ着いたのは、2011年の10月末であった[6]。これにより、被災者はプライバシーが守られる居住地を得たことになるが、居住地の確保のみで生活が成り立つわけではなく、仮設住宅での避難生活をどのように支えていくか、ということが被災者の生活再建における当初の課題であった。これを支えたのが仮設商店街である。

---

[6]　岩手県では、2011年8月末に完了し、宮城県および福島県においても同年10月末までにすべての避難所が閉鎖された。

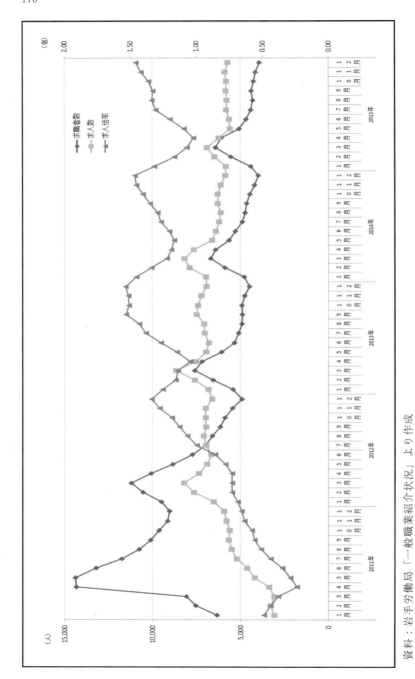

資料：岩手労働局「一般職業紹介状況」より作成

注：「沿岸部職業安定所」は、釜石、宮古、大船渡、久慈の職業安定所を指す。

図6-13 沿岸部職業安定所別求職者数・求人数および求人倍率（原数値）

第 6 章　東日本大震災にみる「想定」と生活保障の課題　171

　仮設商店街が果たしてきた役割はいくつかあげられるが、第 1 に、食料品や日用品などの生活物資の調達における利便性を確保したという点である。一般世帯においても、公共交通機関の被災や自家用車の喪失などにより移動手段が制約された場合も多かったが、移動可能範囲がより狭まる高齢者にとっては、買い物の利便性は生活基盤を支える重要な柱である。図 6-14 から図 6-16 に示したように、各地で仮設商店街の設営が進められてきた。こうした商店街の設営は、単なる生活物資の調達のための「市場機能」という側面だけでなく、第 2 の役割として、対面販売による会話の機会や来街者間の交流の場としての「コミュニティ機能」を高めた側面がある。しかし、大型店やチェーン店の出店が相次ぐなかで空き店舗もみられるようになっている（2015 年 11 月 15 日時点）。

図 6-14　山田町（なかよし公園商店街、2011 年 6 月 19 日撮影）

図 6-15　陸前高田市（高田自動車学校付近、2011 年 8 月 20 日撮影）

図 6-16　岩泉町（小本駅付近、2011 年 11 月 6 日撮影）

図 6-17　陸前高田市（未来商店街、2012 年 3 月 27 日撮影）　　図 6-18　大船渡市（夢商店街、2012 年 3 月 27 日撮影）

4．被災者の生活保障をめぐる課題

(1) 生活の場と生活費確保の課題

　既述のとおり、2015 年 12 月時点で全国に 182,000 人、岩手県内でも 23,525 人の避難者が存在している。災害救助法および建築基準法の規定の原則に従えば、仮設住宅の入居期限は 2 年までとなっているものの、特例として期限の延長がなされてきた。仮設住宅では、光熱水費以外の家賃はかからないため、当初は現役世代の被災者においても義援金や失業給付によって最低限の生活が維持できる状態にあった。しかし、義援金にも限りがあり、失業給付にも期限が定められているため、これらを失った後は、働くか他の福祉制度（例：生活保護制度）を利用するかの選択を余儀なくされる。ましてや、仮設住宅からの退去後には新たに住宅費が増加するため、雇用・就業機会の確保がなされなければ、人口流出を招く要因になるものと考えられる。既述のとおり、被災地の求人倍率は高く、統計上の数値だけをみると就業しやすい環境にあるものの、「不安定雇用」や「ミスマッチ」の問題が潜在化しているのであれば、「安定」と「マッチング」を得るための労働力移動が起こる可能性が否めない。

　一方、高齢者に目を向けると、年金生活者の住宅確保という課題が浮かび上がってくる。就業が徐々に困難になる高齢者にとっては、持家を再建するにしても、借家に住まうにしても、一定額の支出に耐えられるだけの預貯金や収入

（例：就業収入や年金）が必要となる。「阪神・淡路大震災」（1995年）においても高齢者の自立困難が問題となったように、農林漁業者の多いこの地域においては低年金者が少なくないものと考えられるため、仮設住宅退去後の住宅保障のあり方は、今後さらに重要な課題になってくるものと考えられる。

（2）医療・福祉サービスの確保

　次に、生活の再建に欠かせないのが、医療や福祉サービスの確保という点である。岩手県の沿岸部の市町村においては高齢化が進んでおり[7]、医療や介護のニーズは決して低くない。しかし、医療機関や高齢者福祉施設のなかにも被災しているところは少なくなく[8]、図6-19の岩手県立高田病院のような規模の大きい病院が被災している場合もある。

　地方においては、震災前から医療や福祉サービスの絶対量の不足が懸念されてきたが、震災によるサービス量の減少は、サービス不足に拍車をかけることにつながる。他地域からの応援によって補足がなされている側面はあるが、医療および福祉の担い手の確保がこの地域の復興には必要不可欠であるといえる。岩手県では、「岩手県保健・医療・福祉復興推進計画」（2012年2月9日に内閣総理大臣から認定）を策定し、沿岸部の被災地域における保健・医療・福祉の復興を推進してきた。実際に、表6-4に示したように、震災前の2010年から震災後の2012年にかけて、「病院」は19施設から17施設に、「一般診療所」

---

[7]　総務省「平成22年国勢調査」によると、65歳以上人口の割合は、岩手県全体で27.1％であるのに対して、沿岸部の12市町村の平均が32.2％となっている。また、高齢者のみの世帯（高齢者単身世帯＋高齢者夫婦世帯）の割合は、岩手県全体で19.0％であるのに対して、沿岸部の12市町村の平均が24.5％となっている。

[8]　岩手県保健福祉部の調べ（2011年9月1日現在）によると、気仙（陸前高田市・大船渡市・住田町）・釜石（釜石市・大槌町）・宮古（宮古市・山田町・岩泉町・田野畑村）保健医療圏における医療機関の被災状況は、病院が68.4％（13/19）、診療所が46.4％（52/112）、歯科診療所が55.0％（60/109）、調剤薬局が52.0％（52/100）となっている。このうち、再開および再開見込の率は、病院が100.0％（13/13）、診療所が76.9％（40/52）、歯科診療所が80.0％（48/60）、調剤薬局が61.5％（32/52）となっている。また、高齢者福祉施設の被災状況については、介護老人福祉施設が40.0％（8/20）、介護老人保健施設が77.8％（7/9）、地域密着型介護老人福祉施設が24.4％（11/45）、その他入所・居住系施設が66.7％（4/6）、居宅系サービス事業所が33.2％（109/328）となっている。このうち、再開および再開見込の率は、介護老人福祉施設が87.5％（7/8）、介護老人保健施設が85.7％（6/7）、地域密着型介護老人福祉施設が72.7％（8/11）、その他入所・居住系施設が75.0％（3/4）、居宅系サービス事業所が89.0％（97/109）となっている。

は151施設から143施設に、「歯科診療所」は111施設から94施設に減少していることからも、施設数の減少を食い止めるばかりでなく、人材の確保も同時に進められることが望まれる。

図 6-19　陸前高田市（岩手県立高田病院、2011 年 8 月 20 日撮影）

表 6-4　沿岸部の二次医療圏別にみた医療関連施設数

二次医療圏	病院		一般診療所		歯科診療所	
	2010 年	2012 年	2010 年	2012 年	2010 年	2012 年
気仙	3	3	45	38	29	21
釜石	6	5	26	25	24	17
宮古	6	5	51	48	36	33
久慈	4	4	29	32	22	23
計	19	17	151	143	111	94

注：「二次医療圏」については、「気仙」が陸前高田市・大船渡市・住田町、「釜石」が釜石市・大槌町、「宮古」が宮古市・山田町・岩泉町・田野畑村、「久慈」が久慈市・洋野町・普代村・野田村を範囲としている。

資料：岩手県医療政策室調べ

（3）聞き取り調査結果からみた復興と生活保障の課題に関する考察

a）調査の概要

一関市では、市内各地に被災者向けの仮設住宅（借上住宅等含む）を設置し、積極的に被災者支援を展開してきた。千厩地域においては、多数の被災者を受け入れてきた。なかでも、気仙沼市からの被災者の受け入れが多く、主要なものとしては、「仮設住宅」で 144 世帯 218 人、「雇用促進住宅」で 59 世帯 141 人、「民間賃貸住宅（県費無償借上）」で 66 世帯 171 人となっている（2012 年 6 月時点）。その後、多少の変動は起こっているものの、依然として多くの被災者が仮の生活を送っている（聞き取り調査時点で 228 世帯）。なかでも、旧千厩中学校の敷地内に建てられた応急仮設住宅の入居者の多くが高齢者であることから、見守り活動や生活支援などの必要性が生じ、この活動の拠点になっているのが、気仙沼市応急仮設住宅入居者等サポートセンター（以下、サポートセンター）である。サポートセンターの事業は、気仙沼市に拠点のあった「特定非営利活動法人なごみ」（以下、なごみ）が受託し、支援活動に取り組んでいる。本聞き取り調査（以下、調査）は、このサポートセンターの所長に対して 2012 年 12 月 10 日に実施したものである。

調査の趣旨としては、被災者の生活再建および被災地の復興支援のために求められることが何なのか、改めて検討することにあった。それは、震災発生から 1 年 9 ヶ月が経過し、政治の混乱などもあって被災地支援が硬直化の様相を呈しており、被災地の復興の遅延が被災者の生活に何らかの影響を及ぼしているのではないかと考えたからである。調査実施に向けて、当初は応急仮設住宅入居者にも簡易な調査を実施する予定であったが、サポートセンターでの調査で十分な情報が得られたことと、入居者の精神的な負担を考慮し、調査を見送ることにした。

サポートセンターへの調査については、①被災者支援を行うことになった経緯、②支援体制、③支援内容の経過、④入居者が直面している問題、⑤支援上の課題、⑥復興に求めるもの、といった内容である。倫理的な配慮としては、事前に調査への協力が強制でないこと、回答の有無を強制しないこと、さらに、入居者のプライバシーにかかわる点については守秘義務を遵守する旨の約束を交わした上で調査を実施している。

ｂ）現状および課題に対する認識

①被災者支援を行うことになった経緯

なごみは、震災前には主に、グループホーム、デイサービス、居宅介護、小規模多機能ホームなどの高齢者の介護事業を展開してきた。今回の震災を機に、気仙沼市で計4ヶ所のサポートセンターが設置されることとなり、市からの委託事業として受託した。もともと千厩町や室根町においてグループホーム事業を展開していたこともあり、職員の土地勘もあることから、違和感なく移行できた。

②支援体制

サポートセンター（旧千厩中学校応急仮設住宅）の人員は、看護師が1名、生活相談員が2名の3名体制となっている。主な事業内容としては、入居者の要望に合わせて個別訪問を行い、血圧測定などの健康調査、健康相談、集会所でのお茶会や映画鑑賞といったことを定期的に行っている。

また、メンタル面で問題を抱える入居者とのかかわりについては、当初は保健師や精神保健福祉士（心のケアセンター）などの専門職者とともに訪問するなど、ケースカンファレンスを開いたり、研修会のような形で学んだりする中で、ほぼすべての入居者を網羅的に支援する体制が確立している。

③支援内容の経過

調査時点での入居者の様子については、全般的に落ち着きをもっているという印象が聞かれた。当初は、被災者ばかりであったが、他県他市町村からの応援職員が同じ敷地内の仮設住宅に居住し始めたことで、高齢者ばかりでなく、多様な年代の入居者で構成されるようになり、一定の落ち着きが生まれたということである。

高齢者世帯が全体の4割を占めていることもあり、持病を抱えている入居者が多いことから、医療機関への定期的な受診支援も実施している。しかし、中にはかなり重い病状の入居者もいるため、「行きつけ」または専門の医療機関の近隣に転居していく入居者が出てくることもある。こうした経緯を経たことで、同サポートセンターが支援対象としている旧千厩中学校応急仮設住宅の入居者は、比較的健康状態がよく、地域住民による好意的な対応により地域社会とのかかわりも深まり、情緒的な落ち着きを維持していることがわかった。し

かし、個別にみていくと、単身者が全体の4分の1を占めており、孤立感を深めている入居者がいるほか、失業問題に直面している入居者もおり、万全の状態でないことはいうまでもない。

④入居者が直面している問題

入居者があげるもっとも多い相談は、住環境への適用問題と近隣住民間の些細なトラブルといったものであるという。応急仮設住宅は、あくまでも「仮設」であるため、壁の薄さからプライバシーが守られないといった相談は、どこの仮設住宅でも起こっている。しかし、独居で孤立感が強まっている高齢者の中には、近隣住民の生活音が聞こえることで孤立感を軽減させ、情緒的な安定を得ている入居者もいるという。この問題については、一長一短あり、その都度対応することで大きなトラブルへの発展を防がざるを得ない側面があるといえる。

次に、入居者が抱えている不安の中でもっとも大きいのが、気仙沼市の復興状況であるという。仮設住宅の入居期限が延長されたとはいえ、いずれ転居しなければならなくなるわけであるが、転居先がどこになるか、この点も入居者の階層性が左右しているものとうかがえた。なかにはすでに、新天地を求めて住宅を購入し、転居を済ませている人もいるという。しかし、こうした形に移行できない入居者は、復興公営住宅への転居を希望している場合が多く、いつ頃、どの地域に転居できるのか、先行きへの不安を抱いている人が多いという。

最後に、入居者の雇用・就業問題についてうかがってみたところ、調査時点で「10名以下」ではあるものの、求職者がいることがわかった。正確な把握ができていないのは、こうした点についての支援はプライバシーにかかわるため、入居者からの相談がない限り介入していないからである。しかし、数名とはいえ、求職者がいることを把握しているのは、公共職業安定所（ハローワーク）が週に一度、求人情報をサポートセンターに更新しに来ており、この求人情報を閲覧にくる入居者が「10名以下」程度いると推定している。入居者のなかには、仕事を求めて内陸の一関市内へ転居していくケースもあるなど、自立生活につながるほど、被災地からの人口流出が進む可能性があり、復興のあり方を考える上で雇用問題は重要な位置づけになってくるのではないかと考える。

なお、生活費等の収入に関する相談は、サポートセンターの支援に組み込まれていないことから、生活保護などの利用等については、市職員や弁護士会に相談している入居者もいるのではないかということであった。また、生活費の支出について、食糧に関しては、依然として地域住民（農業従事者）から米や野菜の差し入れが継続的になされていることもあり、他の地域の応急仮設住宅入居者よりも生活費負担が軽減されているのではないかということであった。

　c）今後に求められるもの
　①支援上の課題
　サポートセンター所長の話の行間を読むと、沿岸部の被災地に設営された応急仮設住宅入居者よりも内陸の応急仮設住宅入居者の方が、抱えているストレスが小さいのではないかという。その理由としては、第1に、津波によって破壊された街の景色をみる機会が少ないこと、第2に、現在居住する地域のコミュニティに少しずつ馴染んできていて、近所付き合いなどが形成されつつあることをあげられている。しかし、郷里である気仙沼市への帰還をめぐっては、入居者の中に温度差があるという。「生まれ育った」であるとか、「愛着がある」とか、理由は様々であるが、帰還への動機づけには、仕事などの生活の場があることや維持し続けたい人間関係（例：近所付き合いや子どもの学校）などがあることが関係しているのではないかという。実際に、千厩地域に居住地を確保し、ここでの新たな生活を再開している被災者もいるが、それには「生活の場」としての位置付けができているからではないかと考える。

　他の被災地域では、従来のコミュニティを維持するために、応急仮設住宅も被災前の近隣関係を維持したまま入居したケースも見受けられる。もちろん、個人の意思が尊重されるべきで、居住地を強制することは望ましいことではない。今後の被災者支援においては、個人の尊厳が重視されるのか、地域社会の存続が重視されるのか、難しい選択が迫られるのではないかと予想される。

　②復興に求めるもの
　復興に向けた取り組みは、自治体単位で試行錯誤がなされている。その復興計画については、自治体ごとに被災状況が異なるため、一概に何かを提案するような形は相応しくない。ましてや、各自治体の状況を綿密に把握しているわ

けではなく、画一的な取り組みがなされることで、「地域特性」が失われるのであれば、なおさらである。よって、以下は、サポートセンター所長の復興に向けて期待したいことを逐語で掲載する。

　私自身も経験したなかで、やはり被災はしてもプライドってあるんですよね。自立したいと思いながらできない部分とかもあるので、与えられて嬉しい時期もあるんですけど、後は本当に見守ってもらいたい時期とか、そうでない時にはそうでないよって言って頂ける優しさっていうんですかね。言いづらいとは思うんですけど、そこの部分をたぶん、なかにいるからそう言えるのかもしれないんですが、必ずしも全てを与えられてからといって満足はしていないといいますか、満足するためにはやはり自分も動かないと満足はできないので、そのプロセスですかね。気持は嬉しくいただくんですけど、支援っていうのは本当に言葉でも物でだけでもないので……もしかしたら、被災者の中からは言えないでいるところもあるかなっていうのは、その人それぞれがプライドを持っていて、一律ではないっていうところでね。

5．むすび

　本章の考察は、ハザードマップ等を作成してきた行政機関の落度を指摘することを目的としたわけではなく、われわれが「生活上の安全」をどこまで求めて社会の仕組みを構想し、どの程度の「生活上の危険」を許容できるか、ということを再確認するためにおこなったものである。岩手県が公表している「岩手県津波浸水予測図」においても、「明治29年三陸沖地震津波」および「昭和8年三陸沖地震津波」の規模を「想定」して作成されているが、前例に倣えば、今後は今回の震災が再発することを「想定」したハザードマップを作り替えることになるであろう。さらに、復興計画においては、高台など安全な場所への居住地の移転が促されることになることが予想される。大きなリスクを背負わないためには、今、先行投資しておくことも必要であるが、公私の財政・家計の厳しさに鑑みると、極端な安全志向が望めない状況にある。社会の仕組みを

考える上で、「想定できる枠組み」と「想定できない事象」とをどう組み合わせていくのかが、われわれに投げかけられた課題なのではないかと考える。

　こうした「安心して暮らせる」居住環境の整備が進められる一方で、被災した沿岸地域における人口減少が顕著な形であらわれてきている。これには、生活の維持を困難にさせるような「生活問題」や「貧困問題」が被災地域の人々を追い詰めている可能性が考えられる。次章では、岩手県の沿岸被災地の事例を中心に、いくつかの調査資料等を用いて貧困・生活問題に関する課題の考察を分析的に試みる。

参考文献

宮寺良光（2012）「自然災害の発生にみる「想定」と生活保障の課題―岩手県沿岸部の被災地を視察して―」日本社会福祉系学会連合・東日本大震災復興対応委員会『研究活動報告書』

宮寺良光（2013）「被災地における貧困・生活問題の現状分析」日本社会福祉系学会連合・東日本大震災復興対応委員会『研究活動報告書』

宮寺良光（2015）「東日本大震災後の沿岸被災地における生活問題の変遷過程」鷲谷徹編著『変化の中の国民生活と社会政策の課題（中央大学経済研究所研究叢書62)』中央大学出版部

社会政策学会編（2013）『社会政策（社会政策学会誌）第4巻、第3号』ミネルヴァ書房

第7章　東日本大震災後の沿岸被災地における人口減少と貧困問題の分析
—岩手県の状況を中心に—

1．はじめに

　東日本大震災（以下、震災）の発生から5年が経過したが、「5年間」という時間の経過を考えると、被災地における復興が順調に進んでいるとは考えにくい。「円安」と「デフレ脱却」を基調とする経済政策によって資材価格が上昇するばかりでなく、2020年開催予定の東京オリンピックに向けた整備事業によって建設工賃が高い首都圏に労働力が移転し、被災地が置き去りにされている感が否めない。このような事情が少なからず関係しているものと考えられるが、依然として全国に18万人を超える避難者（2015年12月時点）が存在しており、被災者の生活再建には、まだ長い道のりが待っているものと懸念される。

　こうした状況の一方で、被災地域からの人口減少が顕著な形であらわれてきている。岩田（2012）が、「貧困は、今のところ被災地で『あぶり出され』ないまま、（中略）広範な地域移動のなかに拡散していく気配を見せている。集団避難のような形を取らない場合、それらは災害による貧困ではなく、個別的なものとして沈下していく可能性がある」と述べているように、生活再建が困難な状態にある被災者ほど、他地域への移動を余儀なくされている可能性が考えられる。直接的な被災者[1]については、震災発生後に一時的な避難のために居住地を離れることがあることはやむを得ないにしても、居住地への帰還が困難になるということは、元の居住地での生活再建が困難な条件にあるか、精神的な苦痛によって帰還が困難な状態にあることを意味するものといえる。また、間接的な被災者[2]についても、居住地などの生活空間は維持されたもの

---

[1]　本書では、沿岸被災地において津波によって個人（経営者の場合には、法人所有を含む）が所有する居住地や従業地などの生活または就業の場を全壊または著しい損壊によって喪失した人々を「直接的被災者」と呼ぶこととする。

[2]　本書では、沿岸被災地において津波によって、直接的な被災をしていないものの、従業地や施設（例：商業施設、医療や福祉など）が被災し、就業機会や生活資源を喪失した人々を「間接的被災者」と呼ぶこととする。

の、就業の場や消費生活の場といった生活資源を喪失し、他の地域への移住が余儀なくされることを意味するものといえる。いずれの場合においても、人口の流出は、地域社会の存続を困難にするものであり、インフラの整備のみならず、生活資源も同時に復興につなげていく必要があるものと考える。

　以上の問題意識から、本章では、沿岸被災地における人口減少の問題と「貧困問題」[3] との関連性に着目して分析を試み、被災地の復興に向けた課題を検討する。貧困問題に関しては、震災発生以前から生じていたものと、震災によって加速化あるいは新たに生じたものとに大別されるものと考えられる。被災地住民の生活が成り立たなければ、人口流出を促すか、生活保護をはじめとする福祉への依存度が高まる可能性があり、地域社会そのものの存続が危ぶまれるため、こうした問題の歯止めにつながるよう課題を考察する。

2．沿岸 12 市町村における人口変動の状況

（1）震災前の人口変動

　表 7-1 は、沿岸 12 市町村の人口動態について、1990 年から 2010 年までのものを示したものである。まず、「沿岸計」をみてみると、人口の逓減がみられる。また、この 20 年間に 6.4 万人、率にして約 2 割の人口減少が起こっていることがわかる。次に、市町村別でみてみると、顕著な人口減少を示しているのが、「岩泉町」（-29.4%）、「釜石市」（-25.1）であり、逆に緩やかなのが、「野田村」（-11.5%）、「久慈市」（-13.5%）、「陸前高田市」（-14.6%）、「大船渡市」（-15.2%）などである。

　次に、人口動態を年齢階級別にみていくが、表 7-2 は、沿岸 12 市町村の年齢階級別にみた人口動態について示したものである。「沿岸計」の増減率（1990-2010 年）をみてみると、「総数」では-18.9%となっているのに対して、「15 歳未満」が-48.4%、「15〜39 歳」が-40.6%、「40〜64 歳」が-22.6%となっており、児童と稼働年齢層の減少が著しいことがわかる。これに対して、「65 歳以上」は+69.3%となっており、高齢者人口の増加も著しくなっている

---

[3]　本章では、「貧困問題」の定義を抽象的であるが、「ある一定の基準よりも生活水準が下回っている状態が起因する諸問題」として用いることとする。

第7章 東日本大震災後の沿岸被災地における人口減少と貧困問題の分析　183

表 7-1　沿岸 12 市町村の人口動態

	1990 年	1995 年	2000 年	2005 年	2010 年	1990-2010
宮古市	72,890	69,604	66,778	63,571	59,430	-13,460
	—	-4.5	-4.1	-4.8	-6.5	-18.5
大船渡市	48,026	46,311	44,955	43,236	40,737	-7,289
	—	-3.6	-2.9	-3.8	-5.8	-15.2
久慈市	42,644	41,720	40,223	38,958	36,872	-5,772
	—	-2.2	-3.6	-3.1	-5.4	-13.5
陸前高田市	27,273	25,920	25,258	24,616	23,300	-3,973
	—	-5.0	-2.6	-2.5	-5.3	-14.6
釜石市	52,808	49,284	46,477	43,071	39,574	-13,234
	—	-6.7	-5.7	-7.3	-8.1	-25.1
大槌町	19,175	18,387	17,352	16,526	15,276	-3,899
	—	-4.1	-5.6	-4.8	-7.6	-20.3
山田町	23,270	21,890	21,094	20,068	18,617	-4,653
	—	-5.9	-3.6	-4.9	-7.2	-20.0
岩泉町	15,307	13,799	12,706	11,835	10,804	-4,503
	—	-9.9	-7.9	-6.9	-8.7	-29.4
田野畑村	4,963	4,762	4,549	4,159	3,843	-1,120
	—	-4.0	-4.5	-8.6	-7.6	-22.6
普代村	3,856	3,813	3,588	3,366	3,088	-768
	—	-1.1	-5.9	-6.2	-8.3	-19.9
野田村	5,233	5,143	5,054	4,896	4,632	-601
	—	-1.7	-1.7	-3.1	-5.4	-11.5
洋野町	22,423	21,607	20,456	19,242	17,913	-4,510
	—	-3.6	-5.3	-5.9	-6.9	-20.1
沿岸計	337,868	322,240	308,490	293,544	274,086	-63,782
	—	-4.6	-4.3	-4.8	-6.6	-18.9

注：上段が人口（単位：人）で、下段が増減率（単位：%）となっている。

資料：岩手県「岩手県人口移動報告年報」

表 7-2　沿岸 12 市町村の

市町村名	1990 年					20	
	総数	15 歳未満	15〜39 歳	40〜64 歳	65 歳以上	総数	15 歳未満
宮古市	72,890	13,601	21,656	26,906	10,727	59,430	7,230
大船渡市	48,026	8,629	14,626	17,868	6,903	40,737	4,834
久慈市	42,644	9,269	14,157	13,744	5,474	36,872	5,211
陸前高田市	27,273	5,047	7,493	9,761	4,972	23,300	2,732
釜石市	52,808	9,103	14,377	20,610	8,718	39,574	4,436
大槌町	19,175	3,737	5,471	7,107	2,860	15,276	1,749
山田町	23,270	4,414	6,621	8,614	3,621	18,617	2,329
岩泉町	15,307	2,852	4,040	5,741	2,674	10,804	1,121
田野畑村	4,963	1,031	1,401	1,713	818	3,843	455
普代村	3,856	795	1,192	1,304	565	3,088	356
野田村	5,233	1,141	1,653	1,615	824	4,632	526
洋野町	22,423	4,899	6,965	7,558	3,001	17,913	2,292
沿岸計	337,868	64,518	99,652	122,541	51,157	274,086	33,271

資料：岩手県「岩手県人口移動報告年報」

ことがわかる。

　「15 歳未満」や「15〜39 歳」の世代は、いわゆる「少子化」が懸念されてきた世代であるため、出生数あるいは出生率が低下していることに加えて、親世代の移転に従属している可能性が高いことが著しい減少を促している要因になっているものと考えられる。これに対して、高齢者人口は、いわゆる「団塊世代」が高齢期に入ってきた時期であることに加え、寿命の伸長が高齢者人口の増加を促しているものと考えられる。

　また、市町村別にみると、「15 歳未満」で減少が著しいのが、「岩泉町」（-60.7%）、「田野畑村」（-55.9%）、「普代村」（-55.2%）などとなっており、「15〜39 歳」でも、「岩泉町」（-54.2%）、「田野畑村」（-48.6%）、「普代村」（-45.8%）などが高い減少率を示している。

年齢階級別にみた人口動態

単位：人、％

10 年			増減率（1990-2010 年）				
15～39 歳	40～64 歳	65 歳以上	総数	15 歳未満	15～39 歳	40～64 歳	65 歳以上
13,139	20,653	18,363	-18.5	-46.8	-39.3	-23.2	71.2
9,246	14,013	12,552	-15.2	-44.0	-36.8	-21.6	81.8
9,039	12,904	9,718	-13.5	-43.8	-36.2	-6.1	77.5
4,645	7,796	8,125	-14.6	-45.9	-38.0	-20.1	63.4
7,848	13,511	13,772	-25.1	-51.3	-45.4	-34.4	58.0
3,165	5,414	4,948	-20.3	-53.2	-42.1	-23.8	73.0
3,981	6,380	5,927	-20.0	-47.2	-39.9	-25.9	63.7
1,850	3,749	4,084	-29.4	-60.7	-54.2	-34.7	52.7
720	1,367	1,301	-22.6	-55.9	-48.6	-20.2	59.0
646	1,113	973	-19.9	-55.2	-45.8	-14.6	72.2
1,053	1,660	1,393	-11.5	-53.9	-36.3	2.8	69.1
3,819	6,335	5,467	-20.1	-53.2	-45.2	-16.2	82.2
59,151	94,895	86,623	-18.9	-48.4	-40.6	-22.6	69.3

（２）震災後の人口変動

　表7-3は、岩手県沿岸12市町村の人口動態（震災後）について半期ごと（一部四半期）に示したものである。2011年3月から2015年12月の人口動態をみると、「沿岸計」では、22,009人が減少している。内訳をみると、震災の津波による被害の大きかった沿岸南部の市町村（陸前高田市、大船渡市、釜石市、大槌町、山田町）の人口減少が著しく、「自然増減」の数値から震災の犠牲者が多数に及んだことがわかる。一方で、「社会増減」をみても、津波による被害の大きかった市町村では減少数が多くなっており、震災による生活基盤の喪失がうかがえる。このような人口流出の背景には、居住地や就業機会の喪失など、貧困問題との因果関係が推察される。また、人口減少が恒常的に進んでいることから、貧困問題へと発展しかねない生活問題に直面している人々が存在する可能性ことも推察される。

表 7-3　岩手県沿岸 12 市

市町村	項目	2011.3	2011.9	2012.3	2012.9	2013.3
宮古市	人口総数	59,229	57,965	57,880	57,231	57,032
	自然増減	－	-466	-234	-182	-255
	社会増減	－	-291	-247	-130	-338
大船渡市	人口総数	40,579	39,114	39,047	38,912	38,865
	自然増減	－	-301	-27	-93	-168
	社会増減	－	-418	-149	85	-133
久慈市	人口総数	36,789	36,540	36,427	36,244	36,141
	自然増減	－	-59	1	-57	-107
	社会増減	－	-85	-226	76	-164
陸前高田市	人口総数	23,221	20,361	19,998	19,725	19,615
	自然増減	－	-1,739	-28	-83	-101
	社会増減	－	-1,164	-121	-70	-33
釜石市	人口総数	39,399	37,326	37,211	36,866	36,643
	自然増減	－	-749	-23	-168	-207
	社会増減	－	-618	-237	31	-192
大槌町	人口総数	15,222	12,834	12,445	12,231	12,097
	自然増減	－	-1,262	-22	-54	-55
	社会増減	－	-1,236	-31	-121	-141
山田町	人口総数	18,506	16,923	16,726	16,413	16,291
	自然増減	－	-493	-23	-61	-85
	社会増減	－	-586	-125	-111	-104
岩泉町	人口総数	10,708	10,593	10,483	10,354	10,269
	自然増減	－	-83	-15	-69	-87
	社会増減	－	39	-55	-6	-54
田野畑村	人口総数	3,838	3,750	3,714	3,689	3,652
	自然増減	－	-27	0	-25	-17
	社会増減	－	-28	-12	14	-39
普代村	人口総数	3,065	3,016	3,007	2,985	2,976
	自然増減	－	-17	-5	-7	-25
	社会増減	－	-12	-7	-2	7
野田村	人口総数	4,606	4,448	4,440	4,383	4,362
	自然増減	－	-15	-2	-9	-17
	社会増減	－	-68	-26	-26	-5
洋野町	総数	17,775	17,560	17,481	17,291	17,224
	自然増減	－	-70	-10	-55	-54
	社会増減	－	-48	-76	-60	-87
沿岸計	人口総数	272,937	260,430	258,859	256,324	255,167
	自然増減	－	-5,281	-185	-863	-1,178
	社会増減	－	-4,515	-1,430	-320	-1,283

注 1：陸前高田市の 2011 年 3 月から同年 8 月までの移動のデータは同年 9 月に，大槌
注 2：数値は各月 1 日時点の人口である。
注 3：「社会増減」および「自然増減」について，「外国人増減」および「帰化」の数
資料：岩手県「岩手県毎月人口推計速報」より作成

町村の人口動態（震災後）

単位：人

2013.9	2014.3	2014.9	2015.3	2015.9	2015.12	増減数累計
56,503	56,293	55,882	55,517	55,041	56,503	-2,726
-165	-237	-173	-302	-192	-118	-2,324
74	-302	70	-288	-44	-10	-1,506
38,674	38,587	38,449	38,346	38,010	38,010	-2,569
-143	-162	-98	-160	-118	-85	-1,355
109	-150	123	-66	-97	-15	-711
35,916	35,786	35,512	35,394	35,141	35,622	-1,167
-97	-142	-47	-96	-81	-42	-727
95	-222	-12	-164	-58	20	-740
19,513	19,436	19,367	19,247	19,105	19,752	-3,469
-83	-111	-96	-102	-79	-44	-2,466
4	-24	33	-62	2	24	-1,411
36,271	36,105	35,859	35,604	35,308	36,741	-2,658
-180	-205	-191	-241	-187	-103	-2,254
-35	-178	126	-225	41	3	-1,284
11,923	11,807	11,696	11,623	11,548	11,723	-3,499
-39	-57	-49	-64	-33	-30	-1,665
-81	-86	-24	-55	-25	11	-1,789
16,131	16,025	15,913	15,779	15,581	15,796	-2,710
-55	-79	-45	-93	-77	-50	-1,061
-43	-80	-22	-118	-61	-16	-1,266
10,102	9,984	9,818	9,729	9,621	9,803	-905
-61	-108	-85	-62	-69	-45	-684
-43	-88	-18	-67	-20	12	-300
3,605	3,577	3,540	3,507	3,478	3,453	-385
-16	-10	-18	-30	-26	-10	-179
-23	-28	-10	9	-20	-3	-140
2,948	2,935	2,914	2,899	2,861	2,786	-279
-11	-21	-12	-6	-21	-10	-135
-12	3	-16	-31	9	-4	-65
4,335	4,282	4,238	4,229	4,195	4,114	-492
-16	-37	-5	-17	-2	-15	-135
-12	-22	-36	-8	-10	2	-211
16,975	16,873	16,590	16,525	16,365	16,625	-1,150
-81	-79	-81	-82	-72	-47	-631
-112	-128	-83	-55	-61	-43	-753
252,896	251,690	249,778	248,399	246,254	250,928	-22,009
-947	-1,248	-900	-1,255	-957	-599	-13,413
-79	-1,305	131	-1,130	-344	-19	-10,294

町の 2011 年 3 月から同年 7 月までの移動のデータは同年 8 月に計上している。

値は除外している。

（3）人口変動に関する仮説的示唆

　前章において労働市場の状況について概観したが、求人倍率だけをみると、震災以前は就業しにくい状況にあって多くの現役世代が就業先を求めて他地域へと移住していったものと考えられる。しかし、震災以後のしばらくの間は厳しい状況にあったものの、震災発生から1年後くらいには求人倍率が1倍を上回るようになり、就業しやすい環境が維持されてきたといえる。しかし、その後も人口減少が続き、多少の上下があるとはいえ、「社会増減」の減少が恒常化していることを考えると、給与面の問題や雇用契約のあり方、さらには求人側の職種と求職者の技能や希望とのミスマッチが起こっている可能性が考えられる。

　こうした状況とは逆に、生活保護等の社会保障・社会福祉制度の利用によって生活を営んでいる被災者が存在する可能性も考えられるため、以下では、生活保護の受給動向について概観していくこととする。

２．沿岸 12 市町村における生活保護の受給動向

（1）震災前の受給動向

　表 7-4 は、沿岸 12 市町村の生活保護受給率（以下、保護率）について、1990年から 2010 年までのものを示したものである。まず、「沿岸計」をみてみると、「県計」よりも 3〜5‰ポイント上回る形で推移してきた。次に、市町村別（2010年）にみてみると、平均よりも極端に高いのが、「岩泉町」（27.99‰）、「大槌町」（18.62‰）、やや高いところで、「宮古市」（16.31‰）、「釜石市」（12.42‰）となっている。一方、極端に低いのが、「大船渡市」（5.11‰）、「陸前高田市」（6.96‰）、やや低いところで「普代村」（9.13‰）、「田野畑村」（10.20‰）となっている。

　前項の震災前の人口変動も踏まえると、保護率が高い地域ほど人口減少率が高くなる傾向がみられる。生活保護の受給がその国や地域の貧困状態をすべてあらわすものではない[4]が、図 7-1 に沿岸 12 市町村の保護率と人口増減率と

---

[4]　捕捉率の問題を考慮すると、生活保護の受給動向が必ずしも貧困を測定する指標にはならないが、被災地における貧困の程度を計る1つの指標として用いることとする。

第7章　東日本大震災後の沿岸被災地における人口減少と貧困問題の分析　189

表 7-4　沿岸 12 市町村の生活保護受給率（保護率）

単位：‰

	1990 年	1995 年	2000 年	2005 年	2010 年
宮古市	14.41	11.07	10.85	13.75	16.31
	—	-3.34	-0.22	2.90	2.56
大船渡市	4.86	2.695	2.84	4.49	5.11
	—	-2.17	0.15	1.65	0.62
陸前高田市	2.21	2.6	4.14	4.64	6.96
	—	0.39	1.54	0.50	2.32
釜石市	8.41	5.68	6.85	11.69	15.34
	—	-2.73	1.17	4.84	3.65
久慈市	17.81	11.165	7.97	10.09	12.42
	—	-6.65	-3.20	2.12	2.33
大槌町	16.62	14.46	13.85	17.69	18.62
	—	-2.16	-0.61	3.84	0.93
山田町	11.77	9.19	10.85	14.62	15.92
	—	-2.58	1.66	3.77	1.30
岩泉町	11.77	9.19	10.85	28.13	27.99
	—	-2.58	1.66	17.28	-0.14
田野畑村	9.21	6.91	8.62	13.23	10.20
	—	-2.30	1.71	4.61	-3.03
野田村	14.18	5.21	7.49	7.82	11.25
	—	-8.97	2.28	0.33	3.43
普代村	13.29	9.89	10.08	9.9	9.13
	—	-3.40	0.19	-0.18	-0.77
洋野町	20.85	12.48	11.84	11.25	12.80
	—	-8.37	-0.64	-0.59	1.55
沿岸計	12.12	8.38	8.85	12.28	13.50
	—	-3.74	0.47	3.42	1.23
県　計	7.19	5.22	5.29	7.71	10.81
	—	-1.97	0.07	2.42	5.09

注1：2005 年以前（市町村合併）のものは、現在の市町村に変換している。いずれも、各年度の1ヶ月当たり平均として公表されているものを再計算しているため、実測値から計算したものとは数値が異なる場合もある。

注2：上段が人口で、下段が増減率となっている。

資料：岩手県保健福祉部地域福祉課「岩手県の生活保護」より作成

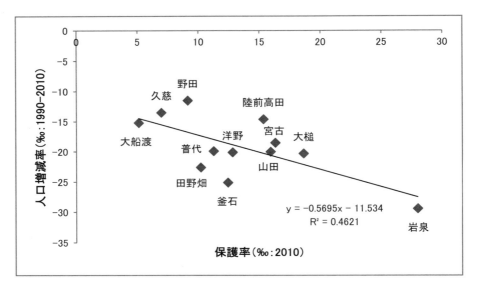

資料：岩手県「岩手県人口移動報告年報」および岩手県保健福祉部地域福祉課「岩手県の生活保護」より作成

図7-1　沿岸12市町村の人口増減率と保護率の散布図

の相関関係について示してみたところ、相関係数は 0.6789（5％未満水準で有意）となっており、何らかの相関関係があることを示している。震災後も被災地における人口減少は恒常的に進んでいるが、その因果関係について以下でみていくこととする。

（2）震災後の生活保護受給動向

表 7-5 は、沿岸 12 市町村の生活保護受給動向（震災前後）について示したものである。

まず、「沿岸計」をみてみると、「保護率」は 2010 年度の 13.50‰に比べれば 2013 年度の 12.02‰という数値は下がっていることになる。しかし、2010 年度から 2012 年度にかけて低下する傾向を示していたが、2012 年度から 2013 年度にかけて上昇に転じている。また、市町村別に前年度比でみてみると、上昇している市町村は、2012 年度で 5 市町村、2013 年度で 8 市町村となってお

り、雇用保険関連のフォーマルな給付（求職者給付や雇用調整助成金等）の終了や震災後のインフォーマルな支援（義援金等）の終息によって生活問題から貧困問題へと転換してきていること意味しているのではないかと考える。これは以前から予期していたことである[5]が、「揺り戻し」がはじまっていることが懸念される。しかし、「被保護人員」や「被保護世帯」をみると、「沿岸計」では震災前の2010年度に比べれば対象が減少しており、楽観的な見方ができなくはない。しかし、市町村別にみると、「被保護人員」も「被保護世帯」も増加に転じているところがあるため、担当する福祉行政や現場の福祉事務所においても「揺り戻し」の現実を肌で感じざるを得ないのではないかと考える[6]。

　こうした状況が人口減少を引き起こしているのであるとするならば、震災前と同様に、保護率との因果関係があるのではないかと考える。図7-2は、沿岸12市町村の震災後における人口の社会増減数と被保護人員の増減数を散布図に示したものである。相関係数は0.8480（1％未満水準で有意）となっており、生活保護の受給者数が大きく減少している地域では転出による人口減少（社会減）も著しく起こっているということである。比較に無理はあるが、震災前のように貧困問題が人口減少を促す構造とは異なり、震災後、他地域に転出した住民のなかに生活保護受給者も多く含まれていたのではないかと推察される。それは、津波に被災して居住地を喪失した人々が生活の場を確保するために他の地域に避難したということが主たる要因であると考えられるが、生活保護受給者のなかにも被災して義援金等を受給した結果、生活保護が廃止となり、義援金等の収入を投下して他地域に転出した、という仮説的な見方が1つである。

　この仮説を検証すべく、以下では、生活保護の開始・廃止理由について分析を試みることとする。

---

[5]　拙稿（2013：52）において、「震災によって生活保護受給者の減少が起こったものの、これらは、家賃等がかからない応急仮設住宅等に入居し、義援金等が配分され、支援物資等が提供されている状態において起こった現象であるもの考える。こうした支援活動は、いずれ終焉を迎えるわけであり、終焉に向けた過程で再び生活保護に至る被災者があらわれてくることが予測される」と述べている。

[6]　2013年度中のことであるが、沿岸部の被災地で生活保護の地区担当員をしている職員2名（1名が県職員で町村部の担当、もう1名が市部の担当）から偶然に話を聞く機会があり、その際に、「最近、相談者が増えてきている」、「（自身が）担当するケースが増えてきている」と話していたことが印象的であった。

表 7-5　沿岸 12 市町村の生活保護

	保護率（‰）				被保護	
	2010 年度	2011 年度	2012 年度	2013 年度	2010 年度	2011 年度
宮古市	16.31	16.16	15.79	17.32	976	956
	—	-0.15	-0.37	1.53	—	-2.0
大船渡市	5.11	4.37	4.19	3.97	211	178
	—	-0.74	-0.18	-0.22	—	-15.6
釜石市	15.34	13.49	12.31	12.75	460	455
	—	-1.85	-1.18	0.44	—	-1.1
陸前高田市	6.96	5.35	5.67	5.29	163	124
	—	-1.61	0.32	-0.38	—	-23.9
久慈市	12.42	12.41	11.92	12.26	613	530
	—	-0.01	-0.49	0.34	—	-13.5
大槌町	18.62	10.33	7.01	8.53	290	158
	—	-8.29	-3.32	1.52	—	-45.5
山田町	15.92	13.55	11.88	12.34	328	254
	—	-2.37	-1.67	0.46	—	-22.6
岩泉町	27.99	27.42	28.39	28.55	302	293
	—	-0.57	0.97	0.16	—	-3.0
田野畑村	10.20	12.97	13.86	12.31	39	50
	—	2.77	0.89	-1.55	—	28.2
野田村	11.25	9.62	7.44	7.23	35	30
	—	-1.63	-2.18	-0.21	—	-14.3
普代村	9.13	7.81	9.43	9.72	43	36
	—	-1.32	1.62	0.29	—	-16.3
洋野町	12.80	12.92	13.49	13.94	234	232
	—	0.12	0.57	0.45	—	-0.9
沿岸計	13.50	12.20	11.78	12.02	3,694	3,296
	—	-1.30	-0.42	0.24	—	-10.8

　注：上段が人口で、下段が増減ポイント（保護率）および増減率％（被保護
資料：岩手県保健福祉部地域福祉課「岩手県の生活保護」より作成

受給動向（震災前後）

員（人）		被保護世帯数（世帯）			
2012 年度	2013 年度	2010 年度	2011 年度	2012 年度	2013 年度
915	888	721	710	690	676
-4.3	-3.0	—	-1.5	-2.8	-2.0
164	155	158	138	128	124
-7.9	-5.5	—	-12.7	-7.2	-3.1
459	470	432	378	336	350
0.9	2.4	—	-12.5	-11.1	4.2
115	104	114	92	88	83
-7.3	-9.6	—	-19.3	-4.3	-5.7
435	444	342	346	333	338
-17.9	2.1	—	1.2	-3.8	1.5
89	104	191	111	68	80
-43.7	16.9	—	-41.9	-38.7	17.6
201	202	219	167	130	138
-20.9	0.5	—	-23.7	-22.2	6.2
300	295	202	209	217	216
2.4	-1.7	—	3.5	3.8	-0.5
52	45	33	35	37	35
4.0	-13.5	—	6.1	5.7	-5.4
33	32	28	24	24	23
10.0	-3.0	—	-14.3	0.0	-4.2
28	29	30	26	23	24
-22.2	3.6	—	-13.3	-11.5	4.3
237	241	164	165	173	175
2.2	1.7	—	0.6	4.8	1.2
3,028	3,009	2,634	2,401	2,247	2,262
-8.1	-0.6	—	-8.8	-6.4	0.7

人員、被保護世帯数）となっている。

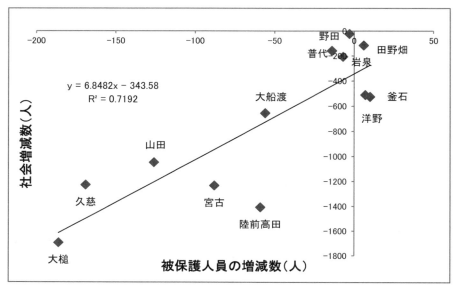

注:「社会増減数(人)」は、2011年3月から2014年3月までの数値を用いている。
資料:岩手県「岩手県人口移動報告年報」および岩手県保健福祉部地域福祉課「岩手県
　　の生活保護」より作成

図 7-2　沿岸 12 市町村における震災後の人口の社会増減数と被保護人員の増減の散布図

(3) 震災後の生活保護の開始・廃止状況

　表 7-6 および表 7-7 は、岩手県沿岸 12 市町村の生活保護の開始状況および廃止状況(震災前後)について示したものである。

　まず、開始状況と廃止状況の「総数」についてみてみると、「沿岸計」では、2010 年度から 2011 年度にかけて、「開始」が 340 件から 253 件に減少しているのに対して、「廃止」が 270 件から 671 件に増加している。しかし、2011 年度から 2013 年度にかけて、「沿岸計」では、「開始」が 253 件から 282 件に増加し、「廃止」が 671 件から 295 件に減少している。2013 年度では「開始」の「総数」を「廃止」の「総数」が上回っているが、「開始」数が増加する傾向を示しているのに対して「廃止」数が減少する傾向を示していけば、生活保護受給世帯が増加していくことになり、自ずと保護率の上昇につながっていく可

表 7-6　岩手県沿岸実施機関の生活保護の開始状況（震災前後）

実施機関	開始状況	2010 年度		2011 年度		2012 年度		2013 年度	
宮古市	総数	87	100.0%	59	100.0%	71	100.0%	60	100.0%
	傷病	26	29.9%	21	35.6%	22	31.0%	18	30.0%
	勤労収入の減等	13	14.9%	15	25.4%	15	21.1%	15	25.0%
	不労収入の減等	2	2.3%	11	18.6%	6	8.5%	4	6.7%
	主の死別離別等	3	3.4%	1	1.7%	2	2.8%	7	11.7%
	その他	43	49.4%	11	18.6%	26	36.6%	16	26.7%
大船渡市	総数	14	100.0%	14	100.0%	29	100.0%	17	100.0%
	傷病	5	35.7%	2	14.3%	6	20.7%	3	17.6%
	勤労収入の減等	5	35.7%	8	57.1%	3	10.3%	0	0.0%
	不労収入の減等	3	21.4%	4	28.6%	8	27.6%	0	0.0%
	主の死別離別等	0	0.0%	0	0.0%	0	0.0%	1	5.9%
	その他	1	7.1%	0	0.0%	12	41.4%	13	76.5%
陸前高田市	総数	20	100.0%	8	100.0%	11	100.0%	11	100.0%
	傷病	5	25.0%	1	12.5%	3	27.3%		0.0%
	勤労収入の減等	8	40.0%	2	25.0%	0	0.0%	4	36.4%
	不労収入の減等	0	0.0%	1	12.5%	1	9.1%	1	9.1%
	主の死別離別等	2	10.0%	1	12.5%	0	0.0%	2	18.2%
	その他	5	25.0%	3	37.5%	7	63.6%	1	9.1%
釜石市	総数	63	100.0%	55	100.0%	72	100.0%	52	100.0%
	傷病	16	25.4%	17	30.9%	14	19.4%	8	15.4%
	勤労収入の減等	16	25.4%	15	27.3%	12	16.7%	5	9.6%
	不労収入の減等	11	17.5%	4	7.3%	5	6.9%	4	7.7%
	主の死別離別等	4	6.3%	6	10.9%	0	0.0%	4	7.7%
	その他	16	25.4%	13	23.6%	41	56.9%	31	59.6%
久慈市	総数	44	100.0%	33	100.0%	28	100.0%	33	100.0%
	傷病	20	45.5%	16	48.5%	11	39.3%	14	42.4%
	勤労収入の減等	5	11.4%	4	12.1%	2	7.1%	3	9.1%
	不労収入の減等	12	27.3%	7	21.2%	12	42.9%	12	36.4%
	主の死別離別等	3	6.8%	1	3.0%	2	7.1%	2	6.1%
	その他	4	9.1%	5	15.2%	1	3.6%	2	6.1%
釜石局	総数	28	100.0%	10	100.0%	30	100.0%	30	100.0%
	傷病	11	39.3%	2	20.0%	4	13.3%	7	23.3%
	勤労収入の減等	8	28.6%	0	0.0%	3	10.0%	1	3.3%
	不労収入の減等	1	3.6%	5	50.0%	20	66.7%	17	56.7%
	主の死別離別等	2	7.1%	1	10.0%	0	0.0%	1	3.3%
	その他	6	21.4%	2	20.0%	3	10.0%	4	13.3%
宮古局	総数	47	100.0%	44	100.0%	56	100.0%	50	100.0%
	傷病	12	25.5%	8	18.2%	6	10.7%	6	12.0%
	勤労収入の減等	4	8.5%	4	9.1%	10	17.9%	3	6.0%
	不労収入の減等	4	8.5%	6	13.6%	13	23.2%	11	22.0%
	主の死別離別等	2	4.3%	0	0.0%	1	1.8%	0	0.0%
	その他	25	53.2%	26	59.1%	26	46.4%	30	60.0%

196

表 7-6　岩手県沿岸実施機関の生活保護の開始状況（震災前後）（続き）

実施機関	開始状況	2010 年度		2011 年度		2012 年度		2013 年度	
久慈局	総数	37	100.0%	30	100.0%	25	100.0%	29	100.0%
	傷病	6	16.2%	13	43.3%	10	40.0%	13	44.8%
	勤労収入の減等	4	10.8%	2	6.7%	1	4.0%	4	13.8%
	不労収入の減等	14	37.8%	6	20.0%	9	36.0%	3	10.3%
	主の死別離別等	0	0.0%	2	6.7%	1	4.0%	0	0.0%
	その他	13	35.1%	7	23.3%	4	16.0%	9	31.0%
沿岸計	総数	340	100.0%	253	100.0%	322	100.0%	282	100.0%
	傷病	101	29.7%	80	31.6%	76	23.6%	69	24.5%
	勤労収入の減等	63	18.5%	50	19.8%	46	14.3%	35	12.4%
	不労収入の減等	47	13.8%	44	17.4%	74	23.0%	52	18.4%
	主の死別離別等	16	4.7%	12	4.7%	6	1.9%	17	6.0%
	その他	113	33.2%	67	26.5%	120	37.3%	106	37.6%

注：「○○局」は郡部の福祉事務所を指す。「釜石局」は大槌町・住田町、「宮古局」

　　　は山田町・岩泉町・田野畑村、「久慈局」は野田村・普代村・洋野町を管轄。

資料：岩手県保健福祉部地域福祉課「岩手県の生活保護」より作成

能性が高まる[7]。

　次に、保護の開始状況と廃止状況の内訳（2010-2013 年度）についてみてみると、「開始」について特徴的な変動をしているのが、「不労収入の減等」と「その他」であるといえる。「沿岸計」でみると、「不労収入の減等」は 2010 年度の 13.8％から 2012 年度に 23.0％まで上昇した時期がピークであるかもしれないが、2013 年度も 18.4％と 2010 年度に比べればやや高くなっている。これには、雇用保険の給付終了や義援金等の収入の枯渇[8]が関係しているものと考えられる。また、「その他」については、33.2％から 26.5％に低下した後に 37.6％に上昇しているが、理由の判別は難しいものの、震災が関係しているも

---

[7]　拙稿（2015：16）で「保護率は低下傾向を示しているが、2011 年度に開始を廃止が一時的に上回ったのであるとするならば、今後は保護率の上昇に転換していくものと予測される」と述べたが、実際に、保護率は 2012 年度から 2013 年度にかけて 0.24‰ポイント上昇している。

[8]　2011 年 5 月に厚生労働省が示した「東日本大震災による被災者の生活保護の取扱いについて（その 3）」（社援保発 0502 第 2 号）によって「自立更生計画書」の策定と、第 1 次義援金にみられる緊急的な配分は、当座の生活基盤の回復に充てられることなどを考慮するように通知された。よって、一定額までは「自立更生費」と認定した上で、さらに上回る義援金等の配分がなされた場合に限って、保護の停止や廃止の措置が取られることとなった。

表 7-6 岩手県沿岸実施機関の生活保護の廃止状況（震災前後）

実施機関	廃止状況	2010 年度		2011 年度		2012 年度		2013 年度	
宮古市	総数	63	100.0%	95	100.0%	79	100.0%	93	100.0%
	傷病の治癒	0	0.0%	0	0.0%	0	0.0%	0	0.0%
	勤労収入の増加	2	3.2%	6	6.3%	16	20.3%	22	23.7%
	不労収入の増加	5	7.9%	14	14.7%	3	3.8%	6	6.5%
	死亡	30	47.6%	38	40.0%	25	31.6%	29	31.2%
	その他	26	41.3%	37	38.9%	35	44.3%	36	38.7%
大船渡市	総数	19	100.0%	45	100.0%	26	100.0%	25	100.0%
	傷病の治癒	0	0.0%	0	0.0%	0	0.0%	0	0.0%
	勤労収入の増加	0	0.0%	2	4.4%	4	15.4%	11	44.0%
	不労収入の増加	4	21.1%	6	13.3%	7	26.9%	0	0.0%
	死亡	11	57.9%	10	22.2%	8	30.8%	6	24.0%
	その他	4	21.1%	27	60.0%	7	26.9%	8	32.0%
陸前高田市	総数	16	100.0%	35	100.0%	16	100.0%	13	100.0%
	傷病の治癒	0	0.0%	0	0.0%	0	0.0%	0	0.0%
	勤労収入の増加	2	12.5%	2	5.7%	3	18.8%	0	0.0%
	不労収入の増加	1	6.3%	3	8.6%	1	6.3%	1	7.7%
	死亡	12	75.0%	11	31.4%	4	25.0%	9	69.2%
	その他	1	6.3%	19	54.3%	8	50.0%	3	23.1%
釜石市	総数	50	100.0%	158	100.0%	57	100.0%	48	100.0%
	傷病の治癒	0	0.0%	0	0.0%	0	0.0%	0	0.0%
	勤労収入の増加	9	18.0%	24	15.2%	14	24.6%	6	12.5%
	不労収入の増加	9	18.0%	40	25.3%	9	15.8%	12	25.0%
	死亡	20	40.0%	36	22.8%	17	29.8%	14	29.2%
	その他	12	24.0%	58	36.7%	17	29.8%	16	33.3%
久慈市	総数	22	100.0%	42	100.0%	34	100.0%	25	100.0%
	傷病の治癒	1	4.5%	1	2.4%	1	2.9%	0	0.0%
	勤労収入の増加	2	9.1%	3	7.1%	9	26.5%	4	16.0%
	不労収入の増加	3	13.6%	9	21.4%	1	2.9%	2	8.0%
	死亡	8	36.4%	17	40.5%	14	41.2%	7	28.0%
	その他	8	36.4%	12	28.6%	9	26.5%	12	48.0%
釜石局	総数	28	100.0%	142	100.0%	15	100.0%	15	100.0%
	傷病の治癒	0	0.0%	0	0.0%	0	0.0%	0	0.0%
	勤労収入の増加	1	3.6%	5	3.5%	9	60.0%	0	0.0%
	不労収入の増加	7	25.0%	68	47.9%	2	13.3%	3	20.0%
	死亡	14	50.0%	12	8.5%	0	0.0%	3	20.0%
	その他	6	21.4%	57	40.1%	4	26.7%	9	60.0%
宮古局	傷病の治癒	48	100.0%	115	100.0%	43	100.0%	52	100.0%
	傷病の治癒	0	0.0%	0	0.0%	0	0.0%	0	0.0%
	勤労収入の増加	5	10.4%	5	4.3%	11	25.6%	5	9.6%
	不労収入の増加	4	8.3%	45	39.1%	5	11.6%	8	15.4%
	死亡	27	56.3%	40	34.8%	15	34.9%	18	34.6%
	その他	12	25.0%	25	21.7%	12	27.9%	21	40.4%

表 7-6　岩手県沿岸実施機関の生活保護の開始状況（震災前後）（続き）

実施機関	廃止状況	2010 年度		2011 年度		2012 年度		2013 年度	
久慈局	総数	24	100.0%	39	100.0%	17	100.0%	24	100.0%
	傷病の治癒	0	0.0%	0	0.0%	0	0.0%	0	0.0%
	勤労収入の増加	1	4.2%	2	5.1%	1	5.9%	4	16.7%
	不労収入の増加	4	16.7%	6	15.4%	4	23.5%	1	4.2%
	死亡	9	37.5%	7	17.9%	6	35.3%	8	33.3%
	その他	10	41.7%	24	61.5%	6	35.3%	11	45.8%
沿岸計	総数	270	100.0%	671	100.0%	287	100.0%	295	100.0%
	傷病の治癒	1	0.4%	1	0.1%	1	0.3%	0	0.0%
	勤労収入の増加	22	8.1%	49	7.3%	67	23.3%	52	17.6%
	不労収入の増加	37	13.7%	191	28.5%	32	11.1%	33	11.2%
	死亡	131	48.5%	171	25.5%	89	31.0%	94	31.9%
	その他	79	29.3%	259	38.6%	98	34.1%	116	39.3%

注：「○○局」は郡部の福祉事務所を指す。「釜石局」は大槌町・住田町、「宮古局」
　　は山田町・岩泉町・田野畑村、「久慈局」は野田村・普代村・洋野町を管轄。
資料：岩手県保健福祉部地域福祉課「岩手県の生活保護」より作成

のと考えられる。「実施機関」別にみると、被災規模の大きかった沿岸南部の
地域（「宮古市」、「大船渡市」、「陸前高田市」、「釜石市」、「釜石局」、「宮古局」）
で 2012 年度の「その他」の割合が著しく上昇（「宮古局」は 2011 年度）して
いることからも、震災以後の「揺り戻し」が起こっていることがうかがえる。
　一方、「廃止」において特徴的な変動を示しているのが、「勤労収入の増加」
と「不労収入の増加」、「その他」であるといえる。「沿岸計」でみると、「勤労
収入の増加」は、2010 年度の 8.1%から 2012 年度には 23.3%、2013 年度はや
や低下したが、17.6%となっている。勤労世帯においては震災によって失業を
余儀なくされて一時的に生活保護を受給していたが、前章で触れたように産業
が復興して労働市場が改善するなかで、就業の機会を得て「廃止」につながっ
ていることがうかがえる。また、「不労収入の増加」は 13.7%から 28.5%に上
昇した後に 11.2%に低下しており、件数も震災前の数値に近づいてきており、
年金を受給できるようになったり、親族からの仕送りが受けられるようになっ
たりしたことが「廃止」につながっているのではないかと考える。さらに、「そ
の他」は 2010 年度の 29.3%から 2011 年度に 38.6%に上昇した後に 2012 年度
34.1%に低下しているが、2013 年度には再び 39.3%に上昇している。この点

第7章　東日本大震災後の沿岸被災地における人口減少と貧困問題の分析　199

も「開始」と同様に震災にともなう義援金等の収入が関係しているものと考えらえるが、生活再建のために他地域への転出によるところが大きいものと考えられる。

　なお、「廃止」のうちの「死亡」については、2010年度では131件であったものが2011年度には171件に増加しており、「実施機関」別でも10件以上の増加があったのは「釜石市」と「宮古局」だけであったことから、局地的な影響はあったものの、震災による被保護者の犠牲者は少数であったことが推察される。

（４）震災後の貧困問題と人口減少に関する考察

　以上を総括すると、人口減少の主たる要因は、震災による産業への影響から間接的被災者を中心に一時的な失業や事業不振等に伴う収入減（生活不安）によるところが大きく、その多くが生活維持のために他地域に移動し、移動しなかった人々のなかの少数の人々がやむを得ず生活保護を受給するに至った。その後、徐々に復興が進むなかで、雇用・就業機会が増加し、一時的に生活保護を受給していた人々が保護の廃止に至り、就業による生活再建につながっているのではないかと考える。こうした動向は、被災規模の大きかった地域に特徴的な傾向なのではないかと考える。

　一方、これまでに生活保護を受けていた人々が保護の廃止に至った理由の多くは、直接的な被災者を中心に義援金等の給付によって不労収入が増加したことが主たる要因であると考える。このうち、被災規模の大きかった地域の被保護者の多くは、義援金等の収入を原資に他地域への移住に至った人々と、移住せずに残った人々のうち、義援金等の枯渇が進むなかで再び生活保護に至っている人々とがあらわれてきているものと推察される。

４．「あすくら」の相談事例からみる沿岸被災地の貧困問題

　これまで岩手県沿岸部の被災地における人口減少の問題と貧困問題について、関連する統計資料から分析を試みてきたが、実際に、被災地の人々がどのような生活課題に直面しているのか、精査していく必要があるものと考える。

とはいえ、前章で触れたように、研究倫理の観点から被災者を直接的な調査対象にすることに抵抗感があったため、間接的に被災者を支援している機関を経由することで、被災者の心情に配慮をしてきた。本章でも同様の理由から、支援機関から資料（2012年4月から2013年3月まで）を提供していただくことで本研究の目的に近接させてたいと考え、「あすくら」[9] に寄せられた相談内容を事例として用いることとする。

　表7-7が、あすくらに寄せられた主な相談事例である。全部で72件の事例に関する資料提供を受けたが、このうち、震災との関連が「ある」と見受けられる32件を抽出し、分析に用いることとした。

　この32件の相談内容の特徴をいくつかのカテゴリーに区分したところ、経済的な困窮（義援金の枯渇等）、仕事の問題、財産をめぐるトラブル、住宅問題、健康問題、家族・親族とのトラブル、近隣とのトラブルといった要素が抽出された。これらの課題が単独で起こっている場合もあるが、相談者によっては複数の課題を抱えている場合もあり、問題の深刻さはそれぞれ異なることがわかる。そのため、これらの課題の深刻さについて質的な相違性を確認するため、対応分析を試みることにした。その結果が、図7-3である。

　貧困問題の分析をおこなうことを目的としているため、「困窮」に該当するケースを中心にみていくと、図中に描いた楕円の辺りがこれに当てはまる。すべてのケースに共通するわけではないが、「困窮」の問題が「仕事」や「健康」と結びついていることがうかがえるため、これまでに検討を加えてきた「人口減少⇔貧困問題⇔就業問題」という点が確認できたほか、これに「健康問題」が加わっているケースも少なくなく、「人口減少⇔貧困問題⇔就業問題（⇔健康問題）」が関連し合っていることがうかがえる。健康問題については、震災後の避難所や仮設住宅での生活でのストレスや生活習慣の変化によって新たに派生しているものもあり、震災がもたらした影響が複合的であることを物語っている。

---

[9]　ＮＰＯ法人くらしのサポーターズが運営するもので、正式名称は、「あすからのくらし仕事支援室」である。あすくらは、同法人の吉田直美氏を中心に2012年4月から2015年3月まで宮古市に拠点を置き、被災地での支援事業をおこなった。現在は、盛岡市に拠点を置いて、支援事業を展開している。いわゆる「寄り添い型支援」あるいは「伴走型支援」と呼ばれるように、相談者に寄り添った支援を展開することに特徴がある。

第7章 東日本大震災後の沿岸被災地における人口減少と貧困問題の分析　201

表 7-7　あすくらに寄せられた震災に関連する相談事例

No.	年	月	性	年代	相談内容
1	2012	4	女	70	津波で家屋を失い、知合いの家に住んでいる。義捐金・支援金を切り崩し、生活。支援金等がかなり減ってきており、今後が不安。現金がなくなったら、再度相談するので、その時は支援をしてほしい。
2	2012	4	女	40	津波で母親と家を失い、妹と仮設住宅に入居。仮設住宅自治会班長の配布物の配布のための深夜の訪問、しかもドアを開けるまでノックする等の行為に困っている。いろんな相談窓口に相談したが解決されない。ストレスで血圧が上がり、妹と通院療養中。働きたいと思っているが、体調が改善されず働けない。
3	2012	5	男	50	津波で住居と職場を失い、仮設住宅に入居。被災直後に糖尿病が発覚。現在は合併症も併発、仕事にも就けない体調になった。義援金・支援金もほとんど底をつき、残金10万円。今後の生活をどうしたらよいかと困っている。
4	2012	5	女	50	津波で夫は未だに行方不明。自宅、自営業の船・養殖棚など、すべてを失った。姑と二人で仮設住宅に入居した。姑の自己中心的な対応、義兄弟の冷たい対応、近隣の人の興味本位な対応に疲れ、家に引きこもるようになった。毎日が辛く、体調も悪い。
5	2012	5	女	80	病気の夫と二人で暮らしていた。津波で住宅が被災し、避難所に避難。その後、夫の病気は悪化、9月に他界した。看病の心残り、一人になった淋しさ、夫への思い、津波の恐怖など毎日が辛く苦しい。夫が他界してから、床に伏すにが多い。
6	2012	6	男	60	弟が東日本大震災の津波で死亡。弟が実家に残り、亡父母を供養することにしたため、住宅の建築費は自分が全額払ってあげた。父親名義の不動産も弟名義に登記した。弟が死亡したことで、実家に戻り、供養をしようとしたが、兄弟は不動産全部を換金し、分割すると強行に言ってきている。家と屋敷位は残したいと思うが、何か方法はないか。
7	2012	8	女	60	実家で二人で暮らす両親が津波で被災後に体調を崩し、介護のため一日に2回も実家に通っている。父親はヘルパーが家に入ることを嫌がるため介護サービス利用は限定的。自分の家事と両親の介護で疲れ、今後に不安を感じている。（介護サービス利用を増やすために、父親に納得させる工夫を支援することとした。）
8	2012	8	女	70	津波で被災し、夫の会社の借金が残った。借金は年金から払っている。夫は春に認知症とがんで入院した。夫が亡くなった後はどうなるかと心配している。会社の負債の詳細は不明。（債務整理については弁護士に相談し、今後の生活再建につい寄り添っていくこととした。）
9	2012	9	男	70	実弟の家が津波で全壊した。津波後から避難所、身内、近隣、市役所、役場など聞いて回ったが、未だに行方が分からない。いろいろなところに相談したが、見つけ出す方法が分からない。（郵便物の転送届をしている可能性があり、配達証明・若しくは簡易書留で手紙を出してみること。受取人がない場合、警察署に震災行方不明の届を出すよう助言）
10	2012	10	女	70	津波で自宅が流失。宅地が危険地域に指定された。市で土地の買い上げが決まったが、亡夫の名義になっており、このままでは買い上げできない。息子二人は外国に住んでいる。　（法定相続・契約についての情報提供の上、司法書士との連携）
11	2012	10	男	60	津波で自宅が流失。仮設住宅に住んでいるが、夫婦で話し合い、個人間売買で、土地を購入して家を建てることにした。袋地になっていて、公道に出るまでの路幅が2mしかないことから、金融機関から融資できないと言われた。（融資機関へ、土地の購入と家の建築を可能にするための相談の進め方のアドバイス）

表7-7 あすくらに寄せられた震災に関連する相談事例（続き）

No.	年	月	性	年代	相談内容
12	2012	12	女	60	震災の時、駐車場に自動車を取りに行った夫が津波に呑まれるところを目撃。流されていく夫の姿が頭から離れないこと、助けることもできなかった悔しさ、夫を失った淋しさから毎日が苦しい。精神科にも通院。保健師の自宅訪問も受けている。（傾聴）
13	2012	12	男	60	津波で自宅が流失。住宅ローンが残り、現在は金利のみを支払っている。実姉に被災者ローン減免制度の相談を受けてもらったが、実姉の説明が理解できない。利用すべきか判断に困っている。（弁護士相談）
14	2013	1	男	60	義父が震災避難所に避難後から少しずつ体調が悪くなり、先月死亡。震災関連死の情報を知り、該当するのか知りたい。それにより、申請を考えたい。
15	2013	2	男	40	仮設で母親と同居していたがケンカをして別居に。母親の年金で生活をしていたので所持金は底を尽き困窮していた。
16	2013	3	女	50	母親の通院に40分以上掛かり体の負担が大きく苦しそうだ。医療費も掛かり今後の生活をどうしたら良いか困っている。災害復興住宅の入居を希望しており仮設住宅からも離れられない。
17	2013	4	男	60	被災して自宅が半壊し百数十万円の見舞金を貰ったが仕事道具と倉庫を直す費用に使ってしまいすべて使ってしまった。思ってた通りに仕事が入って来ず収入を得られなくどうしたら良いかわからない。
18	2013	5	女	40	来週には電気が止められるがお金がないとの相談。被災して仮設住宅で生活をしてきたが子供が不登校になり対応するために必要以上のお金がかかってしまった。今年の初めにようやく仕事が決まり頑張ってきたが公共料金や税金の滞納がありとうとうショートしてしまった。
19	2013	5	男	50	仕事の解雇、被災、交通事故などが続き、その後めまいや動悸の体調不良で定職に就くことができず　生活困窮となる。ガス・水道未開栓。所持金バス代程度。生保申請をしたが、稼働年齢なので働くよう言われ「あすくら」を紹介されたとのこと。
20	2013	6	女	60	被災し、自宅半壊。別棟の風呂は解体、自宅は掃除して居住。風呂がないため、温泉に通っている。費用と不便さから、風呂建設を考え、の業者の見積もりを取った。200万円と言われ、自己資金のなく困っている。仮設住宅の風呂は使えないか。
21	2013	6	女	30	震災前は生活保護を受給。震災で両親が死亡。生活保護を打ち切り、弔慰金を取り崩して生活していた。その弔慰金も底をつき、残金300円。食べるものもなく、二日前から食事をしていない。兄弟はない。以前から、親戚、友人との交流もない。頼れる人はない。生活保護を受給当時の惨めな思いはしたくない、生活保護を頼りたくない。
22	2013	7	男	70	震災時に社協から貸付を受けた。返さなくても良いと噂があり半信半疑で借りたが現在請求を受けているが返せていない。どうしたら良いか？
23	2013	8	男	50	被災し、仮設住宅に一人暮らし。仕事がなく、経済困窮。ひきこもり、アルコール依存気味。保健師と連携しながら生活保護につないだ。依存症については、保健師が対応することとし、その他の課題が見えきてた都度、対応することとしている。

第7章　東日本大震災後の沿岸被災地における人口減少と貧困問題の分析　203

表7-7　あすくらに寄せられた震災に関連する相談事例（続き）

No.	年	月	性	年代	相談内容
24	2013	9	女	40	ご近所の方より嫌がらせを受けているとの訴え。聞こえるような大声で噂話をする、根拠のないことを言いふらしている様だとの事内容は「貧乏家庭でお金に困っている」「貯金の金額」「夫婦生活の事」など少々信憑性に欠ける内容もあり、他に困っているかとの問いに被災をしみなし仮設に居るが家賃支援を受けておらず生活費に困っているとの事。
25	2013	9	女	30	被災して廃車にした車のローンの残金と次の車を合算してローンを組みなおした。PTSD.抑うつのため退職、療養中。　ローンをどうにかしたいとの相談。家族が病気に対して理解がなく、関係が悪いため　家に居場所がない。
26	2013	9	女	40	母子家庭、8年間無職。離婚した夫が被災、養育費の支払い困難となり、生活を支援してくれていた祖母も老人施設に入所のため生活困難となる。生活保護申請をするが自家用車所持が売却可能な財産のため却下となる。一度にたくさんのことをするのが不得意のためパニックになりやすい、又、ハローワークには行っているが求人票を見るだけで応募したことがない。
27	2013	10	女	50	震災前リラクゼーションの店舗を自営していた。震災でお店が被災したが再建制度を利用し昨年の12月より店舗を再開した。震災前のような売り上げを作ることが出来ず経営が苦しい。母の年金ありごまかしながら生活をしてきた。自動車の車検切れも来週に迫りあわてて相談会を訪れた。
28	2013	10	女	84	自宅兼工場が被災し全壊、昨年11月に夫脳梗塞で死亡　夫名義、息子連帯保証人の借入金が残った。息子は夫の手伝いをしていたが現在は非正規雇用。土地の買い取りについてもよくわからず公営住宅の入居申し込みをしたが入れるかどうかもわからず不安。全て夫任せだったとのことで　夫を亡くし困っている様子　難聴（電話のベル音も気づきにくい）　書類の置き忘れもひどい。
29	2013	10	女	70	家を再建したいが相談する人がないので困っている ・被災して現在みなし仮設居住（独居） ・家を建てたいが自分で聞いた業者では高いと思うが相談する人もない ・補助制度、支援制度等もよくわからない
30	2013	12	女	60	震災により被災し夫と長男を亡くした。2011年の8月頃夫の兄から書類やハンコが必要と言われ、理由もわからぬまま自分と娘の分を用意した。その他頼まれて250万円の領収書を書くように頼まれた。気付いた時には自分の住んでいた土地をとられていた。土地は取り戻せなくても相応のお金をもらいたい。
31	2014	1	男	50	高台移転することになって仮設で一緒だった他の2軒とグループで用地取得した。他の2軒は既に家を建てたが、1軒の家とどうしても気が合わなくて将来のことを考えると自分は住みたくない。用地を転売することが可能か市役所で確認したいので同行してほしい。借金のことも相談したい。
32	2014	3	女	40	被災はないが震災以降、夫の収入が減り夫婦関係が一層悪化。一緒に居たくない。アルバイト賃として5万円/月渡してくるが本当は年間100万円ほどの収入があるようだ。怒る、威圧する、物を投げガラスが割れた（3年前）等DVの訴えあり。身体的な暴力はなし。

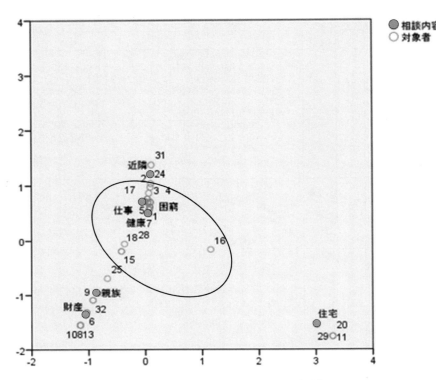

図7-3 あすくらに寄せられた相談に関する対応分析結果

5．むすび

（1）震災前後の貧困問題の整理

　生活保護の受給状況をもとに貧困の量的な把握を試みたところ、沿岸部の被災地においては、震災以前から岩手県内の他地域に比べると保護率がやや高く、12市町村の中でも、町村部の率の高さが顕著であった。同時に、保護率の高い地域では、人口減少が著しく、高齢化も高い地域であることがうかがえた。このような状況下に震災が発生し、津波が沿岸部を襲い、生活基盤の喪失が余儀なくされた。しかし、人的・物的に直接的な被害を受けた被災者については、住宅費が免除される応急仮設住宅への入居にはじまり、雇用保険等の給付とその延長などの制度的な拡充や義援金等の寄付などによる所得保障、さらに支援

物資等の供給により、表面上の貧困や生活問題が解消されたようにみえたが、一時的に潜在化したに過ぎない。また、被災は免れたものの、社会資本（インフラ）の被災や就業地の被災によって生活基盤を失った沿岸部の住民については、直接的な被害を受けていないために支援の対象から除外され、生活課題が深刻化しているケースや鮮明になったケースなどがあることもいくつかの事例からうかがえた。

　以上を整理すると、被災した住民の貧困問題は一時的に潜在化し、被災していない住民の貧困・生活問題は助長され、人口減少につながる要因になっている可能性が考えられる。前者はいずれ、緊急的な支援が終焉していく過程で問題が顕在化する貧困問題の予備軍ということができ、後者は、地域社会の存続を阻害する当事者ということが示唆される。

　このような複合的な生活課題が地域社会の再生産を阻害する要因であり、これらを克服することが沿岸部の被災地における復興計画の課題であると考える。

（２）復興に求められる課題

　第1は、稼働年齢層の人口流出が顕著になる傾向がみられるため、雇用・就業問題を復興課題のなかに盛り込む必要があるということである。被災者のなかには、家屋等の財産を喪失した人や家族を亡くした人など、精神的なストレスを抱えながら生活を送っている人が少なくない。このことにより就業意欲の低下につながっている可能性が考えられるが、雇用保険給付の延長や義援金の給付などによって働かなくてもよい環境がつくられている可能性も否定できない。こうした問題は、仕事があり、役割や責任があることを認識することによって改善される可能性があり、そのための就業機会の創出と就業促進のための支援が必要である [10]。また、経済復興には時間がかかるため、この間に就業意欲を損なわないような就労・生活支援のプログラムを実施し、人材流出を

---

[10]　震災に関連した雇用対策については、すでに様々な取り組みがなされているところであるが、ここで重視したい点は、「就業促進のための支援」についてである。被災地では、「雇用のミスマッチ」といった問題が取り沙汰されているが、マッチングのための支援のみならず、就業意欲を高めるための精神的な部分での支援なども同時に必要であると考える。

防止する必要がある。

　第2は、貧困問題が顕在化した際の問題解決を支援する体制を整えるということである。行政サービスはもちろんであるが、2015年4月から施行された生活困窮者自立支援制度は、既述のあすくらのような「寄り添い型支援」による生活困窮者の困窮化を未然に防ぎ、自立生活を促進していくことが期待されている。この制度を機能させるために、多くの時間を費やして支援者養成の教育訓練プログラムが実施されているが、地域によって差異はあるものの、想定していた相談件数を下回る状態が続いている。貧困問題には、「スティグマ」という心理的な問題がつきまとうため、いかにして「支援を受けよう」という気持ちにさせられるかが重要であり、そのための体制づくりが被災地においてはより一層必要になってくるものと考える。

参考文献

社会政策学会編（2013）『社会政策（社会政策学会誌）第4巻、第3号』ミネルヴァ書房

岩田正美（2012）「基調報告：震災と貧困への基本資格―貧困は「あぶり出され」たのか？―」貧困研究会編集『貧困研究 Vol.8』明石書店

宮寺良光（2012）「自然災害の発生にみる「想定」と生活保障の課題―岩手県沿岸部の被災地を視察して―」日本社会福祉系学会連合・東日本大震災復興対応委員会『研究活動報告書』

宮寺良光（2013）「被災地における貧困・生活問題の現状分析」日本社会福祉系学会連合・東日本大震災復興対応委員会『研究活動報告書』

宮寺良光（2015）「東日本大震災後の沿岸被災地における生活問題の変遷過程」鷲谷徹編著『変化の中の国民生活と社会政策の課題（中央大学経済研究所研究叢書62）』中央大学出版部

第IV部

子どもの貧困問題をめぐる地域課題

　　第IV部は、「子どもの貧困問題」と「学習支援」がキーワードとなる。筆者は、2013年1月から「盛岡夜回りグループ−step−」のメンバーとともにB市内の生活保護受給世帯の中学生を対象とする学習支援ボランティアに取り組んできた。その後、A市からの委託を受け、2014年度と2015年度に勤務先の大学生たちとともに学習支援事業を実施してきた。こうした取り組みのなかで「この子たちがこのまま大人になったら、どうなってしまうのだろう？」という痛烈な「危機感」を覚えることが多々あった。しかし、その反面、ともに過ごす時間が増えていくなかにたくさんの変化がみられるようになってきた。この経験は、他の地域で学習支援に取り組んでいる人たちもされていることであろう。しかし、そのことが目にみえる形であらわれてきていないのが現実であるといえる。

　　こうした問題意識とA市の市学連携活性化事業費補助金から研究助成を受けたことを契機に、研究として可視化を試みることにした。

第8章　子ども期の貧困問題をめぐる地域構造分析

1．はじめに

　本章は、子ども[1]期の貧困問題について「地域」という点に着目し、「子どもの貧困対策」をめぐる普遍的な課題と地域の個別的な課題について分析を試みることを目的とする。

　2013年6月に「子どもの貧困対策の推進に関する法律」（以下、子どもの貧困対策法）が制定（2014年1月に施行）されるなど、近年、わが国における「子どもの貧困」への関心が高まりつつあるが、その対策はまだはじまったばかりである。2014年8月には「子どもの貧困対策大綱」が策定され、今後は地域単位での対策の推進が期待されている。そのなかでは、調査研究の実施が前提となっているものの、地域単位での貧困問題を捉える手法は十分に検討されているとは考えにくい。

　本章では、今後、都道府県単位で展開されるであろう「子どもの貧困」をめぐる調査研究の1つの切り口として、既公表の公的統計を用いて分析を試みた場合に、どの程度まで実態が把握できるのか、試験的に分析に取り組もうとするものである[2]。

　このような試みに至った背景には、筆者自身が岩手県内のA市およびB市における学習支援に携わったことを通じて諸疑念が生じたことによるものが大きい。「子どもの貧困」をめぐっては、諸研究者による優れた研究成果が示されているものの、「対策」を考えるうえでは、普遍的な問題に対してマクロ的な視点から政策的にアプローチしていくことと同時に、地域固有の問題に対し

---

[1]　本書では、「児童」と「子ども」を同義として用いることとし、いずれも「18歳未満の者」とする。近年、「子ども」を用いることが増えてきているが、これには、児童福祉法と学校教育法で定める「児童」の定義が異なっていることが関係しているといえる。児童福祉法では18歳未満の者のことを指し、学校教育法では小学生のことを指すため、「子ども」を用いることが増えてきているものといえる。なお、本書で「児童」と表記した場合には、児童福祉法の規定を意味するものとする。

[2]　2016年2月18日付『毎日新聞』の記事に、山形大学の戸室健作氏が推計した都道府県別の子どもの貧困率に関する推計値が発表された。詳細は、近日公表予定の論文に記述されているものと考えられるが、総務省「就業構造基本調査」のオーダーメイド集計結果を用いられたものと推察される。

て個別的な対策を講ずる必要性も生じてくるものと考える。特に、こども期は様々な意味でセンシティブな時期であり、周辺環境に影響されやすいものと見受けられる。都道府県となると地域としての単位は非常に大きなものであるが、貧困問題に地域性に差異があるか否かを検討するうえでは有益であるものと考えられるため、このようなテーマでの研究を試みようと考えるに至った。

　以上の問題意識から、本章では、都道府県を1つの地域単位として、子ども期の貧困問題に関する地域構造を分析することにより、貧困問題に取り組むべき地域課題としての共通性と個別性とを検討する。

　なお、研究方法については、貧困量の測定のみならず、貧困の派生にともなう子どもを取り巻く問題現象との関連性を総合して「貧困問題」と定義する。子ども期の貧困問題を分析するにあたっては、4つの統計指標を用いることとする。貧困量を把握するうえでは生活保護受給児童数を児童総数（国勢調査）で除した割合（以下、児童保護率）を用い、問題現象に関しては児童相談所および市町村に寄せられた相談内容に基づき、①養護相談[3]、②非行相談[4]、③育成相談[5]の件数を児童総数で除した割合（以下、相談率）を用いることとする。

2．子ども期の貧困問題をめぐる研究課題

（1）「子どもの貧困」問題をめぐる研究動向

　日本で「子どもの貧困」に注目が集まるようになった背景には、OECDによる「対日経済審査報告書」（2006年）が示されたことによるところが大きい（阿部 2008）。「報告書」では、日本の相対的貧困率がOECD諸国のなかでアメリカに次いで高いことが示されただけでなく、子どもや母子世帯の貧困率の高さも同時に指摘され、これを契機に「日本に貧困はない」という論調が通用しなくなった。しかし、その後も相対的貧困率は下がることなく、上昇し続

---

[3]　父又は母等保護者の家出、失踪、死亡、離婚、入院、稼働及び服役等による養育困難児、棄児、迷子、虐待を受けた子ども、親権を喪失した親の子、後見人を持たぬ児童等環境的問題を有する子ども、養子縁組に関する相談。

[4]　ぐ犯等相談や触法行為等相談。

[5]　性格行動相談、不登校相談、適性相談、育児・しつけ相談、その他の相談。

けている（表 8-1）。

　「子どもの貧困」が懸念される背景には、「生活水準が低い」ということが様々な社会的不利（ハンディキャップ）をともなってしまうというところにその問題が存在する。子どもの養育や教育をめぐっても、日本における社会的なサポートは他の先進国に比べて非常に小さく、養育者の経済的な負担が相対的に高くなっている。ましてや、「自立」した社会人にまで育て上げるには、高等教育機関での教育が不可欠な状況にあり、高等学校までは一定の補助がなさ

表 8-1　貧困率の年次推移

	昭和60年	63	平成3年	6	9	12	15	18	21	24
	％	％	％	％	％	％	％	％	％	％
相対的貧困率	12.0	13.2	13.5	13.7	14.6	15.3	14.9	15.7	16.0	16.1
子どもの貧困率	10.9	12.9	12.8	12.1	13.4	14.5	13.7	14.2	15.7	16.3
子どもがいる現役世帯	10.3	11.9	11.7	11.2	12.2	13.1	12.5	12.2	14.6	15.1
大人が一人	54.5	51.4	50.1	53.2	63.1	58.2	58.7	54.3	50.8	54.6
大人が二人以上	9.6	11.1	10.8	10.2	10.8	11.5	10.5	10.2	12.7	12.4
名　目　値	万円	万円	万円	万円	万円	万円	万円	万円	万円	万円
中　央　値（a）	216	227	270	289	297	274	260	254	250	244
貧　困　線（a/2）	108	114	135	144	149	137	130	127	125	122
実質値（昭和60年基準）										
中　央　値（b）	216	226	246	255	259	240	233	228	224	221
貧　困　線（b/2）	108	113	123	127	130	120	116	114	112	111

出所：厚生労働省「国民生活基礎調査」
注1：平成6年の数値は、兵庫県を除いたものである。
　2：貧困率は、ＯＥＣＤの作成基準に基づいて算出している。
　3：大人とは18歳以上の者、子どもとは17歳以下の者をいい、現役世帯とは世帯主が18歳以上65歳未満の世帯をいう。
　4：等価可処分所得金額不詳の世帯員は除く。
　5：名目値とはその年の等価可処分所得をいい、実質値とはそれを昭和60年（1985年）を基準とした消費者物価指数（持家の帰属家賃を除く総合指数）で調整したものである。

れるようにはなったものの、さらにその上の大学等になると経済的な負担が重たくなる。そのため、経済的な不利が教育格差を生み出し、教育格差が生活格差となって世代間で継承される「連鎖」あるいは「再生産」という問題にまで発展する可能性が諸研究を通じて示されている[5]。

また、「子どもの貧困」は養育する親の貧困問題でもあるが、このことが虐待等に発展してしまう場合もある（松本 2010）。虐待の種類や程度によるが、被虐待児童に与える心身の発達への影響が大きいことが様々な研究から示されている。児童虐待をめぐっては、問題が取り沙汰された当時[6]は、「親の養育力の低下」や「育児疲れ」といったことが原因として取り上げられることが多かったように記憶しているが、筆者が初めて目にした児童虐待と経済的困窮との因果関係を示す調査結果が 2001 年の『国民生活白書』であった[7]。

以上のことから、「子どもの貧困」の広がりは、健全な社会成員の育成を阻害し、さらには「社会不安」を生み出す要因に発展することが懸念されるため、この問題の改善は必要不可欠のものと考える。

（2）「子どもの貧困」問題をめぐる政策動向

日本の「子どもの貧困」問題がＯＥＣＤによって指摘されてから、政府が取り組んだ最初の抜本的な対策が「子ども手当」の創設であったといえる。この制度は、民主党政権時代の 2010 年に「平成 22 年度等における子ども手当の支給に関する法律」が成立し、廃止となる 2012 年 3 月までの間、所得制限を設けずに 15 歳以下の児童 1 人当たりに付き 13,000 円を養育する父母等の養育者に給付するものであった。小幅ではあったが、それまでの児童手当よりは金額が拡充され、さらに財源の確保ができた段階で倍額（26,000 円）を給付することが想定されていた。しかし、その後の政権交代によって従来の児童手当制度に逆戻りし、旧来よりも金額は増額されたものの、再び所得制限が設けられたことで、受給に一定のスティグマがともなうようになった。

---

[5] 代表的なものとしては、道中（2009）があげられる。

[6] 児童虐待防止法が制定された 2000 年当時。

[7] 児童虐待につながる家庭の状況について、全国児童相談所長会「全国児童相談所における家庭内虐待調査」（1997 年）の結果（複数回答）から、「経済的困難」が 44。6%でもっとも高くなっていることがしめされた。

一方、「子どもの貧困」問題への経済的な対策とは別に、子どもへの直接的な働きかけによる問題の改善に向けた「居場所づくり支援」としての「学習支援」が一部の地域で取り組まれてきた。2013年12月に成立した「生活困窮者自立支援法」（2015年4月施行）においては、任意事業として「学習支援事業」が規定されている。同法成立に先立ち、生活保護自立支援プログラムでの「高校進学等支援プログラム」のほか、「子どもの健全育成支援事業」や「社会的な居場所づくり支援事業」といった取り組みが行われ、同法の成立後にはモデル事業も展開され、多数の先進事例が紹介されてきた。しかし、厚生労働省の資料によると、2015年度時点で学習支援事業を実施する見込みが324自治体（36％）にとどまっており、広く普及している状況とはいえず、地域格差が否めない状況にある。

こうした支援施策が右往左往するなか、2013年6月に子どもの貧困対策法が制定され、2014年8月には「子どもの貧困対策大綱」（以下、「大綱」）が策定され、その実践が学校を含む地域単位で展開されようとしている。「大綱」では、調査研究の実施が前提となっているものの、地域単位での貧困問題を捉える手法は十分に確立されているとは考えにくい。東京都足立区では子どもの貧困の実態を把握するために、2015年7月から数千人の児童を対象に実態調査を実施することが発表された（2015年6月17日の区長による記者会見）。経済的な支援にしても、サービス的な支援にしても、効果的な支援を展開するためには、「ニーズの把握」は欠かせない要素である。他の地域においてもこうした実態把握のための調査が実施されることが望ましいが、調査にかかる財源の確保や調査方法によっては回収率の問題など、様々な制約がともなう。

（3）「子どもの貧困」問題をめぐる研究課題

以上の現状認識から、本研究では、既公表の公的統計資料を用いて、「子どもの貧困」問題をめぐる地域構造に関する傾向分析を試みる。以下では、子ども期の貧困問題を3つの視点から分析する。第1が「貧困量の測定」であり、第2が「貧困の要因分析」についてであり、第3が貧困と児童を取り巻く諸問題としての「貧困問題の分析」についてである。いずれも都道府県単位の数値を示したうえで、地域間の比較を試みるものとする。

第1の「貧困量の測定」については、児童保護率を推計し、地域間比較の基軸データとする[8]。第2の「貧困の要因分析」については、「貧困量の測定」によって示された数値を従属変数として用い、他の社会・経済統計指標を独立変数として因果関係の分析を試みる。ただし、子どものいる世帯に関する世帯状況の把握が公的統計からは難しく、利用可能ないくつかの統計データ（主に、労働力関連）を用いて分析をおこなう。第3の「貧困問題の分析」については、児童相談所に寄せられている子ども関連の相談率を用いて、「貧困量の測定」で推計した数値との関連性を分析し、地域的な特徴があらわれるか検討を試みる。

3．子ども期の貧困問題に関する分析

（1）子ども期の「貧困量の測定」

　地域別の子どもの貧困量を測定するために、以下では、総務省「国勢調査」と厚生労働省「被保護者全国一斉調査調査（現・被保護者調査）」のいずれも2010年分の17歳以下のデータを用いて、児童保護率の推計をおこなった結果が図8-1である[9]。この図8-1をみると、政令指定都市や中核市などの人口集中地域が所在する都道府県の児童保護率が高くなる特徴を示している。

　このような地域による特徴が生じる背景には、何らかの要因があるものと考える。いうまでもなく、子どもの貧困とは養育する者（大多数が親）の所得によって左右されるということであり、どのような就業形態にあるのかということと、社会保障制度が機能しているかどうか、ということとが関連してくると

---

[8]　生活保護の捕捉率（厚生労働省の試算では30％程度）を考えると、「貧困量の把握」に保護率を用いるのは、公表されている他の公的統計から推計するのが困難であったからである。実際に、既述の戸室氏による2012年の総務省「就業構造基本調査」を用いた都道府県別の子どもの貧困率（世帯）の推計と本書の児童保護率（人員）との相関分析をしたところ、相関係数が0.5910（1％未満水準で有意）という結果となった。戸室氏の推計では、沖縄県の貧困率が突出して高かったため、「外れ値」として沖縄県を除外して分析をかけたところ、相関係数が0.7164（1％未満水準で有意）となった。このことから、沖縄県は例外的であるものの、本書の児童保護率の推計は傾向としての子どもの貧困問題を探る変数として有意性があるものと考える。

[9]　総務省「国勢調査」が10月1日時点のものであるのに対して、厚生労働省「被保護者全国一斉調査」は7月31日時点のものであることから、数値に一定の制約があることを付記する。

第8章 子ども期の貧困問題をめぐる地域構造分析　215

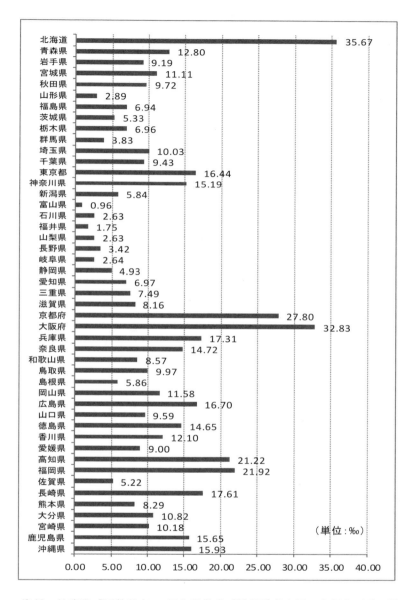

資料：総務省「国勢調査」、厚生労働省「被保護者全国一斉調査（現・被保護者調査）」より作成

図 8-1　都道府県別にみた児童保護率の推計結果（2010 年）

いえる。前者の就業形態に関しては、総務省「国勢調査」においても子どもの
いる世帯の親の就業状況については、ひとり親世帯の場合にのみ詳細が示され
ているものの、夫婦世帯の場合には就業の有無に関してしか示されていないた
め、親の就業形態と貧困との関連性を分析することは難しい。しかし、表8-1
の「子どものいる現役世帯」のなかの「大人が一人」、つまり、他の世帯員の
いないひとり親世帯 10) における貧困率の高さが示されていることから、ひと
り親世帯と児童保護率との関連性について分析を試みる。

（2）子ども期の「貧困の要因分析」

　既述のとおり、子ども期の貧困化要因を探るための統計資料に制約があるた
め、全児童数に占めるひとり親世帯に属する児童数の割合（以下、単親世帯児
童所属率）を都道府県別に推計したものが、図8-2である。都道府県によって
率に差がみられるが、「北海道」と「青森県」を除く東日本では比較的低くな
っており、すべてではないが、西日本の率が相対的に高くなっているように見
受けられる。

　児童保護率（図8-1）においても地域差がみられたように、単親世帯児童所
属率（図8-2）においても地域差がみられたことから、これら双方に相関関係
がみられるか分析を試みたが、その結果が図8-3である。相関係数0.657（1％
未満水準で有意）であり、有意な相関関係があることがわかる。一部に上に大
きく外れている3つの道府がみられるが、特別区や政令指定都市、中核市のよ
うな比較的大きな都市がある都道府県は軒並み回帰線よりも上に点在する傾
向がみられる。

　なお、付言すると、東北地方の6県については、「岩手」「宮城」「秋田」「福
島」が近いところに分布しており、何らかの地域的な類似性を有している可能
性が考えられる。他方、「青森」と「山形」は離れたところに分布しているも
のの、回帰線に近いところに点があり、要因という点では類似性をもっている
可能性が考えられる。

---

10)　総務省「国勢調査」では、「母子世帯」および「父子世帯」の数値を「他の世帯員」
　　の有無で示しており、本書では「他の世帯員のいない母子世帯」および「他の世帯員
　　のいない父子世帯」を「ひとり親世帯」と定義して分析をおこなう。

第 8 章 子ども期の貧困問題をめぐる地域構造分析 217

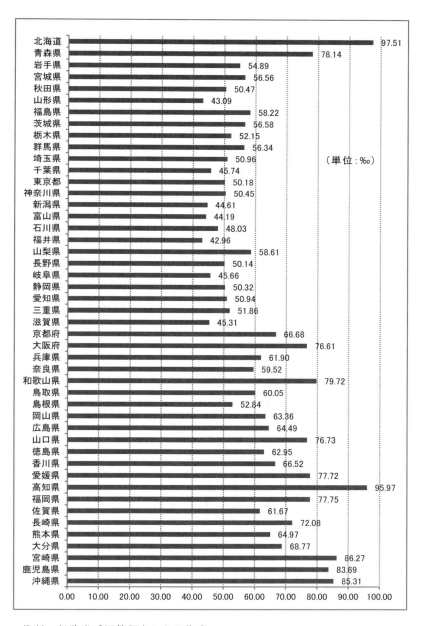

資料：総務省「国勢調査」より作成

図 8-1 都道府県別にみた単親世帯児童所属率の推計結果（2010 年）

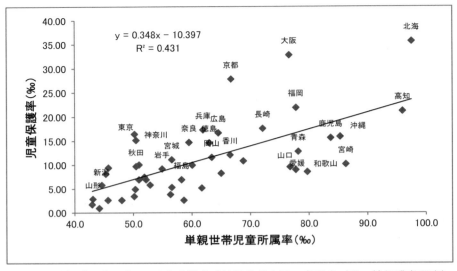

資料：総務省「国勢調査」、厚生労働省「被保護者全国一斉調査（現・被保護者調査）」より作成

図8-2　単親世帯児童所属率と児童保護率

　以上の分析からも、厚生労働省（表8-1）が示した子どもの貧困との関連性がみられることから、変数に限りがあるために無理な分析にはなるが、児童保護率の高低に影響する要因について重回帰分析（ステップワイズ法）を試みた。その結果が図8-3である。図8-2で単親世帯児童所属率と児童保護率との相関関係について説明したが、そのことよりも単親非労働力率の方が要因として相

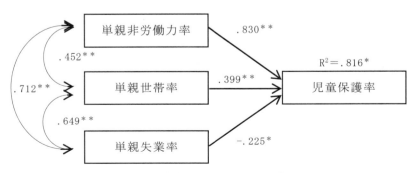

図8-3　児童保護率を従属変数とする重回帰分析

関関係が強いことがわかる。また、単親失業率についてもやや相関があるものの限定的である。このことから、「非労働力＝労働不能」の状態にあるひとり世帯については保護を受けられる可能性が極めて高く、「失業＝労働可能」の場合には世帯の状況によって左右されることが考えられ、子どもが生活保護を受給できる機会も「やむを得ない事情」に陥った場合に限定されていることが推察される。

分析に先立ち、1つの仮説として「ひとり親世帯の不安定就業率が貧困問題の要因になる」ということをあげていた。図8-4は、ひとり親世帯の不安定就業率と児童保護率の相関関係を示した散布図であるが、相関係数は0.3657（5％未満水準で有意）とはなったものの、強い因果関係がみられなかった。

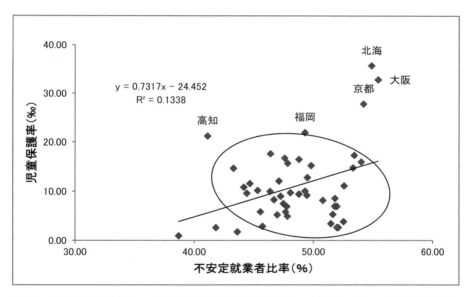

資料：総務省「国勢調査」、厚生労働省「被保護者全国一斉調査（現・被保護者調査）」より作成

図8-4 ひとり親世帯の不安定就業率と児童保護率の散布図

参考までに、先の戸室氏がおこなった都道府県別子どもの貧困率の推計結果についても限定的な変数を用いて重回帰分析をおこなったところ、図表等には

示さなかったが、ひとり親世帯の不安定就業率が関係していることがみてとれた。このことは、これまでにも母子世帯に関する諸研究によって明らかにされてきていることであるが、不安定な働き方で低所得の状態にあっても、求職活動をしてもどうしても仕事が見つけられない場合には例外的に認められる程度で、「働ける」という理由で生活保護からは排除されているということである。また、こうして必死に働いて健康状態を悪化させ、「労働不能」になって初めて生活保護に至るというケースも少なくないのではないかと考える。しかし、こうした状態から自立するのは極めて難しくなり、「貧困の固定化」あるいはこのことによる「貧困の連鎖」をつくり出しているものと推察される。

（3）子ども期の「貧困問題の分析」

　既述のとおり、貧困状態に置かれると、児童の成長に何らかの影響が及ぼされることは先行研究によって示されているところである。しかし、これらは児童を養育する親にとっても養育環境を悪化させていることを意味しており、このことが養育者である親の精神的な荒廃を招く可能性がある。これが児童虐待に発展すると、児童への影響はさらに大きくなり、発達を阻害し、更生をより難しくしてしまう。このような問題意識から、以下では、児童保護率を「貧困」の指標として用い、児童相談所や市町村に寄せられた問題行為に関する相談[11]との関連性をみていくこととする。

　表 8-2 は「養護・非行・育成」に関する相談率を算定した結果で、表 8-3 は児童保護率と児童相談（養護・非行・育成）率の相関係数を示したものである。これによると、「養護相談率」の相関係数が 0.416（1%未満水準で有意）となっており、「非行相談率」の相関係数も 0.462（1%未満水準で有意）となっている。しかし、「育成相談率」については、有意な結果が得られなかった。相関関係がみられた「育成相談率」と「非行相談率」についても、相対的なものであるが、児童の貧困が広がっている地域ほど相談件数が多くなっていることを意味しており、何らかの因果関係がある可能性が否めない。さらに、相関関係がみられたものを散布図に示したものが、図 8-5 と図 8-6 である。

---

[11]　2010 年度の相談件数に関するデータのうち、福島県のものについては東日本大震災の影響で公表されていないため、福島県のみ 2009 年度のデータを使用している。

第8章　子ども期の貧困問題をめぐる地域構造分析　221

表8-2　児童保護率と児童相談（養護・非行・育成）率の相関係数

	養護相談率（‰）	非行相談率（‰）	育成相談率（‰）
全国	10.67	0.98	6.08
北海道	10.47	0.82	4.84
青森県	6.81	0.91	13.07
岩手県	7.48	0.64	2.59
宮城県	12.51	0.69	3.58
秋田県	6.70	0.58	10.65
山形県	5.83	0.41	7.25
福島県	6.60	0.57	3.55
茨城県	8.20	0.59	3.31
栃木県	7.28	0.88	2.29
群馬県	10.37	1.33	7.26
埼玉県	8.89	1.02	3.61
千葉県	8.99	0.64	2.60
東京都	13.15	1.03	10.46
神奈川県	10.16	0.84	5.97
新潟県	7.99	0.80	9.15
富山県	4.78	0.58	3.01
石川県	6.70	0.65	2.91
福井県	8.09	0.68	5.83
山梨県	10.55	0.88	3.41
長野県	8.50	0.72	6.43
岐阜県	7.13	0.65	6.32
静岡県	9.76	0.70	4.15
愛知県	7.35	0.68	3.94
三重県	11.74	0.73	4.59
滋賀県	22.77	0.72	1.73
京都府	11.35	1.52	4.86
大阪府	17.52	1.48	9.38
兵庫県	12.96	1.38	14.27
奈良県	17.30	1.68	10.46
和歌山県	8.63	1.90	4.86
鳥取県	8.18	0.96	5.17
島根県	15.87	1.07	7.50
岡山県	11.41	1.09	4.14
広島県	10.46	1.54	5.07
山口県	7.46	0.84	4.63
徳島県	8.83	0.86	3.75
香川県	12.21	2.14	7.72
愛媛県	6.17	1.02	2.31
高知県	11.45	2.09	4.02
福岡県	15.04	1.22	6.12
佐賀県	5.99	1.01	6.08
長崎県	10.22	0.72	5.59
熊本県	7.11	0.53	3.80
大分県	19.08	1.52	13.59
宮崎県	8.20	0.94	5.24
鹿児島県	11.18	1.26	4.41
沖縄県	11.38	1.72	2.34

注：相談率の算定は、「相談件数（児童相談所＋市町村）／児童数×1,000」とした。

資料：総務省「国勢調査」および厚生労働省「福祉行政報告例」より作成

表8-3 児童保護率と児童相談（養護・非行・育成）率の相関係数

		養護相談率	非行相談率	育成相談率
児童保護率	Pearson の相関係数	.416**	.462**	.191
	有意確率（両側）	.004	.001	.198
	N	47	47	47

**. 相関係数は 1% 水準で有意。

　図8-5の「養護相談率」については、「滋賀」「大分」「奈良」「島根」の4県を除くと、ほぼ回帰線の近くに点在している。「養護相談」には、他の相談も含まれるが、貧困と児童虐待の関係性を強く疑わせる結果となっている。もちろん、経済的な要素以外に養育環境の不十分さから育児ストレスが生じて児童虐待に発展することは否めないが、1つの問題提起に値する結果であるといえる。また、図8-6の「非行相談率」についても、「高知」「香川」「和歌山」の3県を

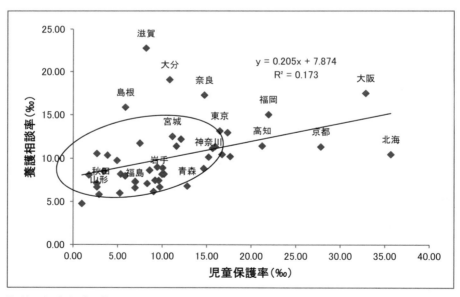

資料：総務省「国勢調査」、厚生労働省「被保護者全国一斉調査」および「福祉行政報告例」より作成

図 8-5　養護相談率と児童保護率の散布図

除くと、回帰線の近くに点在している。このことから、貧困と非行行動との関係性を疑わせる結果となっている。

なお、東北地方の6県についても、相関関係が強くみられており、数値的には他の都道府県よりは低いものの、貧困が広がると児童虐待や非行行動がより顕在化されていく可能性が否定できない。

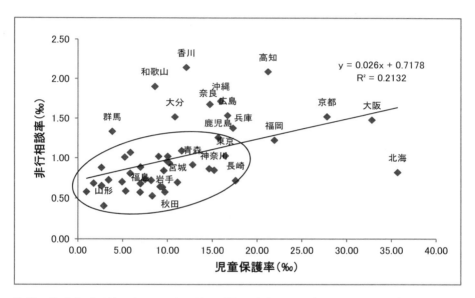

資料：総務省「国勢調査」、厚生労働省「被保護者全国一斉調査」および「福祉行政報告例」より作成

図 8-6　非行相談率と児童保護率の散布図

4．子ども期の貧困問題をめぐる課題の考察

（1）分析結果からの考察

統計資料の制約から、「ひとり親世帯」という断片的な側面から困窮化の要因について分析を試みたが、昨今の離婚率の上昇が象徴するように、ひとり親世帯に属する児童が「6～7人に1人」の割合となっており、2010年に比べるとさらに上昇していることが予測され、「子どもの貧困」が広がっていること

をうかがわせる。しかし、ひとり親世帯のなかでもとりわけ母子世帯においては就業率が高くなっているものの安定的な働き方が難しく、かつ、児童扶養手当制度の給付期間制限と同時に就業的自立に重きを置いた施策に転換されたことで、貧困から逃れようと必死に働いてもなかなか自立が難しく、このような「相対的貧困状態」が子どもの発達や成長にも影響を与えている可能性がうかがえた。さらに、健康状態を悪化させて「労働不能」の状態になると生活保護を受給することができても、そこから自立につながることが難しく、「貧困の固定化」につながっていることが推察された。では、こうした問題にどう向き合うべきであろうか。

　マクロ的な福祉政策としては、就業的自立を目指すのであれば、第1に、労働市場の改善が求められる。ひとり親世帯に限らず、共働き世帯においても、正規雇用で働こうとすると長時間労働を強要される傾向が強く、そのしわ寄せが女性の側に強く出てくることが懸念される。一方では「少子化」という問題にもつながるが、女性が就業する機会を抑制することにつながる。いわゆる「男性稼ぎ主型モデル」の残存が、結果的に離婚等によってひとり親世帯になった場合に、母子世帯側が困窮化を余儀なくされることになるからである。こうした問題を解消するためにも、「ワーク・ライフ・バランス」といわれるように、すべての労働者が規定の労働時間（原則週40時間、1日8時間）への短縮につながるように規制を強化し、ライフイベントに際しても男女問わず就業が継続できるような労働環境を整えるべきである。

　しかし、この政策が難しいのであれば、第2は、阿部（2014）が提唱するように、所得保障を充実させることである。筆者の見解としては、親の就業の有無にかかわらず、子育てにかかわる必要な費用はすべて社会で負うべきであるとする考えである。財源の問題や受給者の使途の問題、さらには社会的な合意形成の困難さを懸念する声もあるが、単なるリスク管理という点でも十分に意義があるものと考える。2015年12月3日に日本財団が公表した推計によると、貧困家庭の子どもを支援せずに格差を放置すると、現在15歳の子どもの1学年だけでも、社会が被る経済的損失が約3兆9千億円に達し、政府には、約1兆1千億円の財政負担が生じるとしている。仮に、福祉をさらに削減して財政負担を軽減したとしても、その分、子どもの発達に影響を与え、社会性や倫理

観の欠如した子どもが非行に走り、その子どもが成人となって治安を脅かす存在になれば、大きな「しっぺ返し」を被ることになる。もちろん、極端な「夜警国家」を推進して弾圧するにしても、使途が異なるだけで、治安を守るべき警察等にかかる財政負担が増加するだけである。

　今後、どのような選択をすべきか、いずれにしても急務であることは事実である。

（2）子ども期の貧困問題に関する地域構造の試験的分析

　すでに子ども期の格差と貧困は長い期間放置されてきたことに鑑みれば、新たな対策を急ぎ講じたとしても、「社会的不利」に苛まれて自立生活の道を閉ざされてしまっている子ども、その予備軍の子ども等、ケア的な対応が必要になっている子どもが多数存在することをまずは認識しなければならない。その問題がどのような形で出現するかは予測不能であるが、どのような傾向を示しているのか、試験的に分析をおこなうことで方向性を検討してみたい。

　図8-7は、養護・非行・育成相談率の対応分析結果である。本書の児童保護率にしても、戸室氏の子どもの貧困率についても、都道府県別の分布との因果関係を見出すことはできなかった。実際に、「相談」という変数を用いたため、相談に積極的な地域や人もいれば、消極的な地域や人もいるため、その実態を把握できていない可能性は否めない。よって、あくまでも相談率という観点であって、貧困問題としての関連性を排除して図8-7をみてみると、各都道府県内でどのような相談が寄せられている割合が高いかがうかがえる。例えば、東北6件をみてみると、「福島」は中心付近に分布していることから、どの相談も平均的に寄せられていることがうかがえ、他の太平洋側に面している「岩手」と「宮城」は左側に寄っていて、「宮城」は養護相談率が高いため、養育をめぐる経済的な問題や虐待等の問題が相対的に出現しており、「岩手」も同様であるものの、非行相談率もやや高くなっていることから、子どもにもその影響が出ている地域である可能性が考えられる。一方、日本海に面している「青森」と「秋田」、「山形」は右側に寄っており、育成相談率が相対的に高くなっているため、表出する問題というよりは、子どもの内面的あるいは内向的な問題が出現している地域である可能性が考えられる。

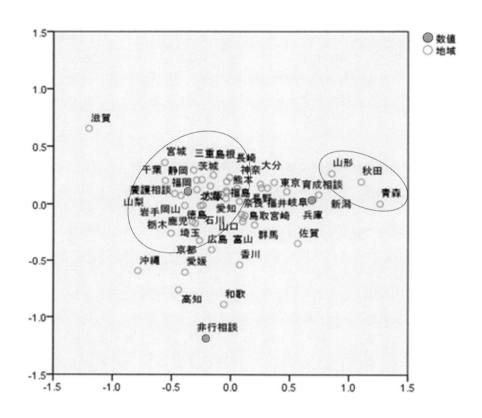

資料:総務省「国勢調査」および厚生労働省「福祉行政報告例」より作成

図 8-7 養護・非行・育成相談率の対応分析結果

　いずれの場合も、各地域が抱えている課題がどのようなものであるかを認識することは必要である。冒頭に述べたように、子どもの貧困対策法が制定され、「子どもの貧困対策大綱」が策定されたが、結局は地域に丸投げされる形になっている。もちろん、コミュニティの観点から考えれば、自らの地域課題を克服しようと問題意識をもつことは重要である。しかし、子どもの貧困問題は、地域の力だけでは解決できないマクロ的な政策にも強く影響を受けていることが想定される以上、政策課題と地域課題が融合していかなければ克服が難しい課題であると考える。

5．むすび

　子ども期の貧困問題をめぐっては、「貧困の連鎖」という問題が広く認識されているところである。この問題はもちろん看過できない視点ではあるものの、「政策課題」あるいは「支援課題」に着目した場合、「貧困の連鎖」から生まれてくる様々な社会問題をどう把握し、これを改善するための最善の方法を考えることが求められる。既に、「貧困」という形で不利な条件に晒されている子どもが一定数存在する以上、2つの側面から地域課題の検討をしていく必要がある。

　第1は、老若男女を問わず、貧困状態に置かれている人々が「ＳＯＳ」を発信しやすく、福祉制度等の支援を受けやすいスティグマを生み出さない地域づくりを進めていくことである。第2は、すでに社会的不利を抱えている子どもへの包摂的なケア（例：学習支援）の展開である。

　こうした課題の克服を怠ると、永続的に貧困が「再生産」されていき、経済的基盤の弱い地方では、より人口の流出を促し、さらなる衰退を進めてしまう可能性がある。地域社会の存続のためにも、「子どもの貧困対策」は手を抜くことなく、あらゆる住民が取り組んでいくことが必要であると考える。

　以上の考察を踏まえて、次章では、「低所得世帯児童を対象とする学習支援の効果に関する事例分析」を通じて、地域で取り組める子どもの貧困対策としての学習支援の効果について検討し、その普及を図りたいと考える。

参考文献

阿部彩（2008）『子どもの貧困—日本の不公平を考える』岩波書店

阿部彩（2014）『子どもの貧困Ⅱ—解決策を考える』岩波書店

藤本典裕・制度研（2009）『学校から見える子どもの貧困』大月書店

原伸子・岩田美香・宮島喬編（2015）『現代社会と子どもの貧困—福祉・労働の視点から—』大月書店

子どもの貧困白書編集委員会編（2009）『子どもの貧困白書』明石書店

松本伊智朗編著（2010）『子ども虐待と貧困—「忘れられた子ども」のいない

社会をめざして―』明石書店

道中隆（2009）『生活保護と日本型ワーキングプア―貧困の固定化と世代間継承―』ミネルヴァ書房

宮武正明（2014）『子どもの貧困―貧困の連鎖と学習支援―』みらい

「なくそう！ 子どもの貧困」全国ネットワーク編（2012）『大震災と子どもの貧困白書』かもがわ出版

第9章　低所得世帯児童を対象とする学習支援の効果に関する事例分析
－Ａ市での実践から－

1．はじめに

　2013年6月に「子どもの貧困対策の推進に関する法律」が制定されるなど、近年、わが国における「子どもの貧困」への関心が高まる一方で、その対策が必ずしも十分におこなわれているとはいえない状況にある。子どもの貧困対策の1つの有効な取り組みとして「学習支援」が広く認識されており、2013年12月に成立した「生活困窮者自立支援法」（2015年4月施行）においては、任意事業として「学習支援事業」が規定されている。同法成立に先立ち、生活保護自立支援プログラムでの「高校進学等支援プログラム」のほか、「子どもの健全育成支援事業」や「社会的な居場所づくり支援事業」といった取り組みが行われ、同法の成立後にはモデル事業も展開され、多数の先進事例が紹介されてきた。しかし、厚生労働省の資料によると、2015年度時点で学習支援事業を実施する見込みが324自治体（36％）にとどまっており、広く普及している状況とはいえない。もちろん、地域のなかにニーズがなければ不要ではあるが、ゼロということは考えにくく、自治体の財政負担（2分の1）が障害の1つになっている可能性が否めない。2015年度は特別な措置が講じられたが、むしろ、ニーズが高い地域ほど財政負担の問題等、任意事業であるがゆえに実施を控える自治体が多いのではないかと推察される。あるいは、事業の委託化が可能であることから、可能な予算の枠組みで事業者に委託し、限られた範囲での支援に矮小化される可能性も懸念される。

　以上の問題意識から、本研究では、低所得世帯児童[1]を対象とする学習支援の効果に着目し、その効果を客観化（あるいは可視化）させることを目的とする。それは、このことが支援のあり方や課題の検討に寄与するのではないかと期待するからである。

　学習支援に期待されている効果の中には、社会的な居場所としての機能と学

---

[1]　本章においても「子ども」と「児童」は同義で用い、いずれも児童福祉法に規定する「18歳未満の者」を想定している。

力向上にあるものといえる。いずれも、低所得世帯における生活課題が他面に
わたって児童の生活や学習環境に影響していることを意味しており、こうした
課題を改善していくことで児童のエンパワメントを高めることが期待されて
いるものといえる。学習支援の効果を分析するにあたっては、第1に、生活課
題を改善するための機能が果たされていたか、第2に、生活課題の改善が児童
のエンパワメント向上につながっているか、という2点を研究課題とし、参与
観察のほか、いくつかの調査を実施した。

　調査研究の対象は、2014年4月から2015年3月までにA市学習支援事業に
登録した中学生である。これらの児童は、生活保護受給世帯、児童扶養手当受
給世帯および準要保護世帯の中学生を原則対象とし、対象児童が紹介した友人
等のうち、学習塾等の私的なサービスを利用していない中学3年生を例外対象
とした。実施期間中に登録した中学生は計21名であったが、継続して参加し
た児童は13名であった（登録のみで不参加が4名）。

　本研究では、①参与観察記録の作成と分析、②質問紙調査、③聞き取り調査、
の3つの手法を用いて分析をおこなっている。分析に際して、生活課題につい
ては、参与観察記録と質問紙調査、聞き取り調査の結果をケースごとにまとめ、
グラウンデット・セオリー（GT）法によって取り出した要素を類型化し、対
応分析によって児童相互間の特徴をまとめた。また、エンパワメントについて
は、東京都が開発した「自尊感情測定尺度（東京都版）自己評価シート」をそ
の指標としてみなして用いた質問紙調査の結果を分析した。

　なお、本研究においては、日本社会福祉学会研究倫理指針に基づく倫理的な
配慮を行った。とりわけ、調査の実施にあたっては、対象児童との十分な信頼
関係を築いた上で調査の依頼をし、該当児童の保護者に対して書面での依頼を
おこない、了解を得て実施した。また、事例や調査の分析結果についても、対
象者が特定されないように匿名化して使用している。

2．「子どもの貧困対策」としての学習支援をめぐる論点

（1）学習支援のルーツと社会福祉

　学習支援のルーツを辿っていくと、セツルメント運動に起源があるものとい

える。例えば、イギリスにおいては 1834 年の救貧法改正により取り残された貧民に対して、大学生が児童に対して教育を施したという歴史がある。高島（1995：63）はトインビー・ホール [2] の事業について、「労働者や児童のための教育事業で、講座のようなフォーマルなものから旅行クラブにいたる多様な形態で推進されている」と説明している。こうした取り組みの思想的な背景には、エドワード・デニソン（Edward Denison）による「単なる施与では貧民を救えず、真の救済は自活の道を与えることであり、とりわけ教育的環境の欠如が貧民を無知においやり、市民的能力を低めて自活の道を塞いでいるので、それを知識人の植民によって改善する必要がある」との考え方があるとしている（高島 1995：61）。また、日本でもトインビー・ホールの影響を受けた片山潜がキングスレイ館を 1897 年に設立し、教育的事業が展開されている。

　以上の日英におけるセツルメントにおける教育事業が進められた時期と生活困窮者自立支援制度が施行（2015 年 4 月）された今日とに共通することは、公的な救済が脆弱 [3] である時期であり、「自立」ということが目標に掲げられていることである。こうした状況のなかで、慈善活動家や篤志家といった一部の思想的あるいは学問的な動機づけをもつ人々によって思い思いに学習支援事業が進められている。

　もちろん、個人の尊厳という点で考えれば、「自立」することが様々な選択権を得ることにつながり、未来に対する希望をもてる可能性を広げる。しかし、今日の低所得世帯児童は、経済的な困窮のみならず、様々な生活課題を抱えている場合が少なくない。つまり、「自立支援」一辺倒ではなく、生活保障と自立の助長を組み合わせた本来的な「社会福祉」の考え方が根底になければならない。阿部（2014：229-234）が「優先順位」として述べているように、第一義的には経済的困窮の解消のための「現金給付」を拡充した上で、「効果が測

---

[2]　1884 年に世界で最初のセツルメントの拠点としてロンドンに設立される。

[3]　イギリスでは、1834 年の救貧法改正で「劣等処遇原則」や「ワークハウスシステム」が取り入れられ、実質的には貧民を排除する方向に向かった。日本でもキングスレイ館が設立された時期は、近代化の過程で貧民救済は「隣保相扶」を前提とし、恤救規則（1874 年）による救済は極めて限定的な対象であった。一方、今日の日本では、人口の少子高齢化や財政状況を理由に社会保障が圧縮され、2012 年の相対的貧困率は全体で 16.1％、子どもについては 16.3％と上昇する傾向を示している（厚生労働省「国民生活基礎調査」）なかで、「自立」を基調とする制度改正が進められ、個人の自助努力や地域の相互扶助に課題の解消が委ねられてきている。

定されているもの」としての「現物（サービス）給付」が必要であることは、的を射ているものといえる。

　また、今日の学習支援事業に取り組む主体については、社会福祉基礎構造改革以来期待されている「地域福祉の担い手」としての「マンパワー」としては有意義な存在である。しかし、各々の「思い」というものによって形作られる支援が必ずしも普遍的な意義をもたらすかどうかは疑問であり、またその結果を問う必要性が生じない。このことが限定的な対象に矮小化され、ミニマム（最低限）やオプティマム（最適性）といった社会保障や社会福祉の指標を形骸化させる可能性が否めない。

　以上を踏まえると、今日の様々な学習支援の取り組みには、その効果の前提となる子どもを取り巻く生活基盤が必ずしも充足していない状態のなかで展開されていることが想起され、支援の効果は、一定の条件が整っている場合に限られているという限界があることを念頭に置いておかなければならない。

（2）学習支援の先駆事例と課題

　阿部（2014：178）が「日本の学習支援の効果は、実際には、メンター・プログラムのように、一人の『お兄さん』『お姉さん』との特別な関係を築くことによる効果が大きいのではないか」と述べているように、各地で取り組まれている学習支援の事例の多くは「メンター・プログラム」であることは否めない。さらに、阿部（2014：178-179）は、メンター・プログラムの課題を3点あげている。第1は、ボランティアが学生であり、継続的な関係を築くことが難しいことや深刻な家庭問題を抱える子どもを支援した際の心理的なケアが必要であることをあげている。第2は、民間でおこなわれているプログラムである場合、活動資金やスタッフの確保に苦労しており、必要としている支援を十分に届けることができないことをあげている。第3は、リーチアウト[4]（対象者に参加するように働きかけること）の問題をあげ、どのようにして学習支援の場に子どもたちを誘うかという課題があり、機能させるためには学校や児童相談所、福祉事務所などの有機的な連携と、親と子の両方への根気強いアプローチが必要であることを指摘している。

---

[4]　社会福祉の領域では、アウトリーチ（Outreach）と呼ぶ場合がある。

全国各地で取り組まれている学習支援プログラムの先駆事例すべてに精通しているわけではないが、成功例として紹介されている多くの事例が主催者や紹介者の主観的な評価に留まっているように見受けられる[5]。阿部（2014：233）が「地域における取組みとして、子どもの居場所づくり（放課後プログラム）や、メンター・プログラムが拡充されることを期待する。これらのプログラムは、海外でも高い費用対効果が実証されており、日本における先駆的な取組みにおいても、効果があると指摘されている」と述べているのも、日本の学習支援プログラムによる効果の科学的根拠が示されていないことによるものといえる。

子どもが健全に育つことは、その地域や社会の発展に欠かせないものであり、今はマイノリティとされている貧困状態の子どもが希望をもてない（尊厳が守られない）まま生きていくこともまた、不健全な社会を再生産させていくことにつながるものと考える。セン（Sen, A）のいう「潜在能力（capabilities）」もまた、「財（commodities）」があってのものであり、俗な言い方をすれば、「腹がへっては戦はできぬ」ということである。

以上を踏まえると、現状の任意事業としての学習支援事業が普遍的な社会制度として昇華するためには、支援の方法を明確に示したうえで、その効果を根拠づける方法と分析結果を示していくことが必要であるものと考える。

3．学習支援の効果に関する分析

（1）学習支援事業の実施体制と実績について

a）事業開始までの経緯

本研究が事例として取り上げる学習支援事業は、勤務先である岩手県立大学がＡ市からの委託事業（社会的な居場所づくり支援事業）として受託し、筆者がサポートリーダーとして全体のコーディネイトをおこなうこととした。Ａ市は、岩手県がモデル地域として 2013 年度に試行的に 2 ヶ月間（2014 年 2～3

---

[5] 三菱総合研究所（2015）では、成功事例として 24 事例が紹介されている。各事例の「事業の効果」については、高校への進学率や問題が改善された事例の列記、主催者の自己評価等によるものが散見される。

月）支援を実施した後に、Ａ市が単独で事業化を進め、2014年度当初から支援を開始した。事業委託に際しては、Ａ県とＡ市による大学への働きかけがあり、受託にいたった。なお、筆者が関与した経緯としては、研究テーマの１つに貧困問題をあげていることと、2013年１月から岩手県Ｂ市で岩手県立大学の卒業生や在学生が生活保護世帯の中学生を対象に学習支援ボランティアを開始し、そのオブザーバーとして支援の場に参加する機会が増え、問題意識が高まったことによる。

支援実施にあたっては、年間30回以上の支援の実施、月１回以上の担当者間での連絡・調整会議（生活保護担当職員、就学支援相談員、サポートリーダー）の開催、月１回の参加児童個別の経過報告（大学から市へ書面で報告）、その他、就学支援相談員とサポートリーダーによる連携を機能させるために、適宜任意で会議を開催すること等を申し合わせた。

予算の使途については、サポーターへの謝金・交通費、文具等消耗品費、茶菓代、保険加入料等で構成することとした。

以上は、いずれも新潟県立大学による先駆事例を参考にし、児童や地域の特性に配慮しながらアレンジを加えていく形をとっている（小澤ほか2012参照）。

b）支援の対象

当初、大学としては、対象児童を生活保護受給世帯の中学生を対象とすることを要請していた。しかし、参加を希望する世帯が少数であったため、対象を生活保護世帯と準要保護世帯の中学生を原則とし、原則世帯の中学生の友人で学習塾等の私的な学習支援を受けていない中学生にまで拡大した。ただし、予算の関係上、定員の上限を20名程度にせざるを得ない状況にあったため、申込み人数に応じて３年生から１年生に徐々に拡大させていくという方式を採用したところ、３年生の募集段階で概ね定員に達した。

c）支援の実施体制

学習支援の体制は、サポーター（有給）の大学生１名に対して中学生が１～２名程度の割合になるように配置し、サポートリーダー（筆者）が全体のコーディネイトを展開し、サポーターが個別に中学生とかかわるような方式を採用

した。基本的には、施設の一室内に5〜6箇所程度、机を用いて「島」をつくり、1グループが1島を利用する形にしたが、人数の配分がうまくいかないときは複数のグループで1島を共有する場合もあった。

当該年度は、登録したサポーターが17名（16名が社会福祉専攻の学生で、1名が他大学の児童教育専攻の学生）で、支援実施日に参加可能なサポーターを配置していく形をとったため、毎回同じメンバーになることはほとんどなかった。そのため、中学生とサポーターのグループは、①ゲームによるグループ決め、②中学生の希望する科目とサポーターの得意科目とのマッチング、③（稀ではあったが）中学生からの指名、のいずれかをそのときの雰囲気に合わせて選択した。3年生が多かったため、受験勉強に熱が入りはじめた11月以降は、ほぼ②の方式を採用した。

支援の場所は、A市内の公共施設とA市内にある大学の施設を用い、中学生が通いやすい方を選べるようにし、月に4〜5回程度実施した。支援の実施日は、変則的ではあったが、火曜日と水曜日の17時から19時の場合（月に4回程度）と、土曜日の10時から15時の場合（月に1回程度）とに設定し、結果的に47回（ただし、1回参加者0人の回があり）の支援を実施した。

　d）支援の進め方とサポーターに求めた点
支援は、基本的には、①導入（サポートリーダーによるアイスブレイク、グループ決め）、②聞き取り（サポーターによる話したいことの確認、学習内容等）、③支援（話し相手、学習指導等）、④振り返り（中学生による感想や反省等の発表）の手順で支援を展開した。

支援に先立ち、サポーターに求めた点は以下のとおりである。
・「支援者」という意識ではなく、「友だち」の関係が築けるようにすること
・学習は、本人のモチベーションに合わせて取り組むようにすること
・学習方法については、「教えてあげる」ではなく、「一緒に学ぶ」ことに心がけ、中学生が自分なりの学習方法を身につけられるようにすること
・悩みごとを相談された場合には、助言を急がず、ことの本質がわかるように傾聴すること
・悩みごとがサポーターの手に負えない難しい内容である場合には、本人に

断りを得てからサポートリーダーに報告をすること

・中学生とのかかわりのなかで感じたストレスや課題はひとりで抱え込まないこと（回数は少なかったが、ミーティングや食事会などを開き、意見交換の機会をつくった）

ｅ）支援の実績（参加回数）

表 9-1 は、学習支援に登録した中学生の参加回数を示したものである。準要保護世帯の募集をはじめたのが 6 月頃からであったため、同世帯の中学生の参加は 8 月以降となっている。

①登録するも参加がなかった中学生について（4 人）

表 9-1 のとおり、登録はしたものの、1 回も参加せずに終わってしまった中学生は 4 人であった。

〔No.1〕は家庭教師をつけていたこともあり、当初から参加には消極的であったため、その後も積極的な参加を促さなかった。

〔No.2〕は前年度の試行期間に参加していた中学生であるが、父親が生活保護を受けていることに消極的で、子どもがそのグループに入っていることを近所の人に知られることを嫌がり、参加を見送った。

〔No.4〕は体調不良のために学校にも通っておらず、学習支援に参加することも厳しい状態にあった。就学支援相談員による家庭訪問が何度かおこなわれたが、体調面を配慮して参加を促すことはしなかった。

〔No.12〕はいわゆる「不登校」の中学生であり、他の支援施設には通所しているようであったが、学習支援には参加がなかった。就学支援相談員が熱心に家庭訪問をおこない、その都度参加の意向が示されたものの、参加への一歩が結局踏み出せなかった。

②登録して何度か参加したが、参加しなくなってしまった中学生について

登録して何度か参加したが、参加しなくなってしまった中学生は 4 人であった。

〔No.3〕は 2 年生ということもあり、部活動が忙しく、当初から参加が難しいという意向であった。6 月に学校内の事情があって一時的に部活動が休止したときには参加したが、その後は参加がなかった。就学支援相談員による家庭

訪問の状況から、やはり部活動が忙しい（運動部の部長になった）という理由であることがわかり、参加を促すことはしなかった。

　〔No.5〕は登録当初は生活保護世帯であったが、生活保護を辞退するために母親が夜間の就業日数を増やしたことが関係している。下に幼児の妹がいたため、〔No.5〕が母親の留守中に妹の面倒をみなければならず、学習支援への参加を断念せざるを得なくなった。その後も就学支援相談員が熱心に家庭訪問をして個別に学習の支援に取り組んでいたこともあり、参加を促すことはしなかった。

　〔No.7〕は学業不振が参加を抑制させた要因が考えられる。参加当初、意欲的に学習に取り組んでいたが、「勉強嫌い」だということが就学支援相談員の家庭訪問でわかった。その後、何度か手紙やサポートリーダー（筆者）による電話での働きかけで参加の意向を引き出せたが、なかなか参加には至らなかったものの、本学習支援に参加していた同じ学校の中学生の働きかけもあって、3月の最後に参加して元気な様子をみせてくれた。

　〔No.8〕は1年生ということもあり、部活動（音楽系の文化部）が忙しい様子であった。常時参加していたのが3年生であったこともあり、周りからは大切にされる存在で、参加時は本人も楽しそうにしていた印象がある。就学支援相談員による家庭訪問の際に参加を促してもらったが、部活動が忙しいということはわかったが、参加をしなくなった要因は不明のまま年度が終わってしまった。

　③継続的に参加し続けた中学生について（13人）

　登録した21人の中学生のうち、継続して参加したのは、〔No.6〕、〔No.9〕、〔No.10〕、〔No.11〕、〔No.13〕、〔No.14〕、〔No.15〕、〔No.16〕、〔No.17〕、〔No.18〕、〔No.19〕、〔No.20〕、〔No.21〕の13人であった．このうち、以下の分析の対象とするのは、〔No.6〕、〔No.10〕、〔No.11〕、〔No.13〕、〔No.14〕、〔No.15〕、〔No.16〕、〔No.17〕、〔No.20〕、〔No.21〕の10人で、〔No.9〕、〔No.18〕、〔No.19〕の3人は全体の分析対象から外した。理由は、実施した調査すべての対象になっていないからであるが、以下に個別事情の説明を加える。

　〔No.9〕は両親が知的障害者手帳の所持者（ただし、自動車の普通免許は所持）であり、特に母親が情緒的に不安定になることが多く、安定しているとき

表 9-1　学習支援に登録

No.	名称	学年	性別	適用	世帯類型	4月	5月	6月
1		3	男	生保	母子	—		
2		2	女	生保	父子	—		
3		2	男	生保	母子	—		3/3
4		2	女	生保	母子	—		
5		3	女	生保辞退	母子	—	1/1	3/3
6	A	3	女	生保	母子	—	1/2	4/6
7		3	男	生保	母子			2/3
8		1	女	生保	母子			
9		3	男	準要保護	一般	—		
10	B	3	女	準要保護	母子	—		
11	C	3	女	準要保護	母子	—		
12		3	女	準要保護	母子	—		
13	D	3	女	準要保護	一般	—		
14	E	3	男	準要保護	一般	—		
15	F	3	男	準要保護	一般	—		
16	G	3	男	準要保護	母子	—		
17	H	3	女	準要保護	母子	—		
18		3	男	準要保護	父子	—		
19		3	女	準要保護	母子	—		
20	I	3	女	その他	一般	—		
21	J	3	女	その他	一般	—		

注：「参加回数」の分母が参加可能回数で、分子が実際の参加回数を示している。参加
　　したため、送迎の関係で2会場双方に参加ができた児童とどちらか片方しか参加で

は送迎をしてくれるが、不安定な状態になると参加が難しく、日常的に家事全
般の手伝いも任されていたことから参加に大きな波があった。そのため、調査
をすべておこなうことができず、対象から外した。

した中学生の参加回数

参加回数									
7月	8月	9月	10月	11月	12月	1月	2月	3月	計
0/3	0/1	0/2	0/3	0/3	0/2	0/3	0/3	0/3	3/26
0/2	1/1	0/2	0/2	0/2	0/2	0/2	0/2	0/1	5/20
2/5	1/2	3/4	2/5	3/5	3/4	5/5	5/5	4/4	32/47
0/2	0/1	0/2	0/2	0/2	0/2	0/2	0/2	1/1	3/19
		1/2	2/3	1/3	0/2	0/3	0/3	0/3	4/19
3/3	1/2	0/4	2/5	2/5	0/4	0/5	0/5	1/4	9/37
	1/2	4/4	5/5	5/5	4/4	4/5	3/5	3/4	29/34
	1/2	2/2	5/5	5/5	2/4	4/5	3/5	1/4	23/32
		3/3	5/5	5/5	4/4	4/5	3/5	2/4	26/31
		3/3	5/5	5/5	4/4	4/5	4/5	1/4	26/30
		2/3	3/5	3/5	3/4	3/5	4/5	1/4	19/30
		1/4	2/5	2/5	1/4	1/5	2/5	0/4	9/32
			4/5	4/5	1/4	1/5	0/5	0/4	10/28
				2/2	1/4	1/5	1/5	0/4	5/20
					1/1	3/3	3/3	3/3	10/10
			2/2	4/5	4/4	3/5	3/5	3/4	19/25
					3/4	4/5	3/5	3/4	13/18

可能回数が児童によって異なるのは、登録した時期が異なることや、2会場で開催
きない児童が出てきたことによる。

〔No. 18〕は表 9-1 のとおり、継続的に参加してきてはいたものの、頻度は
低い状態にあった。学力水準は高いものの、他者との関係形成に苦手意識をも

っており、ある程度メンバー間の関係で形成されてきた雰囲気のなかに溶け込むことが難しかった面があったようである。また、本人は勉強したくて参加してきたときにも、他の中学生に話しかけられて勉強に取り組むことができなかったことが参加意欲を低下させていたようである。

〔No.19〕は初回の参加以降すべての支援に参加しており、成功事例の1つといえる。母親によると、親子関係が良好な状態でなかったにもかかわらず、高校進学のことで十分に話し合いができておらず、〔No.19〕と志望高校の合格水準にかなりギャップがあることがわかり、母親が学習支援への参加を促したようである。結果的に志望高校に合格し、親子関係の改善にも寄与できたところがあったようである。

なお、〔No.16〕については参加回数が少なかったうえに聞き取り調査が実施できなかったため、また、〔No.20〕と〔No.21〕については一般世帯であることから、生活課題の分析対象からは外し、自尊感情の分析については比較対象とするために一部分析対象に加えた。

（2）学習支援の効果に関する分析をするための調査方法

　a）中学生を対象とする質問紙による調査

　中学生を対象とする質問紙調査は、11月、1月、3月の3回にわたって実施している。調査の実施時期についての妥当性には疑問が残るが、中学生との間で一定の信頼関係が形成され、「ありのまま」を素直に回答してもらえる状況をつくる必要性があると考えたことと、一定数の対象者を確保するために初回の調査を11月に実施している。なお、回答方法については、学習支援の時間中に質問紙を配付し、その場で回答してもらっても、家に帰ってから回答して後日提出でもよいとした。ただし、3月調査は3月28日の最終回に参加できなかった中学生についてのみ郵送による配付・回収をおこなった。

　3回の調査票はすべてA4用紙表裏4ページをつかって作成していることと、1ページ目に「自尊感情測定尺度（自己評価シート）」の項目を入れている以外は、各時期に中学生が直面しているであろうと考えられる課題をみつけだすための設計をしている。11月調査では、学習支援に参加するようになってからの生活環境に変化が起こっているか、また、将来の展望や現在の生活課題に

ついて質問項目を立てた。また、1月調査では、受験シーズンに入り、身体的・情緒的な健康状態や受験に臨むにあたっての不安等へのケアを目的に質問項目を立てた。3月調査では、学習支援に参加してみた感想や今後の抱負、学習支援で改善すべき課題点等について質問項目を立てた。なお、3月調査は、すべての入試結果が出てから実施している。

b）中学生を対象とする質問紙調査の結果を用いた聞き取り調査（二次調査）

中学生を対象とする3回の質問紙調査のうち、11月調査に関しては「受験モード」に入る前のギリギリのタイミングではあったが、学習支援事業を通じて中学生が抱える生活課題に向き合えるチャンスではないかと考え、質問紙調査に回答してくれた中学生のうち、聞き取り調査にも快諾してくれた中学生を対象に実施した。調査時間は概ね1人20〜30分程度で済むように心がけた。なお、聞き取り調査には、中学生本人の意向も踏まえ、緊張を和らげるためにもサポーターであり、サポートリーダー（筆者）のゼミ生でもあった学生に同席してもらった。

c）保護者を対象とする質問紙調査

学習支援の取り組みがA市と大学との連携のみならず、中学生の生活を支える家庭との連携を少しでも取れるようにという伏線も含めて、保護者を対象とする質問紙調査を11月と3月に2回実施している。いずれも、参加した中学生に厳封して手渡しし、郵便にて返送してもらう方式を用いた。ただし、3月調査については、参加できなかった中学生の保護者に対してのみ、郵送による配布・回収をおこなった。

調査項目は、11月調査がA4用紙表裏4ページをつかって作成し、3月調査がA4用紙表面のみ2ページをつかって作成した。2回の調査に共通するのは、「自尊感情測定尺度（他者評価シート）」の項目を1ページ目に挿入した点である。その他の内容は、11月調査が中学生の学習支援に参加するようになってからの変化についてと要望について作成し、3月調査では満足度に関する項目を1つと自由記述による感想や改善課題についての項目を1つ立てて作成した。

なお、本調査については、残念ながら回収状況が悪く、「自尊感情測定尺度（他者評価シート）」の結果は用いず、分析に用いるのは自由記述等の断片的な情報にとどめた。

　　d）参与観察記録
　本学習支援においては、支援に参加したサポーターに「ワークシート」という名称の記録用紙（A4用紙1枚）に担当した中学生の様子について毎回記載してもらうことにした。また、毎月A市に提出する定期報告書に中学生1人ひとりの状況についての記載がサポートリーダーである筆者に求められていた。そのため、筆者自身も毎回の支援の場で1人ひとりの中学生と必ず一度は会話を交わすようにしたうえで、ワークシートの記載事項にも目を通しつつ、記録を作成してきた。
　ワークシートおよび定期報告書のいずれも記載者の「主観」にもとづく価値判断が含まれているものがあるが、分析に用いる記載内容は極力価値判断を含む内容を排除し、中学生が話した内容を用いるようにしている。
　その他、A市の職員や就学支援相談員から引き継がれた情報についても、すでに記載しているものもあるが、差し障りがないと判断した範囲内で本研究に反映している。

（3）参加児童の生活課題に関する分析
　　a）「生活課題」の操作的定義と分類化
　本研究では、「生活課題」を本人やその周辺で具体的に生じている問題現象や行動とする。表9-2-1〜7にまとめた学習支援に参加した中学生の生活課題に関連する発言や行動の記録のなかから生活課題に関するものをいくつかの領域に分類すると、①居場所（安心して自分らしく居られる場所）の享受、②悩み相談（家庭、学校や進路等）、③学習意欲・学力の向上、がほとんどの児童に共通しており、問題行動の改善がみられた児童もいた。しかし、なかには深刻な悩み（特に、家庭内の問題等）を抱えている児童もおり、より専門的なアプローチが求められる場合もあることがうかがえた。

第9章　低所得世帯児童を対象とする学習支援の効果に関する事例分析　243

表9-2-1　学習支援に参加した中学生の生活課題に関連する発言や行動の記録（A）

事例名称		A
属　　性		3年・女・生活保護・母子世帯
本人調査から		○学習意欲 ・他の学校の人がいると、もうちょっと頑張んなきゃなって気になったりとか ○学業成績 ・現状維持くらいですかね ○家族関係 ・家でやる場合だとあれですね、家のほうがちょっとできないから ・お母さんとうまく意思疎通ができない ○学習支援 ・相手（大学生）がどう思ってるかわかんないんで、「どちらとも言えない」って書いたんですけど・・・
保護者 調査 から	11月	・娘が学習支援から帰って来た時の表情が明るいので感謝しております。おかげさまで翌日の中学校へ行く糧になっていたのではないかなと思っております。 ・大変親身になって頂き、親子共々何度も安心することができ、感謝しております。
	3月	・学習支援事業に参加させて頂き、大変得る物が多く有り難く思います。中学校生活だけでは正直ストレスがほとんどでしたが、学習支援から帰ってくるとすがすがしい表情をしている事が多かったので感謝しております。 ・その子のやる気や能力によってブース分けの学習もあり？なのかなと思いましたが、差別している様で難しいのであれば今まで通りでいいのではと思います。
就学支援 相談員から		・今年から教わっている理科の先生の授業の進め方がまだなかなかなじめず苦手意識が出てきた ・家庭では兄弟もおりAのペースで学習しづらい
サポーター から		・人と関わることが面倒くさいと本人が言っていました（5） ・（学校で）女子とも男子とも仲良くないと言っていた（5） ・修学旅行が楽しかったようで、たくさん話してくれました（5） ・学校がつまらないと話していた（6） ・定期的に学校を休んだりしているときがあるのかもしれない（6） ・家のことをすごく気にしている様子（6） ・家族関係の問題や家庭内の心配事が出てくるかもしれない（6） ・進学について等、悩みが多いのかと思う（6） ・友だちからプレゼントをもらった（7） ・漢字検定は任意の受験にもかかわらず、積極的に受験している。英語検定も受ける予定らしい（7） ・数学以外90点以上だったようで、しっかり勉強している（8）

表9-2-1　学習支援に参加した中学生の生活課題に関連する発言や行動の記録（A）（続き）

事例名称	A
属　性	3年・女・生保・母子世帯
サポーター から（続き）	・テスト勉強を計画的にすすめているようでした（9） ・Cちゃんとは自分から話しに行っていました（9） ・Eくんに勉強を教えたり、教えてもらったりしていた（9） ・メンバーや人数が大きく変わったことで、少し自分の希望を抑えているようなところが感じられた（11） ・今日は比較的楽しそうだった（11） ・あまり勉強に集中していないところが少し気になりました（12） ・勉強に対するモチベーションが下がってきているのかなと思った（12） ・今回は集中して学習に取り組むことができていた（1） ・家で勉強できないから、冬休み中の少しの間、おじいちゃんの家に行っていると話していました（1） ・高校に入ったら演劇部に入りたいという話や好きな本の話などができた（2） ・最近あった楽しいことなどの話をしていた（3） ・入試が終わって表情がスッキリしているように見えた（3）
サポートリーダー のコメント（※）	・（前年度の）3月の合宿の際に記録者（宮寺）と家庭の状況や学校でのことなどについてじっくり話した中で感じられたことであるが、自身の家庭が置かれている状況についてしっかりと理解しており、そのことがネガティブな感情を抱かせる要因になっていることが窺えた（5） ・進路に関して、最近は入学後の通学や学校との相性なども考慮して考えるようになっているようである（6） ・夏休み明けは、まだエンジンがかかっていないようで、学習成績は伸び悩んでいる様子である。特に数学の成績が担当教諭との相性の問題もあって伸び悩んでいる（8） ・当初の志望校よりもランクが下がったこともあり、少し学習への動機づけが弱くなっているように見えるが、学習会への参加意欲に変化はなく、様々なことに興味を示すようになり、好奇心がより強まったようにも見える（11） ・最近、兄のことで少し心配していることがあるようである。兄は4月で高校3年になるが、高校卒業後のことを心配しているようである（3）

注：事例Aについては、「サポートリーダーのコメント」を追記している。同児童は、
　　モデル地域として2013年度に試行的に2ヶ月間（2014年2～3月）支援を実施した
　　ときから参加している児童であり、難しい課題を抱えていたことから、支障のない
　　範囲で掲載した。

第9章　低所得世帯児童を対象とする学習支援の効果に関する事例分析　245

表 9-2-2　学習支援に参加した中学生の生活課題に関連する発言や行動の記録（B）

事例名称		B
属　　性		3 年・女・準要保護・母子世帯
本人調査から		○学習意欲 ・ここに来て、楽しいし、わかんないところも聞いたら答えプラス説明もしてくれるからなんかよく分かったから、それを家でも応用してやるようになりました ○学業成績 ・実力テストこないだやってーいっつも合計で二けただったんですけど、なんかだんだん上がっていって、最初 78 くらいで次が 118 で、でこないだのが 131 点 ○家族との関係 ・うるさいんですよ。家におじいちゃんしかいないから、なんかあるとうちの名前呼んで勉強してるのに、「B、B」って呼ぶからイライラしてきて ・（母親と）話をするのはほぼ進路とか高校のだけど、前よりは聞いてくれるようになった
保護者 調査 から	11 月	・学校よりも勉強が解りやすく楽しい！みたいです。 ・自分の目標が見えていない為、なまけた時間希望校を決められずにいます。勉強に対する気持ちが変わった！　焦っています。
	3 月	・できましたらこれからも娘の支えになって頂けたら幸いです。
就学支援 相談員から		・一人では家庭学習が進まないので、勉強を教わりたい。
サポーター から		・友だちが多く、学校でも楽しく生活できているようです (8) ・自分 1 人で考えて勉強する習慣がなかったように思いました。(8) ・授業中寝てしまうと言っていたことと、全体的に勉強があまり好きではなさそうだった (9) ・自分はクラスの皆より成績があまり良くないと話していて、その焦りがやる気につながっていると感じた (9) ・他のメンバーと楽しく勉強できたが、話をしてしまって集中できない気がした (9) ・実力テストで 100 番台から上へ行けないと悩んでいた (10) ・家では料理（お菓子作り）をしていると話していた (10) ・なかなか家で集中して勉強できていないようです (10) ・勉強する努力がみられる (11) ・わからないと手を止めていたが、解き方を聞くなどしていたため、解こうという意欲は少し感じた (11) ・家では家事に取り組んでいるようだが、やらざるを得ないという状況があるのかもしれない (11) ・話を聞く限り学校の状況があまり良くないように感じた (11) ・高校にはスポーツ推薦？で行きたいと思っているが、けがが治るかどうかわからないので不安なようだった (12) ・「自分はいじられキャラだから」と言っていたのが気になった (12) ・高校生活を楽しみにしている様子だった (2) ・自分から勉強する姿勢が見られ、誰よりも早く勉強を始めていた (3)

表 9-2-3　学習支援に参加した中学生の生活課題に関連する発言や行動の記録（C）

事例名称		C
属　性		3年・女・準要保護・母子世帯
本人調査から		○学習意欲 ・なんかわかんなかったりとか教えてもらったのをもう一回家でやったりしないとなと思ってなんか早めにやったりすることが増えた ○学業成績 ・やったところが問題に出たりして前よりは解けやすくなってたと思います ○家族（親）との関係 ・なんか県大の勉強とか終わった後に「今日はなにやったの？」とかそういうので増えるようになりました ○学習支援 ・みんな真剣に教えてくれるし、休憩のときは会話も楽しんで、いいかんじかなって思います ○進路 ・○○（高校）の看護科に行きたくて、でもなんかだいぶ点数低くて足りないんですよ。でも担任とか、親とかは、頑張れって言ってくれてるんですけど、ちょっと自分的には行きたいけど、点数が足りないから行けないかな…みたいな ・今190とかそんくらいで、まあんーと岩女はあと150くらいあがれば
保護者調査から	11月	・（学習支援に）参加した事によって授業で理解できなかった所などの再確認が出来ている。 ・学習支援を受け、本人も楽しく、そして、勉強の苦手な所などを教えていただき、喜んでいます。「次回にはここを聞こう！」と前向きな感じです。もっと回数を増やしていただければ、ありがたいと思います。
	3月	—
就学支援相談員から		・一人では家庭学習が進まないので、勉強を教わりたい。 ・学習会で勉強して、学力を上げてもらいたい。
サポーターから		・自分で考える前にすぐあきらめてしまうところが見られたので、答えを見る前にもう少し自分で考えたり計算したりするべきかなと感じた（8） ・やりたくないのにリーダーのような役をいつも引き受けてしまうと言っていた。断れない性格のようだ（8） ・自分の話というよりも友人の話が多い印象でした（9） ・人に合わせるということが上手い子なんだなぁとDちゃんとの絡みを見ていて思った（10） ・高校進学の費用については気にしているようでした（10） ・受験への不安というものがあると感じられました（10） ・話を聞いていて、学校では友達のことで苦労しているのではないかと感じた（11） ・家に帰ると親に勉強しろと言われるから本当はあまり家に帰りたくない、と話していた（1）

表 9-2-4　学習支援に参加した中学生の生活課題に関連する発言や行動の記録（D）

事例名称		D
属性		３年・女・準要保護・一般
本人調査から		○学習意欲・集中力 ・これ（学習支援）を始めて、なんだろ、勉強するの楽しいなって思った ・家で勉強してて、気づいたらすごい時間経ってたとか ○家族（親）との関係 ・進路の話？　真面目な話ばっかりです（会話が少し増えた） ・家族、兄弟多くてお金大変だから、早く働いて自分が早く自立しなきゃ絶対迷惑かかっちゃうから ・親子関係。進路でケンカしたって話。全然もう相手にしてくれないかんじ。（公立）いけいけいけみたいな ○進路について ・親ともすれ違ってて・・・でも推薦の締め切りが今週の金曜日までで急がなきゃってかんじ。 ○人間関係 ・（恋愛関係）なんかもう後戻りできない話なんで。引きずりすぎて点数下がった。勉強に集中できなくなっちゃった
保護者 調査 から	11月	―
	3月	―
就学支援相談員から		・苦手なところを教えてもらいたい。
サポーターから		・自分のことを話したたがり、また、相手のことを知りたがる様子が強くみられる（9） ・将来への不安が強い感じがした。お金のことと、後はそれに絡んで異性のことも考えているのかなと思った（10） ・本人なりに家のことを心配している様子。お金がない、結婚について等、将来に対する不安が大きい様子（10） ・自分の得意な数学を他の人にも積極的に教えており、それにより、さらに理解を深めているようだった。 ・解けない問を解けないままにするのではなく、解説を見て自分なりに理解しようとしたり、大学生に聞いたりしていた（10） ・他のメンバーの中でDちゃんが主導権を握っているように思う（11） ・友人関係について、「学校での友達とかうすっぺらいでしょ？」とか、「私友達いないんで本ばっか読んでます」みたいなことを言ってました（12） ・「話したことのない大学生が来たから人見知りをしていた」を話していた（12） ・料理をした時に、はじめは庖丁を使う作業を嫌がっていたが、誘われると食材を切る作業を行っていたため、最初の一歩のキッカケがあれば色々なことに挑戦できると思う（12） ・高校が決まったためか、あまり勉強していなかった（12） ・人が集中している時には集中できないと言っていた（2） ・入試やテストが終わって気が抜けてしまったように感じた（2）

表 9-2-5　学習支援に参加した中学生の生活課題に関連する発言や行動の記録（E）

事例名称		E
属　性		３年・男・準要保護・一般
本人調査から		○学習意欲 ・家でやるときにやっぱ教えてもらうとわかって楽しいかんじかなあ ○学業成績 ・前悪かった時は 330 とかだったんですけど、今最高点が 400 点だったんで、まあ伸びたかなと思いました ○家族（親）との関係 ・親の方から、「どうだった県大？」って「まあ大学生よかったよ」って、そんなかんじの話がちょっと増えたかなと思って ○学習支援 ・（大学生との関係）話しやすいし優しいしっていうので満足ですね ○進路について ・選択肢が大変だなって。こんな若い時に、こんな選択をやんなきゃいけないっていうのがちょっと不安かなって思ってますね ○人間関係 ・ちゃんとした場でのあの大人との会話はなんかあんまり得意じゃないですね
保護者調査から	11 月	・中学３年生という、少し大人で、少し子どもな時期に、親ではどうにもならない心の成長をさせて頂く事が出来ました。 ・ちょっと理由が有り、大人嫌いだった息子が楽しそうに学生の皆さんの話や先生の話をしているのを聞いて、とても嬉しく思います。家庭での学習は身についていませんが、それ以上に大切な人と人との交流をさせて頂き感謝しております。
	3 月	・楽しく参加させて頂きました。今回参加させて頂き、大人との関わり方もだいぶ変化してきたと感じました。
就学支援相談員から		・家では勉強をしないので、学習会で勉強の時間を確保させたい。 ・親としては私立に行かれると経済的に困るので、土曜日も弁当を持たせて送り出したい気持である。 ・親は連れ子再婚同士で、父親の実子がF、母親の実子がEである。
サポーターから		・（他の中学生から）同じ年の兄弟だということについて聞かれて困っていたので、今後またそのような場面があったときのことが心配（9） ・新しく来た女の子とも、ふり返りの時に自ら声をかけて話をしたりしていた（9） ・大学生のこと、大学のことについて、いろいろ知りたそうな感じだった（10） ・進路のことで悩んでいるようで、自分が今すべきことについて疑問をもっているようです（10） ・周りに対して気を遣いやすい性格であると思いました（11） ・テストが 400 点をこえないことが増えているようで、志望校に行けるか不安に思っている（12） ・少し集中力がなくなってきてしまったかなと感じた（12） ・学校で同級生をいじめ？まではいかないまでも、そういう風に接していることが少し気になった（1） ・（推薦入試直前）最近学力が下がっていて、推薦落ちたらどこにも行けない等のネガティブな言葉が目立った（1）

第9章 低所得世帯児童を対象とする学習支援の効果に関する事例分析 249

表 9-2-6　学習支援に参加した中学生の生活課題に関連する発言や行動の記録（Ｆ）

事例名称		F
属　性		３年・男・準要保護・一般世帯
本人調査から		○学習意欲 ・勉強少しでも携わるってか関わることで受験生としてのなんていうか、自覚を少しもてるようになった ・勉強のする時間が前より少し長くなった。土日とか、やる勉強の時間が前より増えたかも ○学業成績 ・英語は、まあ最初から低くはなかったんですけど、国語と理科が上がってきてる ○家族（親）との関係 ・勉強会（学習支援）終わった後に今日ここやったんだよっていうと、覚えた？って言われて、んでじゃあ点数とれるねみたいなかんじの会話をします ○学習支援について ・問題解けると、じゃあ次いってみようみたいな、休みがないから（つらい） ○進路について ・先生に、お前今実力テストで何点取ったのっていうのを聞かれて、まあ200ちょっとですねって言ったら、いやーどっちとも言えないなあって。絶対受かるとも言えないし ○学校での生活 ・うちの班に問題児がっていうか非行に走っている人が一人いて、はやく席替えしたいなーっていうのは先生に言ったら、いやしないって。
保護者 調査 から	11月	・全く勉強をしないので、学習会の時間だけでも勉強している。 ・いつも途中で投げ出してしまい、後日行きづらくなって行かなくなってしまう……というのがいつものパターンでしたが、皆さんが息子を受け入れて下さっている様で、参加、不参加ととびとびでは有りますが、続けている事が今まで無かったので嬉しく思います。 ・元々、大人が好きなので、楽しい様です。
	3月	・途中、何度か欠席をしたりしましたが、最後の方は、とても楽しく参加させて頂きました。なにせ勉強嫌いなので……勉強嫌いな息子が、勉強道具を持って行くだけでも、だいぶ成長した様に思いました。
就学支援相談 員から		・家では勉強をしないので、学習会で勉強の時間を確保させたい。 ・親としては私立に行かれると経済的に困るので、土曜日も弁当を持たせて送り出したい気持である。 ・親は連れ子再婚同士で、父親の実子がF、母親の実子がEである。
サポーター から		・高校について自分の学力ではこれくらいのレベル、やりたいことも特にないと少し自信がなさそうに話していた (9) ・進路や勉強のことを考えると「やりたくないな～」とつぶやいていました(10) ・テストの成績に納得がいっていないようだった (11) ・（高校受験）野球の特待生として受験するようで、高校に入ったら自分が野球部を頑張って高校のイメージを良いイメージに変えたいと言っていた (12) ・自分のことを周りに話すようになったし、本音を言えている感じがした (1) ・自分の感情をとても出すようになったと感じた。みんなで会話しているときも自分から話したり、リアクションをとったりするようになっていることをとても感じた (1) ・Eくん（兄弟）と自分を比べてしまっていると思う (2)

表 9-2-7　学習支援に参加した中学生の生活課題に関連する発言や行動の記録（H）

事例名称		H
属　性		３年・女・準要保護・母子
本人調査から		○学習意欲 ・毎週通って教えてもらってなんかわかってくるようになったから、それで毎回復習とかするようになって、前よりはあがったかなと思う ・（勉強は）わかれば好きです ○学業成績 ・ほんとにちょっとだけど３〜４教科はあがったと思う ○家族（親）との関係 ・ふつうになんか、今日あったこととかもだし、あとなんか、進路のこととかは話すようになりました ・自分で言うのもあれだけど、反抗期みたいな。すごい、親に反抗したいかんじでちょっとかわいそうになりますけど… ○学習支援について ・なんか塾みたいに堅苦しくない。ちょっと自分人見知りだから、あれだったけど、わりとやさしい人ばっかだったので ○学校での生活 ・１年生の時に一回三学期になってから（英語の）先生が変わって、その時にわかんなくなって２年生からその人でその人から全然わかんなくなって。そっからけっこう（苦手意識が）
保護者 調査 から	11月	・色々な人と関わってほしい。 ・学習もそうですが、色々体験ができた様で、これから役立ててほしいと思っています。
	3月	・この何ヶ月間、大変お世話になりました。色々体験し、これからに役にたってほしいと思います。
就学支援相談 員から		・９月９日から、心の問題で休みだしてしまった。 ・母親はこの不登校をたいへん心配している。家の中では、子どもが引きこもらないよう、食事は声掛けをして個室にこもらないように気を配っている。 ・母親は、子の不登校改善のために辛抱強く接していると話している。
サポーター から		・自分から積極的に話す感じではないが表情等からあまり楽しめていないのかな、と少し心配になった。家でどう過ごすか尋ねるとマンガを読んでいることが多いようだった（10） ・志望校のことで悩むところがあるよう（10） ・度々勉強したくないという言葉を聞いた（12） ・高校に落ちたら髪を染めて働きたいという話をしていて少し驚いてしまった（12） ・「男子が怖い」というのが気になった（12） ・高校に合格し、かなり勉強へのやる気を失ってしまっているように思える（1） ・高校に行ったらアルバイトをしたいと言っていた（1）

b）学習支援への参加と生活課題の改善との関係

表 9-3 は、学習支援によって改善された生活課題に関してまとめたものである。

「①居場所」については、サポーターが中学生を寛容的に受け止めたことにより、ストレスを感じることなく、楽しく参加していたことがうかがえるため、包摂的な空間づくりがある程度できていたのではないかと考える。また、このことは「②悩みの解消」との関連性もありうるが、サポーターが中学生にしっかりと向き合ったことで信頼関係が形成され、「③学習意欲・学力の向上」にも寄与したものと考えられる。さらに、中学生のなかには「④問題行動の改善」を示したケースもあるが、この点についても一定の改善傾向がみられるといえる。

c）低所得世帯児童の生活課題の特徴

生活課題の改善状況について分析したが、低所得世帯の中学生に共通してみられることは、①学業不振、②家庭問題、③対人困難、④劣等意識といった点があげられる。もちろん、その程度には個人差があるが、思春期と重なる時期であり、これらの問題を蔑ろにしていると問題がより深刻化する可能性がある。

図 9-1 は、表 9-3 の結果から中学生相互の位置関係を対応分析によって示したものである（ただし、「④問題行動の改善」は外した）。経済的にも社会的にも置かれている状況が厳しい世帯の中学生（例：AやE）ほど「居場所」や「悩み」の方に位置しており、その他は安心できる居場所を得ることで目の前にある高校入試という課題に前向きに取り組めていることがわかる。

表 9-3 学習支援によって改善された生活課題に関するまとめ

事例	①居場所	②悩みの解消	③学習意欲・学力の向上	④問題行動の改善
A	○学習環境上の不利(やや) ○楽しさ・安心・孤立感(やや)	○家庭や親族関係のことへの不安(やや) ○進路選択	○学習意欲(やや)	○生保世帯であることへの劣等感やネガティブな考え方(やや)
B	○学習環境上の不利(やや) ○楽しさ・居心地	○母親の無関心	○学習意欲 ○成績不振	
C	○学習環境上の不利(やや) ○楽しさ・居心地	○本心(自己主張)を出せるようになった	○学習意欲 ○成績不振	
D	○孤立感 ○情緒不安	○異性との関係(恋愛)についての悩み	○学習意欲 ○成績不振	○問題発言 ○他者への配慮
E	○情緒不安(安心)	○親子関係 ○大人との関わり方	○学習意欲 ○成績不振	
F	○楽しさ・居心地	○自己主張をできるようになった	○学習意欲 ○成績不振	
H	○情緒不安(安心) ○色々な経験		○学習意欲 ○成績不振	○不登校ぎみ

第9章 低所得世帯児童を対象とする学習支援の効果に関する事例分析　253

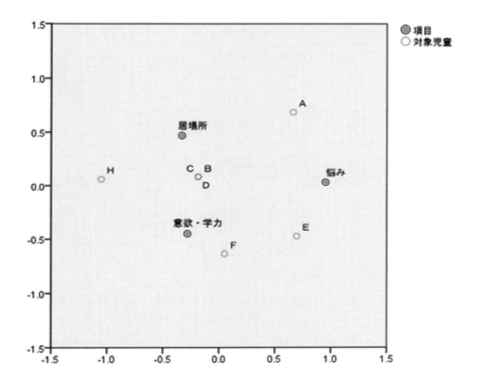

図9-1　生活課題の改善に関する中学生間の相互関係

（4）参加児童の自尊感情に関する分析

a）「自己評価・自己受容」について

表9-4の「A（自己評価・自己受容）」の項目をみると、「平均」が徐々に上昇する傾向を示している。個別に中学生の得点動向をみると、点数が低下しているのがCのみで、それ以外は変動なしか、上昇している。Cについては、自身のコンプレックスを周囲に察知されないよう意識的に自分を強くみせようとしていたが、身の丈にあった自身への評価ができるようになったものと推察されるため、このケースはむしろいい意味での低下傾向と受け止めている。

いずれも学習支援への参加を通じて何らかの生活課題の改善がなされ、いわゆる「自信」がもてるようになったことを示しているように見受けられる。

表 9-4　自尊感情評価尺度を

カテゴリ	実施時期	A	B	C
A（自己評価・自己受容）	11 月（定着期）	1.75	2.13	2.88
	1 月（受験期）	1.75	2.38	2.75
	3 月（卒業期）	2.13	2.63	2.38
B（関係の中での自己）	11 月（定着期）	3.14	3.43	3.57
	1 月（受験期）	2.57	3.86	3.43
	3 月（卒業期）	2.71	3.43	3.29
C（自己主張・自己決定）	11 月（定着期）	3.14	2.71	3.43
	1 月（受験期）	3.14	2.86	3.14
	3 月（卒業期）	3.14	3.00	3.00

　b）「関係の中での自己」について

　表 9-4 の「B（関係の中での自己）」の項目をみると、「平均」が上下動していることがわかる。いずれも個人差があるが、2 回目の調査が「受験期」であることを考えると、他者との関係に敏感な中学生ほど不規則な動きをみせているように感じられる。

　c）「自己主張・自己決定」について

　表 9-4 の「C（自己主張・自己決定）」の項目をみると、「平均」がほとんど変動していないことがわかる。なかでもBとCに着目したい。

　Bは学習支援参加以前から主体性がもてていないことを親子ともに心配していたが、「A（自己評価・自己受容）」の上昇にもあらわれているように、「自信」が高まったことで決定を主体的に、主張を能動的にできるようになったことを分析結果からも示している。

　逆に、Cは上昇すると予測していたが、むしろ低下しており、われわれの前では「ありのまま」をみせられるようになったものの、家庭や学校ではむしろ、進路選択をめぐって自身の思いがうまく反映できていなかったのかもしれない。実際に、終盤は少し参加が低調であったことから、学習支援の場と私生活との間で生じてしまったギャップにジレンマを抱えていたのかもしれない。

用いた自尊感情の得点動向

D	E	F	G	H	I	J	平均
1.75	3.38	3.38	2.50	2.38	2.25	2.00	2.56
2.38	4.00	3.63	2.50	2.00	2.38	2.50	2.77
2.50	4.00	3.75	2.50	2.25	2.50	2.50	2.80
3.00	3.86	3.43	3.14	3.57	3.86	3.29	3.46
3.00	4.00	3.71	3.43	3.14	3.43	3.00	3.39
3.00	4.00	3.71	3.14	3.00	3.57	3.57	3.41
3.14	3.86	3.86	3.00	2.43	3.29	2.86	3.23
3.43	4.00	3.86	3.14	2.86	2.57	2.71	3.21
3.14	4.00	3.57	3.14	2.86	3.00	3.00	3.21

　d）中学生の自尊感情（エンパワメント）について

　中学生の自尊感情（エンパワメント）については、学習支援への参加以降、全体的に高まる傾向がみられ、一定の効果が得られたものといえる。しかし、受験による競争の経験が関係したのか、「B　関係の中の自己」（対人関係）においては低下する傾向がみられた。また、「C（自己主張・自己決定）」についても予想とは逆に伸び悩み、学習支援の場と私生活との間のギャップがあったのではないかと考える。

　いずれにしても、「メンター・プログラム」のような学習支援のあり方においても、潜在的ではあるが自尊感情を高める効果があることを示すことができたのではないかと考える。

４．学習支援の効果と支援のあり方に関する考察

（１）学習支援と社会福祉

　１年間の学習支援の取り組みを通じてみえてきたことの１つに、学習支援を進めるうえでは、経済的な側面や生活環境、健康面などの生活基盤が整った状態でなければ効果を図る「俎上」にもあがれない児童が存在するということである。阿部（2014）が主張しているように、子どもの貧困問題への取り組みは、

第一義的に生活基盤の安定であり、所得や物的・人的サービス、つまり、社会保障・社会福祉の拡充が優先的になされるべきことが本研究を通じても明らかになっているものと考える。

　子どもの貧困状態とそのことによる「社会的不利」（本報告では、「生活課題」としたが）は、解消するためのコストよりも改善したときの効果を考えて取り組む必要がある。少なくとも、全国各地で低コストの学習支援事業が地域の慈善的・篤志的な働きによって広がりをみせている状況を考えれば、事業の進め方のオプティマムを議論する必要はあるものの、子どもの貧困問題を解消するために「生活コスト」への投資が筆者も必要であると考える。

（2）学習支援の普遍性と特殊性を政策的に担保する

　現在、生活困窮者支援制度の位置づけでは、学習支援は「任意事業」となっており、事業主体（マンパワー）の醸成やコストの問題など、地域の実情によって差が生じてしまうことは必然的である。もちろん、数のうえでは「都市部」に貧困児童が集中する傾向を示しているものの、マイノリティであっても各地に貧困状態にある児童は散在している。これらの問題を放置し続ければ、すでに進行している地方の人口減少や過疎・高齢化をより深刻な状態に導きかねない。それでも普遍的なサービスとして各地にニーズをもつ児童に支援がいきわたるよう、推進していくべきであると考える。

5．むすび

　A市での実践と本調査研究の取り組みから、学習支援に参加を希望した低所得世帯の児童には、いくつかの共通する生活課題があることが確認された。また、その課題の改善に支援が寄与したことで、児童のエンパワメントが向上したことが確認された。これらの結果は、先駆的な取り組みをしている他の地域においても同様に確認されていることであり、本研究がこれを客観化させたものといえる。他の支援にもいえることではあるが、支援の効果が客観化されることで、支援方法の有意性や課題の発見にもつながるため、とりわけ、生活困窮者支援においては検討すべき要素であると考える。

2013 年度に試験的に 2 ヶ月間実施した分とあわせると、2015 年度で学習支援の取り組みは 3 年目となる。現実に貧困状態にある子どもがいる限り、この支援が継続されていかなければならないが、筆者のように、大学業務の片手間のボランティアでは本質的な問題の解決にはつながらないことを改めて実感することになった。やはり、専門機関による支援の展開（コーディネイト）がベターなあり方ではないかと考える。しかし、地域によっては専門機関の手が及ばないところも存在する。ましてや地方の農山漁村のような地域で社会資源を発掘することは難しく、現状のままでは地域間格差をさらに助長し、地方の過疎・高齢化をより加速化させることにもつながりかねない。こうした地域では、プログラム研修を推進するようなことも必要であり、自治体で雇用されている就学支援相談員のエンパワメントを拡充するためにも、待遇の改善等も検討する必要があるものと考える。

付記　本研究は、Ａ市学連携活性化事業費補助金から研究助成を受けた。

参考文献

阿部彩（2014）『子どもの貧困 II ─解決策を考える』岩波書店

藤本典裕・制度研（2009）『学校から見える子どもの貧困』大月書店

原伸子・岩田美香・宮島喬編（2015）『現代社会と子どもの貧困』大月書店

子どもの貧困白書編集委員会編（2009）『子どもの貧困白書』明石書店

三菱総合研究所（2015）「『生活困窮世帯の子どもの学習支援事業』実践事例集
　　【速報版】」（27.1.26　生活困窮者自立支援制度全国担当者会議　参考資料 5）

宮武正明（2014）『子どもの貧困─貧困の連鎖と学習支援─』みらい

「なくそう！　子どもの貧困」全国ネットワーク編（2012）『大震災と子どもの
　　貧困白書』かもがわ出版

小澤薫ほか（2012）「低所得世帯の中学生に対する学習支援─新潟市東区における学習支援プログラムの展開とその考察─」『人間生活学研究』（新潟人間生活学会）3、111-127

柴田謙治（2007）『貧困と地域福祉活動─セツルメントと社会福祉協議会の記

録―』みらい

高島進（1995）『社会福祉の歴史―慈善事業・救貧法から現代まで―』ミネル
ヴァ書房

終　章　貧困問題をめぐる地域課題の考察

1．はじめに

　様々な指標や多くの研究者によって、日本に格差や貧困が広がっていることが明らかにされてきた。しかし、現象として派生する「貧困問題」を把握することはもちろん必要なことであるが、その「派生メカニズム」を捉えることが問題の根本的な解決につながるものと考える。かつて、「日本に貧困はなくなった」、「一億総中流」といわれた時代にあっても頑なに貧困問題の研究に取り組んできた江口英一氏が懸念していたのは、単に「貧困を発見する」ことだけではなく、社会階層研究にみられるように、貧困を生み出す社会構造にこそ問題があることを警鐘していたからであると考える。つまり、産業構造のみならず、労働市場の構造や社会保障・社会福祉の制度構造にまで社会階層構造が入り込んでいることへの懸念であったと解釈している。

　本章では、「貧困問題をめぐる地域課題の考察」というテーマを設定しているが、貧困問題を地域の課題として背負い込むことを後押しすることを目的としているわけではない。貧困問題の根源は、政府の経済政策や社会政策によるところが大きく、このような問題を地域レベルで克服することは困難である。よって、本章の第1の目的は、貧困を生み出す福祉政策の問題に触れ、政策のあり方を問うことにある。「貧困＝自己責任」という主張をすべて否定するつもりはないが、貧困問題は社会が克服しなければならない課題であるという点では「社会責任」であると考える。そのためのシステム（装置）こそ社会保障制度である。本章では、社会保障制度をめぐる近年の「改革」動向に着目し、貧困問題との関連性について課題を考察するとともに、人々がその是非を問うためのポイントを提示する。また、本章の第2の目的は、本書で取り上げた貧困問題に関する研究結果を踏まえて、その問題解決の道を探るとともに、生活困窮者支援を通じた「地域づくり」のポイントを模索する。本書の冒頭でも述べたように、「地域のアイデンティティ」を維持しつつ、人々の尊厳を守っていくために、地域がどのように取り組んでいくべきか、持論を展開したい。

２．社会保障政策の転換と課題

（１）社会保障・社会福祉政策論における転換の背景

2000年の介護保険法の施行に象徴されるように、1990年代後半から本格化する「社会保障構造改革」は、国民生活に様々な影響をもたらしてきた。その根拠をなしたのが、1995年に社会保障制度審議会（将来像委員会）によってなされた『社会保障体制の再構築』（以下、『95年勧告』）であるといえる。

わが国では、憲法第25条に「生存権」に関する規定がなされている。その解釈については見解が分かれるところである[1]が、これまで、社会保障の根拠となってきたわけであり、社会保障制度が生存権保障を目的とするものであることは広く認識されてきた。実際に、日本の社会保障制度の枠組みを形成した社会保障制度審議会による1950年の『社会保障制度に関する勧告』（以下、『50年勧告』）においても、生存権保障の義務が国家にあることを示している。しかし、近年の社会保障制度「改革」は、その本来的な目的とは逆行する形で推し進められてきた。

わが国の社会保障制度は、内容的な問題を抱えながらも高度経済成長の過程で整備・拡充がなされてきたが、1980年代に入ると、国庫負担の削減を基調とする社会保障制度の「改革」へと転換する。実際に、オイルショックの影響を受けて経済成長が鈍化したのは事実であり、人口の少子・高齢化が進んだのも事実であるが、『95年勧告』は、こうした「改革」をさらに後押しすることになる。

人口の高齢化の要因の１つとしてあげられる平均寿命の伸長は、「老後生活期」における様々な生活需要を増加させ、社会保障制度に期待される役割が高まることになる。しかし、それは同時に、国民の経済的負担の増加を意味し、その負担を国民がどのようにシェアするかが問題となる。1982年の臨時行政調査会[2]答申において「国民負担率を高齢化のピークにおいても50％以下にとど

---

[1]　1957年にはじまる、「朝日訴訟」の争訟過程が端的に示すものといえよう。

[2]　通称「臨調」。1981年に発足した第二次臨調は、「増税なき財政再建」を達成すべく、後に三公社の民営化、省庁再編など、今日の構造改革に影響している。

めるべき」ことが示され、自民党政権下における社会保障政策の優先課題となってきた。すなわち、経済成長を前提とする社会保障制度を維持する一方で、経済成長を鈍化させないための負担のあり方を選択したのである。後に示される「措置から契約へ」というスローガンが端的に示しているように、「税から保険料・利用者負担へ」と構造転換が図られたのである。

（2）社会保障の「理論」

　1950年に社会保障制度審議会によって出された『50年勧告』は、第二次大戦の前後に先進各国で標榜された「福祉国家」構想の流れのなかで、占領政策の影響を受けながらも、わが国で最初の「社会保障構想」と位置づけられる。勧告の前文に、「日本国憲法第二十五条は、(1)『すべて国民は健康で文化的な最低限度の生活を営む権利を有する。』(2)『国は、すべての生活部面について社会福祉、社会保障及び公衆衛生の向上及び増進に努めなければならない。』と、規定している。これは国民には生存権があり、国家には生活保障の義務があるという意である」ことが示されている。さらに、全5編（第1編 社会保険、第2編 国家扶助、第3編 公衆衛生及び医療、第4編 社会福祉、第5編 運営機構及び財政）にわたり、制度の枠組みに関する構想が示されている。この構想については、「これまでの研究においては部分的、断片的にしか明らかにされていない」ながらも、1950年の『勧告』には、「制度化の3原則」（一般化・統一化・民主化）の考え方が組み込まれていたことが特徴としてあげられる（工藤1995）。しかし、この勧告に沿った制度化はなされなかった（近藤1974）[3]。当時の社会状況や経済状況などに鑑みれば、勧告に示された枠組みの即時の全面的な具体化が困難であったことは否定できないが、同審議会が構想したものとは、表面的にも実質的にも異なるものとなった。医療保険制度や年金保険制度に見られる制度の分立、社会保障行政の分散化など、制度間の格差や財政の非効率を生み出す「不統一な構造」は、今なお「改革」されないままである。
　とはいえ、わが国の社会保障制度は、内容的な問題を抱えながらも、高度経

---

[3]　当時、審議会の委員であった近藤文二氏は、著書のなかで、「勧告は無視された」と記されていることからも、審議会の意図とは異なる形で制度化が進められたことがうかがい知れる。その1つは、勧告で示された制度化が全面実施されなかったこと、もう1つは、社会保障行政の一元化がなされなかったことをあげている。

済成長の過程で一定の整備・拡充がおこなわれた[4]。これには、老人医療費の無料化など、地方自治体の積極的な社会保障・社会福祉の充実に後押しされる形ではあったものの、1973年に「福祉元年」というスローガンが政府によって掲げられるなど、一定の拡充がなされた。

こうした高度成長を前提とする「社会保障モデル」については賛否が分かれるところであるが、結局は、税や社会保障負担を極力抑えて経済成長を優先する形では、オイルショック以降の低成長下において社会保障諸給付への国庫負担の削減圧力が働くのは当然である。しかし、そのことで国民の最低生活までも脅かされることがあってはならないはずであるが、『95年勧告』では、生存権を否定しかねない見解が示された。むしろ、「日本に貧困はなくなった」、「日本人は豊かになった」という前提のもと、国民生活における社会保障制度の位置づけを『50年勧告』とは全く異なる形でおこなっている。その内容は、第1に、「社会保障制度の新しい理念とは、広く国民に健やかで安心できる生活を保障することである」とし、対象を選別化したことである。第2に、「今後、生活水準の上昇に伴い生活保障のあり方が多様化し、そこに社会保障の受け手の側に認めるべき選択権の問題が生じてくる。その選択の幅は生存権の枠を越えて拡大していくであろう」とし、生存権保障の考え方を「遠回しに」否定したことである。第3に、「社会保険制度の改善により、今日の社会保障体制は、すべての人々の生活に多面的にかかわり、その給付はもはや生活の最低限度ではなく、その時々の文化的・社会的水準を基準と考えるものとなっている」とし、最低生活基準を否定したことである。表1は、1950年の『勧告』との性格の違いを示したものであるが、『95年勧告』がめざしたものは、保険的方法による自助あるいは相互扶助の制度化をすることで、「保険料あるいは利用料を払う者のみに給付する」という、市場原理主義への回帰を意味することになる。

---

[4] 1976年には、ILO第102号条約（社会保障の最低基準に関する条約、1952年採択）に批准している。制度のメニューとしては整備されたが、内実がともなうかどうかは疑問である。

終章　貧困問題をめぐる地域課題の考察　263

表1　『50年勧告』と『95年勧告』の相違点

	『50年勧告』	『95年勧告』
対象	すべての国民	広く国民
理念	国家による国民の生存権保障	生存権の枠を越えた選択権
程度	最低限度の健康にして文化的な生活	その時々の文化的・社会的水準を基準

　どのような社会体制にあっても、どのような時代にあっても、傷病などの生活上の危険や出産・育児、老いといったライフサイクルにともなって発生する生活上の困難はついてまわる。これらを解消するための手段を講じることは、人類の普遍的な課題である。なかでも、今日のような市場経済社会においては、保険的方法で生活上の危険や困難を回避することは、社会の「成熟さ」を示すメルクマールになるものと考えられる。つまり、その社会で生活を営む者すべてに雇用・就業機会が安定的に確保され、日常の生活費だけでなく、生活上の危険や困難を回避するために必要な貯蓄（保険料の拠出という形も含む）をおこなうだけの余裕があるならば、『95年勧告』の考え方は、社会で機能することになるであろう。しかし今日、労働市場における規制緩和や弾力化によって雇用・就業形態が多様化するなかで、「ワーキングプア」や「ホームレス」の存在が象徴するように、保険的方法の前提条件は、むしろ瓦解する傾向にある。ましてや、就業が困難になる高齢者からも保険料を徴収するということは、保険的方法の前提条件を欠くものといえる。

（2）社会保障の財源構造の変化

　1980年代にはじまり、1990年代以降に展開する「社会保障構造改革」は、「措置から契約へ」あるいは「応能から応益へ」といったスローガンが象徴するように、所得の有無や高低に若干の配慮はなされるものの、「広く国民」から「広く負担」を義務付けるもので、生活保護受給者を除き、所得の程度に関係なく拠出義務を負う形が強まってきた。その結果、社会保障の財源構成や所得再分配の構造にも変化がみられるようになる。

　表2をみてみると、大項目の割合に大きな変動はみられないが、内訳に変化がみられる。「社会保険料」では大きな変動はみられないが、「公費負担」で

264

表2　財源別社会保障収

年　度	社　会保険料	被保険者拠　出	事業主負　担	公費負担	国庫負担
1980	55.6	26.5	29.1	32.9	29.2
1985	56.8	27.1	29.7	28.4	24.3
1990	59.6	27.9	31.7	24.4	20.3
1995	61.2	29.2	32.0	24.8	19.8
2000	61.0	29.6	31.4	28.0	21.9
2005	46.6	24.1	22.5	25.5	18.7
2010	53.3	27.7	25.7	37.2	26.9
2011	52.0	26.9	25.1	37.6	27.3

資料：厚生労働省「社会保障費用統計（社会保障給付費）」

は、「国庫負担」が減少し、「他の公費負担」が増加している。つまり、地方の負担が増加していることを意味している。また、「他の収入」のうち、「資産収入」は景気変動等に影響されるため不確定な要素が強いが、「その他」の増加が著しい。

　社会保障給付にかかわる財源は、主として社会保険料となるが、これを補完する租税の役割も重要である。表2では、社会保障財源に占める「公費負担」の割合に大きな変動がないことが示されているが、その税源をみてみる必要がある。表3でその内訳をみてみると、税収に占める「所得税」と「法人税」の割合が減少する一方で、「消費税」の割合が増加している。前者は、納税者の担税力に応じて納税されるのに対して、後者は担税力に関係なく一律に納税される。税収のすべてが社会保障の財源になっているわけではないが、税制においても、「広く国民」に「広く負担」を課す仕組みに転換していることを示すものといえる。

入の構成割合の年次推移

（単位：％）

他の公費 負　担	他　の 収　入	資　産 収　入	その他	合　計
3.7	11.5	9.8	1.8	100.0
4.1	14.9	12.8	2.1	100.0
4.1	16.1	12.6	3.5	100.0
4.9	14.0	11.7	2.3	100.0
6.1	11.0	7.2	3.8	100.0
6.8	27.9	16.1	11.8	100.0
10.3	9.5	0.8	8.7	100.0
10.3	10.5	3.2	7.3	100.0

（3）家計収支の変化

　表4に示されている家計収支の状況についてみてみると、「直接税」に関しては、「0～200万円未満」では、1995年の3,207円から2010年には4,015円とやや増加がみられるが、「800万円以上」では、1995年の34,466円から2010年には32,110円と若干減額している。一方、「社会保険料」に関しては、「0～200万円未満」では、1995年の3,158円から2010年には5,539円と75％程度の増額がみられ、「800万円以上」でも、1995年の24,540円から2010年には35,749円と増額しているが、50％程度の増額となっている。このように、税や社会保険料などの社会的必要経費は、低所得者ほど負担が重たくなる仕組みに転換していることが家計収支からもわかる。

（4）社会保障政策の転換と貧困問題

　表4に示されている家計収支の状況は、主に高齢者世帯の家計実態に関する

表 3 税収に占める各

	歳入組入 資金受入 収納済額 （A）	所得税 受入金 （B）	法人税 受入金 （C）	消費税 受入金 （D）	その他 （E）
1990 年	64,319	27,116	18,924	7,187	11,092
1995 年	56,793	21,023	14,310	8,438	13,021
2000 年	59,006	20,267	12,513	14,900	11,325
2005 年	60,037	18,555	14,160	16,338	10,984
2010 年	50,674	14,993	10,106	15,670	9,906

注：いずれも決算書に関して示したものである。

資料：財務省「予算書・決算書の情報」(http://www1.mof.go.jp/data/index.htm)

表 4　年間収入階級別 1 世帯当たり 1 か月間の収入と支出

用途 分類	年	平均	0〜200 万円未満	200〜300 万円未満	300〜400 万円未満
直接税	1995	12,077	3,207	5,642	7,713
	2000	12,319	2,374	7,848	8,497
	2005	12,239	3,010	6,458	9,692
	2010	13,341	4,015	8,003	10,514
社　会 保険料	1995	11,726	3,158	6,624	9,995
	2000	13,572	4,622	8,768	12,392
	2005	15,483	4,599	10,070	13,325
	2010	17,260	5,539	11,486	16,242

資料：総務省「家計調査」

終章　貧困問題をめぐる地域課題の考察　267

税の割合（一般会計）

単位：億円

税収に占める各税の比率				
（A／A）	（B／A）	（C／A）	（D／A）	（E／A）
100.0%	42.2%	29.4%	11.2%	17.2%
100.0%	37.0%	25.2%	14.9%	22.9%
100.0%	34.3%	21.2%	25.3%	19.2%
100.0%	30.9%	23.6%	27.2%	18.3%
100.0%	29.6%	19.9%	30.9%	19.6%

（二人以上の世帯のうち無職世帯）

単位：円

400〜500万円未満	500〜600万円未満	600〜800万円未満	800万円以　上
18,336	11,267	15,417	34,466
10,390	15,437	24,072	37,073
13,759	17,549	23,133	30,293
15,066	20,676	24,623	32,110
12,640	14,890	18,222	24,540
13,270	15,739	18,831	31,519
16,986	22,124	24,631	30,905
18,794	22,857	26,353	35,749

内容であるといえるが、第1章で生活保護受給者および世帯の状況をみても、高齢者が老後に生活困窮化しているのは、低所得者ほど負担が重くなる方向に改革が進められてきた弊害の1つであるといえる。今回は触れていないが、現役世代においても同様の傾向がみられ、公的年金や健康保険の保険料の滞納問題のほか、非正規雇用であるがゆえに被用者年金・保険および労働保険の制度から排除されてしまうことで生活リスクに対する対応力が低下し、生活困窮化しやすい状況がつくられている。

　税や社会保障費用の負担のあり方をめぐっては、「公平性」の観点から「定額」や「定率」へと転換してきた背景がある。しかし、他の先進諸国においては拠出能力に応じた負担をするのが一般的であり、こうした社会的合意がなされてきている。わが国でも、少なくとも低所得者の負担を軽減することで、生活困窮者の出現を抑制できる部分があるものと考える。

3．岩手での調査・実践を踏まえた地域課題の考察

（1）岩手県民の「貧困観」とアウトリーチの必要性

　冒頭で述べたように、岩手県民の自殺率の高さは、自尊心の高さが背景にあるものと考えられる。つまり、他者に助けを乞うことへの抵抗感（＝自己責任）が強くあり、生活保護を受けることへの否定的なイメージが強いものと推察される。

　まず、「序章　貧困問題をめぐる地域構造分析」では、生活保護の捕捉率の低さと自殺率の高さとの関連性がうかがえた。また、「第Ⅰ部　生活保護受給者の分析からみた地域の貧困問題」の「第2章　『生活保護受給者ケース調査』にみる貧困問題」では、生活保護に至るまでの生活困窮化の過程において、自力での生活再建を試みたものの、問題が複雑化して初めて生活保護に至ったケースが多くみられた。

　2015年4月に施行された生活困窮者自立支援制度においては、「第2のセーフティネット」といわれるように、生活困窮化の過程にある生活困窮者をターゲットにしている。この試みは評価できるが、実際にこのような制度ができたことがどの程度周知され、どれほどアクセスしやすいものになっているかは実

施主体の取り組み方次第である。問題の早期発見が問題解決に可能性を高めることに鑑みれば、軽微な問題であっても早めに相談できるような体制をつくり、何があっても安心して暮らしていける地域社会の構築が求められる。そのためには、支援者が被支援者に直接働きかける「アウトリーチ」が必要である。これは決して訪問してみつけだすような積極的なものだけでなく、情報を手に取りやすくすることや、間口を広げ、敷居を低くして入りやすくする工夫が必要であるということである。その方法こそ地域のアイデンティティが求められる。地域の特性や社会資源の状況によって取り組み方には差異が出てくるが、それらを発掘して活用していくことこそが地域の再考にもつながり、地域を大切に思う気持ちを高めていくことにつながるのではないかと考える。

（3）東日本大震災の被災地の復興と生活困窮者支援

　「第Ⅲ部　東日本大震災の沿岸部被災地における貧困・生活問題」の「第6章　東日本大震災の発生にみる『想定』と生活保障の課題」ではすべてを取り上げることができなかったが、被災地を訪問した際や被災地に関連する研究会や学会に参加した際によく聞いた言葉に「受援力」があげられる。他者からの支援を受ける力のことを指すが、被災者がなかなか素直に他者から支援を受けられずに問題が深刻化しているケースがあることを耳にすることが多かった。2016年1月に岩手県大船渡市に生活困窮者自立支援の研修会で訪問した際に、参加者（民生委員）から「自分たちの努力が足らないのか？」と質問された。一瞬困ったと思ったが、すぐに「皆さんが無理に発掘しようとすると、逆に正直に話せなくなってしまう可能性があるので、話しやすい雰囲気をつくることや支援を受けることが恥ずかしくないことであることを地域のなかに浸透させていくことの方が大事だと思います」と回答した。

　被災地では、復興が進むなかで震災前に形成されてきたコミュニティが崩壊している地域がある一方で、仮設住宅に入居中に形成されてきたコミュニティもまた、災害公営住宅の整備や自宅再建等の復興が進むなかで、新たなコミュニティの形成が課題になっている。元々、漁業や農業などの産業協力のなかで形成されてきたコミュニティが多いこの地域では、リタイヤしたり、転職したりしてコミュニティに所属するための条件がなくなると、孤立しやすい状況に

あった。しかし、産業による利害関係が人々をつないできたものから「生活」という「豊かさ」のために新たなコミュニティが形成されることが望ましい部分があり、「誰もが困ったときに助け合える」という意味で生活困窮者支援の取り組みが地域コミュニティを介して展開されることで安心材料が多くなるのではないかと考える。

（3）貧困世帯の子どもの健全な成長と地域社会の再生産

　既述のように、「市場主義」が強まるということは人々の「利己心」が強まることを意味し、このことが「競争」を促す。しかし、この競争関係のなかに「理性」や「道徳」といった一定の制御機能が働かなければ、競争は自然界と同様であり、いわゆる「食物連鎖」として強者と弱者の関係に他ならない。堂目（2008）は、アダム・スミス（A.Smith）が著した『道徳感情論』におけるキーワードとして「同感」という点をあげている。地位が低く貧しい状態にある人ほど他者からの「同感」が得にくいため、これを克服しようと努力するが、その努力が報われなければ、「同感」を得られない人々の存在が社会の不安定要因になってくる。つまり、市場経済が人々に努力するチャンスを与えなければ、「同感」を求める感情が挫かれ、市場経済を通して形成されるべき道徳観が損なわれていくことになるということである。

　堂目（2008）は「公平な観察者」という点にも触れているが、他者とのかかわりのなかで形成される「観察者」としての機会が失われると、自身の利己心によってのみ行為がなされる。孤立した状態にある人ほど、他者との関係を意識した行動を取らなくなり、結果的に公共の利益を低下させていくということである。最近、「子どもが地域の大人とかかわる機会が減った」ということをよく耳にする。低所得世帯（生活保護世帯も含む）の子どもたちとかかわってみると、より地域とのかかわりや親族以外の大人とのかかわりが少ないのではないかと感じる。こうした言葉が聞かれる背景には、「公平な観察者」としての社会成員が少なくなっていることを示唆しており、自身の欲求と「お金」だけが価値観として形成されることへの懸念が暗示されているように感じられる。

　地方の人々が「東京は怖い」ということを口にするときがある。それは、首

都圏が「逸脱した市場主義」によって成り立っていることへの批判であるようにも聞こえる。裏返すと、「われわれ地方の人間には健全な道徳観がある」ということを主張しているようにも聞こえるが、その地方でも「子どもの貧困」が広がっており、「アイデンティティ」となってきた「道徳観」が綻ぶ要因をかかえていることを自覚する必要がある。地方の「アイデンティティ」を維持するためにも、子どもと大人がかかわる場が必要である。とりわけ、低所得世帯の子どもに関しては、地域のなかで孤立する可能性が高いため、例えば学習支援のような取り組みを通じて、子どもと大人がかかわる場をつくり、努力が報われる機会を増やしていくことが「地域性」を再生産していくうえでも重要な鍵になるものと考える。

4．むすびにかえて－今後に求められる研究課題－

　筆者は、2015年1月に盛岡市内で開催された藻谷浩介氏と湯浅誠氏の対談[5]のコーディネイトを務めさせていただいた。

　藻谷氏が提唱している「里山資本主義」という考え方や実践には興味深いものがある。それは、生活が市場経済に組み込まれている度合いが高まるとより市場（例：商品の価格）の動向に生活が支配されてしまい、ニーズを充足するためのコストがかかり、豊かさが損なわれてしまうということが前提にある。そこで、市場化されていない地域の資源を活用することで、生活コストを安定的に安価に維持できる方向性を示したものが「里山資本主義」の主旨であると理解している。そのうえで、地方には「里山資本主義」を実践できる様々な資源が眠っており、その活用こそが豊かさの向上につながることが示唆されている。

　一方、湯浅誠氏は「社会活動家」と名乗られているように、ホームレス支援や「年越し派遣村」、東日本大震災の被災地での活動等、貧困・生活問題にかかわる領域で活躍されている。その傍らで執筆活動もされており、『反貧困』

---

[5]　本書の第7章であすからのくらし相談室（あすくら：ＮＰＯ法人くらしのサポーターズ）が企画したものである。なお、あすくらの吉田直美氏は「エコビレッジ構想」をもっており、「里山資本主義」と生活困窮者支援のコラボレートを企図している。

（岩波書店、2008 年）のほか、多くの著作が刊行されている。なかでも、近著の『ヒーローを待っていても世界は変わらない』（朝日新聞出版、2015 年）では「民主主義」に関する政治学の観点からのアプローチがなされており、今日の日本社会に対する課題が投げかけられている。

　「地方分権」や「地域福祉」といった地域への期待は、中央政府による地方政府への責任転嫁の面が少なくない印象をもつが、地域が主体性をもって「アイデンティティ」の再確認できる機会ではある。岩手県全体でみても、人口の少子・高齢化は顕著となっており、「限界集落」と呼ばれる地域も少なくない。しかし、こうしたなかでも藻谷氏の「里山資本主義」が実践されている例は少なくなく、潜在能力という点でも資源の豊富な岩手県では広げていける可能性が秘められている。とはいえ、こうした取り組みを誰が中心になって進めていくのか、という点で「ヒーロー」があらわれるのを待っている地域が少なくないことも事実である。筆者が拝見した藻谷氏が紹介している事例の多くも「リーダー」の存在が大きい。しかし、その「リーダー」たちは決して「専政」を展開しているわけではなく、地域住民との「話し合い」による「合意」をしながら実践している印象をもつ。

　生活困窮者自立支援においては、経済的な自立が最終目標であるため、地域での就業の機会の確保が至上命題になってしまうところがある。もちろん、それは必要なことであるが、「里山資本主義」は就業の機会をつくり出す可能性を有しており、かつ、生活コストを抑制する効果が期待されるため、地域社会の維持においては有効な手段であると考える。この取り組みに地域住民の「民主的な参加」がなされることで、地域社会の再生産を促す可能性が高まるものと考える。

　生活困窮者自立支援の取り組みは、まだ始まったばかりである。「地域づくり」という観点で考えると「チャンス」という側面もあるが、やはり、その前提として、社会保障制度の最低生活保障機能が堅持されなければ「絵に描いた餅」になってしまう。今日、社会保障制度は「改革」の名の下に形骸化が進められている。さらには、大沢（2008）が指摘するように、「逆機能」化が進めば更なる格差と貧困を拡大させることにつながるためにも、政府による「ナショナル・ミニマム」の保障と地域における生活コストの分配を通じた「インク

ルージョン」（包摂）の関係形成が欠かせない。こうした社会の構築に向けて今後も研究という立場から貢献していくことを課題として、むすびにかえたい。

参考文献

堂目卓生（2008）『アダム・スミス』中央公論社

江口英一著（1979）『現代の「低所得層」上』未来社.

江口英一編（1990）『日本社会調査の水脈—そのパイオニアたちを求めて—』法律文化社.

江口英一・川上昌子著（2009）『日本における貧困世帯の量的把握』法律文化社

工藤恒夫（1995）「日本の社会保障プラン—1950年『勧告』の「基本的考え方」—」中央大学経済学研究会『経済学論纂』第35巻第5・6合併号

工藤恒夫（2003）『資本制社会保障の一般理論』新日本出版社

近藤文二（1974）『日本の社会保障の歴史』厚生出版社

宮寺良光（2005）「日本の公的年金制度の階層分断構造」中央大学経済学研究会『経済学論纂』第45巻第3・4合併号

宮寺良光（2005）「日本の公的医療保険制度の階層分断構造」中央大学経済研究所『中央大学経済研究所年報』第36号

宮寺良光（2007）「日本の社会保険における格差要因分析」中央大学経済学研究会『経済学論纂』第47巻第5・6合併号

宮寺良光（2010）「日本における社会保障理論と具体化に関する現状分析」日本福祉教育専門学校『研究紀要』第18巻第1号

永山誠（2006）『社会福祉理念の研究—史的政策分析による21世紀タイプの究明—』ドメス出版

大沢真理（2007）『現代日本の生活保障システム—座標とゆくえ—』岩波書店

社会政策学会編（2009）『社会政策学会誌 社会政策 第1巻第2号』ミネルヴァ書房

社会保障講座編集委員会編（1980）『社会保障講座第1巻 社会保障の思想と理論』総合労働研究所

隅谷三喜男編（1991）『社会保障の新しい理論を求めて』東京大学出版会

藻谷浩介（2007）『実測！ニッポンの地域力』日本経済新聞出版社

藻谷浩介（2013）『里山資本主義―日本経済は「安心の原理」で動く―』角川
　　書店

湯浅誠（2008）『反貧困―「すべり台社会」からの脱出―』岩波書店

湯浅誠（2015）『ヒーローを待っていても世界は変わらない』朝日新聞出版

資　料

1．東北6県の生活保護概況

2．岩手県内市町村別の生活保護概況

資料1. 東北6県の生活保護概況

	西　暦	1951	1952	1953	1954	1955	1956	1957
被保護世帯	全　国	691,221	708,671	680,710	663,723	662,413	618,301	579,036
	東北地方	77,606	80,315	77,055	74,714	70,998	61,474	57,492
	青森県	9,436	10,646	12,720	14,110	15,134	12,503	11,120
	岩手県	11,206	10,957	10,597	10,070	9,980	9,311	8,928
	宮城県	16,544	15,843	14,889	13,491	12,172	9,978	9,381
	秋田県	13,081	12,626	10,851	10,282	9,775	8,800	8,409
	山形県	9,881	10,814	10,454	9,825	9,307	7,935	7,785
	福島県	17,458	19,429	17,544	16,936	14,630	12,947	11,869
	仙台市	–	–	–	–	–	–	–
	青森市	–	–	–	–	–	–	–
	盛岡市							–
	秋田市							–
	郡山市	–	–	–	–	–	–	–
	いわき市	–	–	–	–	–	–	–
被保護人員	全　国	2,033,066	2,066,835	1,993,476	1,886,540	1,928,410	1,775,971	1,623,744
	東北地方	276,447	283,715	265,321	256,309	244,736	209,418	193,072
	青森県	32,891	37,772	43,232	49,721	54,138	42,936	37,610
	岩手県	39,665	40,348	38,748	36,097	36,728	33,720	31,807
	宮城県	60,548	57,422	51,064	46,193	41,118	33,755	31,435
	秋田県	48,027	46,454	37,990	34,992	33,801	29,773	27,662
	山形県	33,933	37,845	35,536	31,853	28,988	25,897	25,917
	福島県	61,383	63,874	58,751	57,453	49,963	43,337	38,641
	仙台市	–	–	–	–	–	–	–
	青森市	–	–	–	–	–	–	–
	盛岡市	–	–	–	–	–	–	–
	秋田市	–	–	–	–	–	–	–
	郡山市	–	–	–	–	–	–	–
	いわき市	–	–	–	–	–	–	–
保護率（‰）	全　国	24.4	24.4	22.2	21.4	21.6	19.7	17.8
	東北地方	30.5	31.2	28.9	27.8	26.5	22.5	20.8
	青森県	25.6	29.0	32.3	36.6	39.2	30.6	26.6
	岩手県	29.5	29.5	27.6	25.5	25.7	23.4	22.0
	宮城県	36.4	34.5	30.2	27.1	23.8	19.3	18.0
	秋田県	36.7	35.4	28.6	26.2	25.1	21.9	20.5
	山形県	25.0	28.0	26.3	23.6	21.4	19.0	19.2
	福島県	29.8	30.9	28.2	27.5	23.8	20.5	18.5
	仙台市	–	–	–	–	–	–	–
	青森市	–	–	–	–	–	–	–
	盛岡市	–	–	–	–	–	–	–
	秋田市							–
	郡山市							–
	いわき市	–	–	–	–	–	–	–

1958	1959	1960	1961	1962	1963	1964	1965
591,907	613,532	611,456	612,666	624,012	649,073	641,869	643,905
57,434	59,507	60,256	61,501	61,956	64,537	65,203	64,926
10,939	11,256	11,693	12,355	12,693	13,511	14,141	14,704
8,926	9,376	9,468	9,364	9,489	10,302	10,597	10,746
9,792	10,570	10,886	11,030	10,789	10,535	9,973	9,577
8,427	8,639	8,870	9,228	9,596	10,398	10,748	9,978
7,746	7,944	7,909	8,157	8,114	8,002	7,629	7,286
11,604	11,722	11,430	11,317	11,275	11,789	12,115	12,635
–	–	–	–	–	–	–	–
–	–	–	–	–	–	–	–
–	–	–	–	–	–	–	–
–	–	–	–	–	–	–	–
–	–	–	–	–	–	–	–
1,627,571	1,669,180	1,627,509	1,643,445	1,674,001	1,744,639	1,674,661	1,598,821
188,290	192,357	191,384	197,680	198,247	203,516	199,634	188,679
35,883	35,887	36,887	39,268	39,938	41,566	41,680	41,143
31,273	32,376	32,117	32,386	32,841	35,816	36,074	34,829
32,367	34,496	35,234	36,125	34,816	33,311	30,526	27,566
26,991	27,652	28,044	29,538	30,442	32,096	32,768	28,537
25,050	25,337	24,493	25,469	25,151	24,436	22,305	20,433
36,726	36,609	34,609	34,894	35,059	36,291	36,281	36,171
–	–	–	–	–	–	–	–
–	–	–	–	–	–	–	–
–	–	–	–	–	–	–	–
–	–	–	–	–	–	–	–
–	–	–	–	–	–	–	–
17.7	18.0	17.4	17.4	17.6	18.1	17.2	16.3
20.3	20.6	20.8	21.6	21.8	22.5	22.2	21.0
25.2	25.0	25.9	27.5	28.0	29.1	29.1	29.0
21.5	22.2	22.2	22.4	22.8	25.0	25.3	24.7
18.5	19.6	20.2	20.7	20.0	19.1	17.5	15.7
20.5	20.5	21.0	22.3	23.2	24.7	25.4	22.3
18.6	18.9	18.5	19.4	19.4	19.0	17.5	16.2
17.5	17.4	16.9	17.1	17.4	18.1	18.2	18.2
–	–	–	–	–	–	–	–
–	–	–	–	–	–	–	–
–	–	–	–	–	–	–	–
–	–	–	–	–	–	–	–
–	–	–	–	–	–	–	–

資料1. 東北6県の生活保護概況（続き）

	西　暦	1966	1967	1968	1969	1970	1971	1972
被保護世帯	全　国	657,193	661,647	659,096	660,509	658,277	669,354	703,045
	東北地方	64,661	62,950	61,384	60,818	60,441	60,922	63,096
	青森県	15,313	15,414	15,228	15,148	15,181	15,216	15,762
	岩手県	10,733	10,357	10,186	10,114	10,114	10,193	10,419
	宮城県	9,474	9,341	9,186	9,101	9,035	9,311	9,813
	秋田県	9,289	8,748	8,537	8,389	8,191	8,202	8,774
	山形県	6,859	6,425	6,070	5,884	5,872	6,033	6,267
	福島県	12,993	12,665	12,177	12,182	12,048	11,967	12,061
	仙台市	−	−	−	−	−	−	−
	青森市	−	−	−	−	−	−	−
	盛岡市	−	−	−	−	−	−	−
	秋田市	−	−	−	−	−	−	−
	郡山市	−	−	−	−	−	−	−
	いわき市	−	−	−	−	−	−	−
被保護人員	全　国	1,570,054	1,520,733	1,449,970	1,398,725	1,344,606	1,325,218	1,380,659
	東北地方	177,557	168,165	155,696	149,074	142,718	139,198	141,221
	青森県	41,242	40,140	37,741	36,338	35,054	33,848	34,270
	岩手県	33,341	30,633	28,817	27,872	26,863	26,475	26,650
	宮城県	26,240	25,034	23,371	22,320	21,644	21,689	22,338
	秋田県	25,432	22,551	20,811	19,476	18,039	17,360	18,389
	山形県	18,522	16,704	15,029	14,371	13,955	13,867	13,919
	福島県	32,780	33,103	29,927	28,697	27,163	25,959	25,655
	仙台市	−	−	−	−	−	−	−
	青森市	−	−	−	−	−	−	−
	盛岡市	−	−	−	−	−	−	−
	秋田市	−	−	−	−	−	−	−
	郡山市	−	−	−	−	−	−	−
	いわき市	−	−	−	−	−	−	−
保護率（‰）	全　国	15.9	15.2	14.3	13.6	13.0	12.6	12.7
	東北地方	20.1	18.7	17.3	16.6	16.0	15.6	15.9
	青森県	29.0	28.1	26.4	25.3	24.6	23.7	23.9
	岩手県	23.7	21.8	20.6	20.0	19.6	19.4	19.6
	宮城県	14.9	14.1	13.1	12.4	11.9	11.8	12.0
	秋田県	20.0	17.8	16.6	15.6	14.5	14.1	15.0
	山形県	14.8	13.4	12.1	11.6	11.4	11.4	11.5
	福島県	18.1	16.8	15.2	14.6	14.0	13.4	13.2
	仙台市	−	−	−	−	−	−	−
	青森市	−	−	−	−	−	−	−
	盛岡市	−	−	−	−	−	−	−
	秋田市	−	−	−	−	−	−	−
	郡山市	−	−	−	−	−	−	−
	いわき市	−	−	−	−	−	−	−

資　料　279

1973	1974	1975	1976	1977	1978	1979	1980
696,540	688,736	707,514	709,613	723,587	739,244	744,841	746,997
61,891	59,538	58,807	57,283	57,378	57,202	56,629	55,415
15,624	15,598	15,595	15,376	15,507	15,672	15,564	15,438
10,192	9,615	9,183	8,774	8,521	8,318	8,099	8,000
9,614	9,221	9,283	9,186	9,528	9,778	9,712	9,689
8,746	8,357	8,054	7,953	8,028	8,030	8,073	8,143
5,925	5,602	5,609	5,389	5,250	5,094	5,015	4,970
11,790	11,145	11,083	10,605	10,544	10,310	10,166	9,175
−	−	−	−	−	−	−	−
−	−	−	−	−	−	−	−
−	−	−	−	−	−	−	−
−	−	−	−	−	−	−	−
						−	−
						−	−
1,345,549	1,312,339	1,349,230	1,358,316	1,393,128	1,428,261	1,430,488	1,426,984
135,495	127,674	125,280	121,435	121,926	120,806	117,727	114,875
33,272	32,763	32,652	31,783	32,132	32,343	31,663	31,090
25,533	23,503	22,311	21,423	20,660	19,980	19,054	18,403
21,268	20,120	20,108	19,873	20,749	21,058	20,542	20,198
18,050	16,777	15,886	15,823	16,042	15,890	15,677	15,625
13,001	12,176	12,167	11,486	11,189	10,769	10,511	10,466
24,371	22,335	22,156	21,047	21,154	20,766	20,280	19,093
−	−	−	−	−	−	−	−
−	−	−	−	−	−	−	−
−	−	−	−	−	−	−	−
						−	−
						−	−
12.4	11.9	12.1	12.0	12.2	12.4	12.3	12.2
15.2	14.3	13.8	13.3	13.2	13.0	12.6	12.2
23.2	22.7	22.2	21.4	21.5	21.5	20.9	20.4
18.8	17.2	16.1	15.4	14.8	14.2	13.5	12.9
11.3	10.5	10.3	10.0	10.3	10.4	10.0	9.7
14.8	13.7	12.9	12.8	12.9	12.7	12.5	12.4
10.7	10.0	10.0	9.4	9.1	8.7	8.5	8.4
12.5	11.4	11.2	10.6	10.6	10.4	10.1	9.4
−	−	−	−	−	−	−	−
−	−	−	−	−	−	−	−
−	−	−	−	−	−	−	−
						−	−
						−	−
−	−	−	−	−	−	−	−

資料１．東北６県の生活保護概況（続き）

	西　暦	1981	1982	1983	1984	1985	1986	1987
被保護世帯	全　　国	756,726	770,388	782,265	789,602	780,507	746,355	713,825
	東北地方	55,592	55,864	56,218	56,504	55,356	51,668	48,782
	青森県	15,519	15,709	15,984	16,366	16,195	15,342	14,674
	岩手県	7,946	7,779	7,814	7,752	7,493	7,008	6,596
	宮城県	9,965	10,224	10,318	10,319	10,093	9,470	8,959
	秋田県	8,146	8,354	8,469	8,545	8,474	7,905	7,501
	山形県	4,846	4,802	4,739	4,703	4,534	4,252	4,091
	福島県	9,170	8,996	8,894	8,819	8,567	7,691	6,961
	仙台市	－	－	－	－	－	－	－
	青森市	－	－	－	－	－	－	－
	盛岡市	－	－	－	－	－	－	－
	秋田市	－	－	－	－	－	－	－
	郡山市	－	－	－	－	－	－	－
	いわき市	－	－	－	－	－	－	－
被保護人員	全　　国	1,439,226	1,457,383	1,468,245	1,469,457	1,431,117	1,348,163	1,266,126
	東北地方	113,368	112,542	111,520	110,602	106,073	97,400	89,725
	青森県	31,097	31,228	31,459	31,991	30,903	28,737	26,849
	岩手県	18,066	17,349	17,055	16,684	15,761	14,483	13,221
	宮城県	20,808	21,265	21,142	20,788	20,028	18,482	17,097
	秋田県	15,570	15,755	15,791	15,708	15,441	14,244	13,287
	山形県	10,055	9,825	9,400	9,167	8,507	7,724	7,087
	福島県	17,772	17,120	16,673	16,264	15,433	13,730	12,184
	仙台市	－	－	－	－	－	－	－
	青森市	－	－	－	－	－	－	－
	盛岡市	－	－	－	－	－	－	－
	秋田市	－	－	－	－	－	－	－
	郡山市	－	－	－	－	－	－	－
	いわき市	－	－	－	－	－	－	－
保護率（‰）	全　　国	12.2	12.3	12.3	12.2	11.8	11.1	10.4
	東北地方	12.0	11.9	11.8	11.7	11.2	10.3	9.5
	青森県	20.4	20.4	20.5	20.9	20.3	18.9	17.7
	岩手県	12.7	12.2	11.9	11.7	11.0	10.1	9.3
	宮城県	9.9	10.0	9.9	9.6	9.2	8.4	7.8
	秋田県	12.4	12.5	12.6	12.5	12.3	11.4	10.7
	山形県	8.0	7.8	7.5	7.3	6.7	6.1	5.6
	福島県	8.7	8.4	8.1	7.9	7.4	6.6	5.8
	仙台市	－	－	－	－	－	－	－
	青森市	－	－	－	－	－	－	－
	盛岡市	－	－	－	－	－	－	－
	秋田市	－	－	－	－	－	－	－
	郡山市	－	－	－	－	－	－	－
	いわき市	－	－	－	－	－	－	－

1988	1989	1990	1991	1992	1993	1994	1995
681,018	654,915	623,755	600,697	585,972	586,106	595,407	601,925
46,096	44,062	41,655	39,739	38,230	37,626	37,641	37,637
14,016	13,440	12,626	12,032	11,587	11,414	11,325	11,236
6,182	5,893	5,575	5,266	5,084	4,981	4,930	4,852
8,291	3,907	3,615	3,409	3,273	3,179	3,167	3,155
7,302	7,083	6,733	6,427	6,121	5,964	5,997	6,044
3,732	3,519	3,337	3,219	3,123	3,084	3,069	3,034
6,573	6,258	6,075	5,954	5,776	5,771	5,906	6,055
–	3,962	3,694	3,432	3,266	3,233	3,247	3,261
–	–	–	–	–	–	–	–
–	–	–	–	–	–	–	–
						–	–
					–	–	
1,176,258	1,099,520	1,014,842	946,374	898,499	883,112	884,912	882,229
82,264	76,091	69,344	63,504	58,903	56,705	55,707	54,769
24,903	23,077	20,896	19,149	17,928	17,198	16,773	16,322
12,011	11,102	10,181	9,193	8,405	8,036	7,715	7,396
15,207	6,631	5,875	5,308	4,974	4,752	4,652	4,541
12,676	11,903	10,896	10,048	9,146	8,693	8,613	8,542
6,351	5,767	5,231	4,872	4,584	4,443	4,342	4,257
11,116	10,277	9,665	9,052	8,485	8,388	8,465	8,614
–	7,334	6,600	5,882	5,381	5,195	5,147	5,097
–	–	–	–	–	–	–	–
–	–	–	–	–	–	–	–
						–	–
					–	–	
9.6	8.9	8.2	7.6	7.2	7.1	7.1	7.0
8.7	7.9	7.2	6.6	6.1	5.9	5.8	5.6
16.5	15.4	14.1	13.0	12.2	11.7	11.4	11.0
8.4	7.8	7.2	6.5	5.9	5.7	5.5	5.2
6.8	5.0	4.4	4.0	3.7	3.5	3.5	3.3
10.2	9.6	8.9	8.2	7.5	7.1	7.1	7.0
5.0	4.6	4.2	3.9	3.7	3.5	3.5	3.4
5.3	4.9	4.6	4.3	4.0	4.0	4.0	4.0
–	8.1	7.2	6.3	5.7	5.5	5.4	5.2
–	–	–	–	–	–	–	–
–	–	–	–	–	–	–	–
–	–	–	–	–	–	–	–
						–	–
					–	–	

資料１．東北６県の生活保護概況（続き）

	西　暦	1996	1997	1998	1999	2000	2001	2002
被保護世帯	全　国	613,106	631,488	663,060	704,055	751,303	805,169	870,931
	東北地方	38,047	37,838	39,207	39,165	41,308	43,994	47,464
	青森県	11,315	11,467	11,898	12,368	12,972	13,679	14,507
	岩手県	4,823	4,806	4,893	5,037	5,274	5,594	6,082
	宮城県	3,161	3,219	3,320	3,477	3,723	4,081	4,505
	秋田県	6,102	3,986	4,049	4,188	4,333	4,536	4,825
	山形県	3,030	3,046	3,111	3,183	3,235	3,336	3,535
	福島県	6,233	5,625	5,912	4,457	4,746	5,098	5,466
	仙台市	3,383	3,549	3,846	4,159	4,616	5,072	5,645
	青森市	－	－	－	－	－	－	－
	盛岡市	－	－	－	－	－	－	－
	秋田市	－	2,140	2,178	2,296	2,409	2,598	2,899
	郡山市							
	いわき市	－	－	－	－	－	－	－
被保護人員	全　国	887,450	905,589	946,994	1,004,472	1,072,241	1,148,088	1,242,723
	東北地方	54,722	53,717	55,189	54,956	57,810	61,352	66,329
	青森県	16,217	16,132	16,637	17,233	17,993	18,907	19,918
	岩手県	7,206	7,031	7,038	7,191	7,493	7,894	8,636
	宮城県	4,480	4,562	4,660	4,888	5,224	5,729	6,394
	秋田県	8,551	5,482	5,521	5,686	5,885	6,148	6,640
	山形県	4,202	4,179	4,206	4,299	4,340	4,444	4,665
	福島県	8,826	7,831	8,214	6,118	6,545	6,984	7,540
	仙台市	5,240	5423	5834	6291	6932	7569	8393
	青森市	－	－	－	－	－	－	－
	盛岡市	－	－	－	－	－	－	－
	秋田市	－	3077	3079	－	－	－	－
	郡山市							
	いわき市	－	－	－	3250	3398	3677	4143
保護率（‰）	全　国	7.1	7.2	7.5	7.9	8.4	9.0	9.8
	東北地方	5.6	6.0	6.2	6.4	6.7	7.2	7.8
	青森県	10.9	10.9	11.3	11.7	12.2	12.8	13.6
	岩手県	5.1	5.0	5.0	5.1	5.3	5.6	6.1
	宮城県	3.3	3.4	3.4	3.6	3.8	4.2	4.7
	秋田県	7.1	6.1	6.2	6.5	6.8	7.1	7.7
	山形県	3.3	3.3	3.4	3.4	3.5	3.6	3.8
	福島県	4.1	4.3	4.6	4.2	4.6	4.9	5.3
	仙台市	5.3	5.5	5.9	6.3	6.9	7.5	8.2
	青森市	－	－	－	－	－	－	－
	盛岡市	－	－	－	－	－	－	－
	秋田市	－	9.8	9.8	10.3	10.7	11.6	13.0
	郡山市	－	－	－	－	－	－	－
	いわき市	－	－	－	－	－	－	－

2003	2004	2005	2006	2007	2008	2009	2010
941,270	998,887	1,041,508	1,075,820	1,105,275	1,148,766	1,274,231	1,410,049
50,966	54,063	56,659	61,385	60,602	62,830	68,174	74,570
15,429	16,322	17,120	15,384	13,288	13,728	14,516	15,521
6,618	7,116	7,530	7,848	8,033	5,845	6,286	6,862
4,919	5,222	5,546	5,837	6,133	6,418	7,038	7,756
5,118	5,355	5,535	5,711	5,888	6,133	6,532	7,023
3,775	3,897	3,968	4,036	4,164	4,214	4,579	5,070
5,797	6,065	6,245	6,477	6,643	6,802	7,410	8,162
6,170	6,715	7,161	7,538	7,906	8,428	9,602	10,940
–	–	–	5,093	5,158	5,261	5,627	6,012
–	–	–	–	–	2,562	2,954	3,361
3,140	3,371	3,554	3,461	3,389	3,439	3,630	3,863
–	–	–	–	–	–	–	2,235
–	–	–	–	–	–	–	3,205
1,344,327	1,423,388	1,475,838	1,513,892	1,543,321	1,592,620	1,763,572	1,952,063
71,346	75,593	78,874	82,240	82,745	85,196	92,840	102,211
21,143	22,275	23,260	20,587	17,437	17,947	18,972	20,345
9,458	10,171	10,760	11,120	11,294	8,099	8,782	9,673
7,017	7,455	7,950	8,347	8,678	9,032	9,998	11,095
7,093	7,461	7,711	7,857	8,045	8,305	9,004	9,762
4,940	5,088	5,131	5,131	5,255	5,290	5,770	6,485
8,001	8,348	8,510	8,703	8,812	8,921	9,811	10,910
9180	9952	10526	10997	11501	12198	13864	15,833
–	–	–	4,749	7,132	7,165	7,622	8,165
–	–	–	–	–	3648	4213	4,826
–	–	–	–	4591	4591	4804	5,117
–	–	–	–	–	–	–	3,139
4514	4843	5026	4749	–	–	–	4,586
10.5	11.1	11.6	11.8	12.1	12.5	13.8	15.2
8.5	9.0	9.4	10.0	11.1	11.4	12.5	13.8
14.5	15.3	16.2	16.2	15.8	16.5	17.6	19
6.7	7.3	7.8	8.1	8.3	7.7	8.4	9.4
5.2	5.5	6.0	6.3	6.6	6.9	7.7	8.5
8.4	8.9	9.5	9.8	10.2	10.6	11.7	12.8
4.0	4.2	4.2	4.2	4.4	4.5	4.9	5.5
5.6	5.9	6.1	6.3	6.4	6.5	7.2	8.1
9.0	9.7	10.3	10.7	11.2	11.8	13.4	15.1
–	–	–	14.3	23.3	23.6	25.2	27.2
–	–	–	–	–	12.2	14.1	16.2
14.2	15.2	15.1	14.3	–	–	–	15.8
–	–	–	–	–	–	–	9.3
–	–	–	–	–	12.2	14.1	13.4

資料1. 東北6県の生活保護概況（続き）

	西　暦	2011	2012	2013
被保護世帯	全　　国	1,498,375	1,558,510	1,591,846
	東北地方	76,836	77,318	78,289
	青森県	16,176	16,500	16,729
	岩手県	6,889	6,765	6,788
	宮城県	7,432	7,040	7,220
	秋田県	7,339	7,447	7,390
	山形県	5,418	5,641	5,759
	福島県	7,999	7,697	7,538
	仙台市	11,611	11,833	12,326
	青森市	6,296	6,532	6,642
	盛岡市	3,622	3,738	3,751
	秋田市	4,054	4,125	4,146
	郡山市	2,347	2,336	2,395
	いわき市	3,321	3,191	3,120
被保護人員	全　　国	2,067,244	2,135,708	2,161,612
	東北地方	105,087	104,527	104,570
	青森県	21,150	21,449	21,512
	岩手県	9,622	9,325	9,222
	宮城県	10,626	9,920	9,963
	秋田県	10,177	10,280	10,062
	山形県	6,968	7,221	7,314
	福島県	10,625	9,954	9,651
	仙台市	16,773	16,839	17,392
	青森市	8,544	8,814	8,865
	盛岡市	5,223	5,299	5,197
	秋田市	5,379	5,426	5,392
	郡山市	3,227	3,104	3,102
	いわき市	4,717	4,353	4,209
保護率（‰）	全　　国	16.2	16.7	17.0
	東北地方	14.4	14.5	14.6
	青森県	19.9	20.5	20.6
	岩手県	9.5	9.3	9.3
	宮城県	8.3	7.8	7.9
	秋田県	13.5	13.9	13.8
	山形県	6	6.3	6.4
	福島県	8	7.6	7.5
	仙台市	16	15.9	16.3
	青森市	28.7	29.3	30.3
	盛岡市	17.4	18.0	17.3
	秋田市	16.7	16.9	16.9
	郡山市	9.7	9.5	9.5
	いわき市	14.1	13.2	12.8

資料２－１．岩手県内市部の保護率の動向

市町村名	1965	1970	1975	1980	1981	1982
県計	24.7	19.60	16.37	13.03	12.70	12.18
盛岡市	16.8	16.58	10.37	9.38	9.56	9.59
都南村	27.7	13.47	7.35	4.05	4.86	5.94
玉山村	48.3	29.01	16.59	16.58	16.49	14.37
宮古市	21.8	19.41	17.25	14.14	14.02	13.66
新里村	25.1	17.21	21.00	17.99	19.89	18.47
川井村	38.1	27.17	25.33	27.03	22.13	19.10
田老町	22.8	19.19	23.60	21.57	19.96	17.91
大船渡市	14.8	9.99	8.84	6.31	5.50	4.64
三陸町	18.6	15.56	18.91	13.80	13.45	11.55
花巻市	25.0	12.72	10.34	6.85	6.66	7.53
大迫町	35.4	21.98	18.77	19.67	18.10	15.07
石鳥谷町	15.6	8.55	8.61	8.91	9.16	7.98
東和町	33.7	23.49	22.96	20.43	20.34	16.89
北上市	24.3	12.21	8.08	5.72	5.16	5.63
江釣子村	14.5	9.45	7.32	6.21	7.45	7.53
久慈市	31.5	31.92	32.50	25.36	23.38	21.74
山形村	33.0	29.96	37.20	37.67	38.54	41.80
遠野市	23.1	23.76	18.55	12.95	12.78	11.05
宮守村	24.9	23.97	20.35	18.49	20.39	20.15
一関市	26.9	19.03	10.87	10.87	10.58	9.58
花泉町	25.9	18.72	16.06	9.03	8.81	7.34
大東町	23.8	15.23	17.14	10.69	10.04	8.07
千厩町	15.9	13.91	11.88	6.39	7.96	8.35
東山町	20.1	12.06	14.00	9.16	10.05	11.08
室根村	20.4	9.42	7.31	2.62	3.04	3.07
川崎村	24.7	11.55	19.07	10.33	9.54	6.33
藤沢町	20.9	19.57	17.09	9.77	8.57	7.60
陸前高田市	18.0	11.36	7.22	6.04	5.89	5.09
釜石市	13.9	9.69	9.52	10.58	9.95	10.36
二戸市	福24.6 金29.6	福20.9 金27.4	23.04	14.99	14.67	13.18
浄法寺町	25.6	22.97	28.19	23.50	22.21	21.40
八幡平市	—	—	—	—	—	—
西根町	29.8	20.89	12.76	10.92	10.70	10.28
松尾村	21.6	17.85	20.45	14.18	13.14	13.69
安代町	21.2	20.41	24.00	19.54	16.29	13.26
奥州市	—	—	—	—	—	—
水沢市	24.4	17.16	12.79	10.49	11.08	10.74
江刺市	35.7	23.36	14.86	11.62	11.05	10.56
前沢町	21.8	20.19	17.68	11.67	12.17	12.95
胆沢町	15.4	10.67	11.07	7.28	7.53	7.85
衣川村	31.6	24.31	16.55	19.52	20.37	18.57
滝沢市	—	—	—	—	—	—
滝沢村	28.6	15.01	6.21	4.20	4.94	5.17

資料２－１．岩手県内市部の保護率の動向（続き）

市町村名	1983	1984	1985	1986	1987	1988	1989
県計	11.96	11.69	11.04	10.16	9.25	8.44	7.82
盛岡市	10.37	11.00	11.75	10.99	10.27	9.75	8.88
都南村	5.96	5.72	5.71	5.57	4.81	4.22	4.39
玉山村	11.58	10.44	8.24	7.39	6.82	5.95	5.58
宮古市	13.19	13.40	12.17	11.46	11.39	11.05	10.93
新里村	18.96	19.17	19.98	18.84	19.19	17.10	16.30
川井村	19.77	21.59	24.01	24.81	19.86	17.48	19.07
田老町	17.13	18.50	16.86	14.69	15.30	16.46	15.19
大船渡市	3.95	4.45	4.69	5.37	5.38	4.56	3.93
三陸町	11.25	12.54	12.54	11.78	11.04	8.90	7.89
花巻市	7.91	7.90	7.19	6.56	5.87	5.08	4.41
大迫町	13.32	12.26	10.69	8.34	5.25	4.28	3.75
石鳥谷町	8.31	8.20	6.86	6.33	4.35	2.99	3.00
東和町	12.68	11.15	9.63	7.63	4.94	2.70	2.21
北上市	6.00	5.52	5.12	4.73	4.39	3.94	3.96
江釣子村	5.80	4.60	4.28	4.94	4.43	3.78	3.59
久慈市	21.35	20.50	18.30	16.26	14.05	12.65	11.79
山形村	38.14	36.81	34.29	27.14	28.02	28.75	26.17
遠野市	10.46	9.74	8.53	7.80	6.39	5.51	5.35
宮守村	15.27	15.18	14.66	11.27	10.86	8.76	8.83
一関市	9.23	8.65	8.44	8.08	7.74	7.01	6.21
花泉町	7.24	8.16	8.86	9.37	7.89	6.27	5.46
大東町	6.63	5.74	5.49	5.69	5.29	5.32	5.00
千厩町	8.32	7.56	6.66	6.52	6.53	6.05	6.48
東山町	10.78	10.68	9.94	8.15	5.60	4.84	4.32
室根村	3.25	3.81	4.72	4.44	4.63	4.94	4.97
川崎村	7.50	7.19	7.05	7.59	6.37	6.03	5.33
藤沢町	8.43	7.64	7.09	6.80	7.09	6.61	6.38
陸前高田市	3.87	3.36	3.95	3.41	3.23	2.72	2.42
釜石市	11.37	11.64	11.79	12.31	12.09	11.10	9.78
二戸市	12.22	10.84	9.24	9.09	9.26	9.22	8.96
浄法寺町	22.32	19.07	14.64	14.09	11.96	10.54	10.86
八幡平市	—	—	—	—	—	—	—
西根町	9.72	11.16	10.15	8.30	7.31	7.37	6.37
松尾村	13.96	13.01	11.05	8.69	7.23	5.42	4.70
安代町	11.40	11.00	11.40	8.20	6.30	6.56	4.86
奥州市	—	—	—	—	—	—	—
水沢市	10.06	9.91	9.82	9.44	8.83	8.25	7.67
江刺市	11.20	11.24	9.32	6.79	5.34	4.51	4.30
前沢町	12.65	11.74	10.12	8.29	7.27	7.25	5.59
胆沢町	8.64	7.47	6.79	6.59	5.24	4.62	3.73
衣川村	18.09	14.38	11.46	9.44	7.25	6.32	5.94
滝沢市	—	—	—	—	—	—	—
滝沢村	6.56	6.78	5.57	5.11	5.33	4.25	2.95

資料2-1. 岩手県内市部の保護率の動向（続き）

市町村名	1990	1991	1992	1993	1994	1995	1996
県計	7.19	6.49	5.94	5.68	5.45	5.22	5.08
盛岡市	8.38	6.61	4.94	4.96	4.47	4.35	4.26
都南村	4.11	3.53	—	—	—	—	—
玉山村	4.61	4.74	4.91	3.90	3.64	3.31	3.08
宮古市	10.98	10.70	10.38	10.42	10.39	10.03	9.88
新里村	15.19	14.22	11.53	11.00	10.27	8.91	9.33
川井村	18.75	18.22	18.16	15.88	15.73	14.57	12.34
田老町	12.72	12.08	10.94	11.08	10.37	10.77	10.05
大船渡市	3.08	2.51	2.20	2.33	2.14	2.14	2.37
三陸町	6.64	6.09	5.47	4.20	3.71	3.25	3.15
花巻市	3.81	3.32	3.13	2.96	3.08	3.17	2.99
大迫町	4.02	3.68	3.85	5.33	5.46	4.77	4.11
石鳥谷町	3.48	3.54	3.07	2.95	3.00	2.46	2.60
東和町	2.39	2.14	1.73	2.02	1.92	1.66	1.59
北上市	4.33	3.93	3.66	3.71	3.50	3.36	3.10
江釣子村	3.54	—	—	—	—	—	—
久慈市	11.24	10.53	9.59	9.38	8.95	8.39	7.44
山形村	24.38	21.67	18.61	17.19	16.74	13.94	9.66
遠野市	5.00	4.66	4.59	4.24	4.26	4.35	4.39
宮守村	9.03	7.39	6.65	5.66	5.34	4.54	3.94
一関市	5.64	5.13	4.63	4.20	3.91	4.19	4.62
花泉町	4.66	4.45	4.65	4.62	4.62	4.38	4.67
大東町	3.70	2.68	3.11	3.23	3.48	3.16	3.05
千厩町	5.10	3.98	3.08	2.67	2.56	2.02	2.09
東山町	3.32	2.78	2.23	2.14	2.41	2.37	2.42
室根村	3.96	3.24	2.66	2.54	3.05	2.44	2.62
川崎村	4.39	2.89	2.73	2.75	3.29	3.35	3.06
藤沢町	5.47	4.84	5.15	5.07	5.28	4.19	4.08
陸前高田市	2.21	2.13	2.11	2.28	2.36	2.60	2.92
釜石市	8.41	7.11	6.36	5.70	5.63	5.68	5.79
二戸市	8.74	8.94	8.07	7.78	7.18	6.56	6.19
浄法寺町	10.07	8.93	7.39	6.51	6.39	7.17	6.74
八幡平市	—	—	—	—	—	—	—
西根町	5.74	5.63	5.75	5.58	5.20	4.83	5.20
松尾村	4.60	4.72	4.73	4.28	4.92	5.14	4.63
安代町	4.38	4.55	4.88	4.76	4.75	5.15	4.14
奥州市	—	—	—	—	—	—	—
水沢市	6.70	6.62	6.54	6.44	6.25	6.11	5.64
江刺市	3.94	3.46	3.01	3.10	3.05	3.26	3.35
前沢町	5.30	4.59	4.47	4.37	3.41	3.19	3.52
胆沢町	3.60	2.98	2.27	1.90	1.63	1.47	1.35
衣川村	6.32	6.72	6.21	5.60	5.62	5.80	5.81
滝沢市	—	—	—	—	—	—	—
滝沢村	2.64	2.52	2.69	2.70	2.73	2.60	2.55

資料2－1. 岩手県内市部の保護率の動向（続き）

市町村名	1997	1998	1999	2000	2001	2002	2003
県計	4.95	4.96	5.07	5.29	5.57	6.11	6.72
盛岡市	4.41	4.61	4.99	5.48	6.13	6.93	7.95
都南村	—	—	—	—	—	—	—
玉山村	2.75	3.48	3.58	3.91	4.13	4.35	5.66
宮古市	9.11	8.68	8.78	8.82	9.42	10.50	11.82
新里村	9.36	10.57	12.78	13.63	12.99	13.59	14.24
川井村	9.67	9.60	9.30	9.90	10.92	12.48	12.59
田老町	10.01	8.29	10.98	11.04	10.22	10.08	9.02
大船渡市	2.33	2.47	2.18	2.31	2.76	3.42	3.92
三陸町	2.93	3.23	3.61	3.37	2.04	—	—
花巻市	2.91	2.96	3.24	3.29	3.80	4.75	5.44
大迫町	3.89	3.94	3.78	4.17	4.53	4.52	4.70
石鳥谷町	2.84	2.90	3.85	4.07	3.76	3.92	4.07
東和町	1.68	1.91	2.31	2.24	2.55	3.35	4.20
北上市	2.87	2.83	2.85	2.98	3.08	3.39	3.63
江釣子村	—	—	—	—	—	—	—
久慈市	7.01	7.30	7.14	7.19	7.61	7.81	8.78
山形村	9.75	9.72	8.63	8.75	9.86	9.35	10.22
遠野市	4.35	4.80	4.37	4.31	4.19	4.27	4.42
宮守村	3.75	3.75	4.41	4.54	5.70	6.53	8.24
一関市	4.42	4.43	4.49	4.69	5.10	5.58	6.10
花泉町	4.46	4.33	3.53	3.39	3.42	3.54	4.53
大東町	2.93	3.00	3.37	3.41	3.43	3.73	4.44
千厩町	1.99	1.77	1.96	2.65	2.97	3.30	3.60
東山町	2.71	2.59	2.73	3.00	4.08	4.83	5.55
室根村	3.47	3.50	4.08	4.50	4.21	4.40	4.84
川崎村	3.45	4.05	3.17	3.80	5.04	5.03	5.99
藤沢町	3.98	3.32	3.63	4.68	5.17	5.16	5.02
陸前高田市	2.99	3.32	3.89	4.14	3.65	3.89	4.00
釜石市	6.21	6.56	6.80	6.85	6.84	7.82	9.05
二戸市	6.08	5.74	5.42	5.71	5.84	5.93	5.87
浄法寺町	6.45	6.27	6.19	5.66	6.08	6.33	6.61
八幡平市	—	—	—	—	—	—	—
西根町	5.60	5.52	5.48	5.86	5.71	6.37	8.00
松尾村	4.55	4.59	4.81	5.11	4.84	5.38	5.32
安代町	3.88	3.26	3.03	4.21	3.01	3.14	3.20
奥州市	—	—	—	—	—	—	—
水沢市	5.47	5.28	4.92	4.86	4.57	4.92	5.12
江刺市	3.65	3.58	3.37	3.40	3.76	4.23	4.56
前沢町	3.39	3.55	2.87	3.40	3.53	3.62	3.87
胆沢町	1.43	1.35	1.34	1.13	1.27	1.68	1.77
衣川村	5.35	4.71	4.54	5.89	5.80	6.55	7.83
滝沢市	—	—	—	—	—	—	—
滝沢村	2.79	2.71	2.76	2.90	2.95	3.18	3.02

資料２－１．岩手県内市部の保護率の動向（続き）

市町村名	2004	2005	2006	2007	2008	2009	2010
県計	7.26	7.71	8.03	8.22	8.61	9.61	10.81
盛岡市	9.12	9.88	10.56	11.08	12.17	14.10	16.18
都南村	—	—	—	—	—	—	—
玉山村	5.86	—	—	—	—	—	—
宮古市	12.46	12.80	13.13	13.73	13.81	15.01	16.31
新里村	13.05	—	—	—	—	—	—
川井村	14.74	14.70	14.28	15.83	14.17	13.62	—
田老町	9.26	—	—	—	—	—	—
大船渡市	4.05	4.49	4.45	4.55	4.59	5.04	5.11
三陸町	—	—	—	—	—	—	—
花巻市	6.01	5.96	6.55	6.70	7.13	8.18	9.47
大迫町	4.39	—	—	—	—	—	—
石鳥谷町	3.85	—	—	—	—	—	—
東和町	4.85	—	—	—	—	—	—
北上市	4.08	4.49	4.72	4.81	5.28	6.38	7.64
江釣子村	—	—	—	—	—	—	—
久慈市	9.38	10.09	10.22	10.21	10.25	11.26	12.42
山形村	11.47	—	—	—	—	—	—
遠野市	4.57	5.44	5.60	5.80	6.80	7.28	9.71
宮守村	9.05	—	—	—	—	—	—
一関市	6.85	5.98	6.23	6.15	6.54	7.46	8.30
花泉町	5.02	—	—	—	—	—	—
大東町	4.36	—	—	—	—	—	—
千厩町	3.65	—	—	—	—	—	—
東山町	6.78	—	—	—	—	—	—
室根村	4.18	—	—	—	—	—	—
川崎村	4.27	—	—	—	—	—	—
藤沢町	4.58	4.56	4.52	4.28	3.94	4.72	4.82
陸前高田市	4.22	4.64	5.00	5.15	5.33	6.31	6.96
釜石市	10.64	11.69	12.46	12.86	13.53	14.41	15.34
二戸市	6.47	7.00	7.55	8.11	8.69	9.49	9.95
浄法寺町	7.23	—	—	—	—	—	—
八幡平市	—	7.04	6.91	6.96	7.03	7.09	6.99
西根町	8.96	—	—	—	—	—	—
松尾村	6.02	—	—	—	—	—	—
安代町	3.10	—	—	—	—	—	—
奥州市	—	4.63	4.54	4.31	4.32	4.85	5.73
水沢市	5.21	—	—	—	—	—	—
江刺市	4.62	—	—	—	—	—	—
前沢町	4.11	—	—	—	—	—	—
胆沢町	1.65	—	—	—	—	—	—
衣川村	7.58	—	—	—	—	—	—
滝沢市	—	—	—	—	—	—	—
滝沢村	3.45	4.21	4.45	4.83	5.23	6.33	7.70

資料２－１．岩手県内市部の保護率の動向（続き）

市町村名	2011	2012	2013
県計	11.16	11.14	11.06
盛岡市	17.52	17.69	17.32
都南村	—	—	—
玉山村	—	—	—
宮古市	16.16	15.79	15.54
新里村	—	—	—
川井村	—	—	—
田老町	—	—	—
大船渡市	4.37	4.19	3.97
三陸町	—	—	—
花巻市	10.33	10.28	10.23
大迫町	—	—	—
石鳥谷町	—	—	—
東和町	—	—	—
北上市	8.42	8.75	8.41
江釣子村	—	—	—
久慈市	12.41	11.92	12.26
山形村	—	—	—
遠野市	10.80	10.81	11.16
宮守村	—	—	—
一関市	8.96	8.79	8.59
花泉町	—	—	—
大東町	—	—	—
千厩町	—	—	—
東山町	—	—	—
室根村	—	—	—
川崎村	—	—	—
藤沢町	—	—	—
陸前高田市	5.35	5.67	5.29
釜石市	13.49	12.31	12.75
二戸市	10.60	10.93	10.60
浄法寺町	—	—	—
八幡平市	6.94	7.01	7.22
西根町	—	—	—
松尾村	—	—	—
安代町	—	—	—
奥州市	6.42	6.72	7.13
水沢市	—	—	—
江刺市	—	—	—
前沢町	—	—	—
胆沢町	—	—	—
衣川村	—	—	—
滝沢市	—	—	6.99
滝沢村	8.02	7.53	—

資料２－２．岩手県内郡（町村）部の保護率の動向

市町村名	1965	1970	1975	1980	1981	1982	1983
県計	24.7	19.60	16.37	13.03	12.70	12.18	11.96
雫石町	30.6	19.68	12.20	8.40	7.49	8.22	9.07
葛巻町	74.7	62.93	53.41	48.77	47.53	43.94	43.80
岩手町	28.3	26.62	22.84	16.84	16.56	15.65	16.07
紫波町	16.4	15.81	8.73	8.86	9.07	9.05	9.50
矢巾町	16.1	10.81	5.64	6.94	5.61	5.48	5.49
西和賀町	―	―	―	―	―	―	―
和賀町	29.4	14.34	10.67	6.69	6.90	7.50	7.96
湯田町	35.7	30.03	23.60	19.09	17.23	15.94	16.25
沢内村	36.5	16.94	14.01	11.74	9.77	8.14	6.51
金ヶ崎町	22.1	15.65	10.67	9.58	9.15	9.51	7.95
平泉町	21.2	17.11	12.80	8.47	5.08	6.12	6.11
住田町	16.5	24.41	19.18	9.39	9.52	9.02	8.06
大槌町	28.8	29.53	30.82	28.91	28.50	28.60	27.85
山田町	22.6	23.55	22.96	19.39	18.72	16.16	14.71
岩泉町	46.0	55.49	63.10	47.39	45.67	41.33	37.96
田野畑村	49.4	27.30	29.25	20.53	20.86	17.62	15.56
野田村	25.3	30.21	23.59	27.46	28.09	30.21	27.69
普代村	44.8	28.12	25.41	26.08	20.63	17.15	13.62
洋野町	―	―	―	―	―	―	―
種市町	33.8	32.12	35.08	32.80	31.17	30.13	30.54
大野村	24.6	20.70	32.55	28.01	30.13	32.11	35.07
一戸町	38.6	39.86	39.45	34.50	32.60	34.06	31.25
軽米町	28.1	27.69	35.74	26.58	26.36	24.66	23.01
九戸村	19.3	24.84	21.66	17.83	21.42	17.64	16.78

市町村名	1984	1985	1986	1987	1988	1989	1990
県計	11.69	11.04	10.16	9.25	8.44	7.82	7.19
雫石町	8.92	8.16	6.78	5.95	5.40	5.24	3.94
葛巻町	40.71	35.63	34.04	28.47	26.65	24.90	22.08
岩手町	16.20	13.13	9.88	9.49	8.56	8.32	7.79
紫波町	9.33	9.75	8.71	8.03	6.64	6.02	4.80
矢巾町	5.86	5.90	6.06	6.00	5.18	4.53	3.48
西和賀町	―	―	―	―	―	―	―
和賀町	8.34	7.90	7.06	6.23	5.80	4.95	4.38
湯田町	17.28	16.59	12.93	9.02	8.70	8.19	6.45
沢内村	6.34	4.90	4.03	3.60	2.47	3.65	3.20
金ヶ崎町	6.61	5.78	4.24	2.97	2.72	3.11	2.50
平泉町	6.36	7.00	6.74	6.90	6.71	6.14	5.01
住田町	7.28	5.73	6.22	5.81	5.77	4.67	3.74
大槌町	26.90	24.27	22.11	19.69	17.67	17.67	16.62
山田町	15.35	14.19	13.36	11.71	11.62	11.52	11.77
岩泉町	37.28	37.10	34.51	28.97	25.30	23.98	23.98
田野畑村	15.22	13.95	14.81	14.15	11.89	10.38	9.21
野田村	22.66	21.45	20.32	17.62	15.64	14.01	14.18
普代村	14.88	14.50	16.29	15.40	16.68	14.44	13.29
洋野町	―	―	―	―	―	―	―
種市町	26.96	25.65	22.46	19.94	18.21	16.71	15.42
大野村	33.12	30.75	30.39	29.65	28.36	28.36	26.27
一戸町	29.70	27.25	23.96	22.82	20.80	21.01	20.18
軽米町	20.62	15.82	13.86	12.15	10.65	9.06	8.61
九戸村	15.77	13.55	12.58	10.08	9.81	10.60	9.85

資料２－２. 岩手県内郡（町村）部の保護率の動向（続き）

市町村名	1991	1992	1993	1994	1995	1996	1997
県計	6.49	5.94	5.68	5.45	5.22	5.08	4.95
雫石町	3.63	3.67	3.46	3.33	3.26	3.04	3.35
葛巻町	21.71	22.93	22.31	21.70	19.71	20.31	18.59
岩手町	7.52	7.09	6.94	6.69	6.20	6.02	5.87
紫波町	4.32	3.78	3.79	3.75	3.66	3.54	3.19
矢巾町	3.82	3.56	3.50	3.17	3.17	3.11	2.30
西和賀町	—	—	—	—	—	—	—
和賀町	—	—	—	—	—	—	—
湯田町	6.52	5.92	5.78	5.72	5.13	5.05	5.00
沢内村	3.20	1.85	1.41	1.32	1.26	1.21	1.22
金ヶ崎町	2.55	2.99	3.03	3.27	3.77	3.90	2.76
平泉町	4.95	4.24	4.91	4.50	4.14	4.76	4.52
住田町	3.40	3.20	2.36	2.20	2.41	2.42	2.31
大槌町	15.26	14.91	15.39	14.77	14.46	14.02	13.43
山田町	11.99	12.01	10.89	10.47	9.19	9.17	9.07
岩泉町	24.60	23.70	23.36	22.70	20.81	21.37	21.10
田野畑村	9.76	9.77	10.24	9.02	6.91	6.47	6.88
野田村	10.97	8.59	7.46	5.35	5.21	4.64	4.36
普代村	10.23	9.84	9.43	9.63	9.89	9.42	9.42
洋野町	—	—	—	—	—	—	—
種市町	13.56	12.57	11.51	11.46	10.94	9.76	8.81
大野村	21.41	17.29	15.87	15.49	14.01	12.52	11.20
一戸町	19.18	17.97	16.15	13.80	12.44	12.06	11.77
軽米町	8.30	8.17	7.75	7.29	7.87	7.43	7.27
九戸村	9.52	9.61	8.36	7.59	7.15	6.41	6.14

市町村名	1998	1999	2000	2001	2002	2003	2004
県計	4.96	5.07	5.29	5.57	6.11	6.72	7.26
雫石町	3.52	3.89	4.07	4.36	5.10	5.47	5.82
葛巻町	16.36	16.29	16.58	17.23	16.44	17.90	17.18
岩手町	6.18	6.04	5.70	6.35	7.78	8.42	8.85
紫波町	3.05	3.46	3.53	3.59	3.85	4.36	4.43
矢巾町	1.89	2.05	2.32	2.32	2.51	2.74	3.44
西和賀町	—	—	—	—	—	—	—
和賀町	—	—	—	—	—	—	—
湯田町	4.71	4.46	4.62	5.01	7.11	6.13	4.83
沢内村	1.01	1.24	2.07	2.20	2.37	2.34	2.31
金ヶ崎町	2.22	1.76	2.00	2.01	1.95	2.17	2.47
平泉町	4.45	4.60	4.15	4.53	4.67	4.33	4.68
住田町	2.29	2.44	3.04	2.65	3.14	3.28	3.41
大槌町	13.03	13.41	13.85	14.43	16.52	17.37	17.26
山田町	9.19	10.07	10.85	11.32	12.36	13.28	14.16
岩泉町	21.48	21.36	22.25	23.57	24.19	26.06	28.12
田野畑村	7.91	8.75	8.62	8.43	8.22	8.60	10.58
野田村	5.28	6.83	7.49	5.76	6.10	6.33	5.66
普代村	11.00	10.42	10.08	10.21	10.93	9.86	10.19
洋野町	—	—	—	—	—	—	—
種市町	8.97	9.13	9.77	10.09	9.41	9.53	9.40
大野村	12.31	13.22	13.90	14.49	13.60	14.18	15.35
一戸町	11.53	10.89	10.97	11.09	11.96	12.56	12.43
軽米町	6.78	6.35	6.20	6.38	7.09	7.80	7.71
九戸村	5.49	5.55	5.62	6.31	6.61	7.63	6.29

資料 293

資料2−2. 岩手県内郡（町村）部の保護率の動向（続き）

市町村名	2005	2006	2007	2008	2009	2010	2011
県計	7.71	8.03	8.22	8.61	9.61	10.81	11.16
雫石町	6.32	6.59	6.76	6.56	6.63	7.91	7.89
葛巻町	17.17	16.86	17.15	17.15	18.09	18.75	18.51
岩手町	8.75	8.91	9.35	9.23	10.75	12.02	11.90
紫波町	4.31	4.59	4.43	4.38	5.02	6.19	6.21
矢巾町	3.96	3.72	3.47	3.36	3.91	4.86	4.68
西和賀町	2.95	2.87	3.16	3.07	3.09	3.29	3.22
和賀町	—	—	—	—	—	—	—
湯田町	—	—	—	—	—	—	—
沢内村	—	—	—	—	—	—	—
金ヶ崎町	2.50	2.69	2.64	2.72	3.06	3.55	3.87
平泉町	6.05	6.07	6.31	6.04	6.69	7.30	6.97
住田町	3.85	3.63	3.18	3.52	3.68	5.96	6.68
大槌町	17.69	18.19	18.63	17.77	18.52	18.62	10.33
山田町	14.62	14.47	14.46	14.80	15.06	15.92	13.55
岩泉町	28.13	28.29	27.84	27.42	27.70	27.99	27.42
田野畑村	13.23	13.07	12.76	12.49	10.81	10.20	12.97
野田村	7.82	8.02	9.26	7.44	7.96	9.13	7.81
普代村	9.90	11.74	13.27	12.57	11.59	11.25	9.62
洋野町	11.25	11.14	10.82	11.72	11.64	12.80	12.92
種市町	—	—	—	—	—	—	—
大野村	—	—	—	—	—	—	—
一戸町	12.17	12.88	13.66	13.69	13.88	13.31	13.61
軽米町	8.12	9.03	9.69	9.45	9.23	9.34	9.15
九戸村	6.35	7.15	6.74	6.05	5.64	5.82	6.33

市町村名	2012	2013
県計	11.14	11.06
雫石町	7.70	7.52
葛巻町	18.49	18.66
岩手町	11.42	11.50
紫波町	5.43	4.99
矢巾町	4.22	3.87
西和賀町	3.68	3.78
和賀町	—	—
湯田町	—	—
沢内村	—	—
金ヶ崎町	4.05	4.63
平泉町	7.38	7.76
住田町	6.41	6.15
大槌町	7.01	8.53
山田町	11.88	12.34
岩泉町	28.39	28.55
田野畑村	13.86	12.31
野田村	7.44	7.23
普代村	9.43	9.72
洋野町	13.49	13.94
種市町	—	—
大野村	—	—
一戸町	13.90	14.04
軽米町	8.59	9.05
九戸村	8.22	8.37

あとがき

　本書では、2015 年 4 月に施行された生活困窮者自立支援制度とその運用における課題の考察をおこなうことを念頭に置いて、筆者がこれまでに岩手県内で取り組んできた貧困問題をめぐる研究から「地域課題」を可視化させることに力点を置いたつもりである。しかし、「地域」とはいいながらも、ターゲットとすべき「地域」への近接は前進したとは思うが、まだ霧が立ち込めていて薄っすらとみえている程度であるように感じられる。それは、本書の多くが統計的な分析にとどまっており、対面での聞き取り調査などによる質的な分析が十分にできなかったことが反省としてあるからである。数字にあらわれてくる特徴がどのような動機によって突き動かされているのかは、まだ推測の域を抜けていない。このように積み残した研究課題があるということが、今は今後の研究への動機づけになるものと受け止めている。

＊

　本書を出版することへの強い動機づけになった背景には、2 つの理由がある。
　1 つが東日本大震災に遭遇したことである。勤務先の仕事の性格上、被災した学生とのかかわりをつうじて被災者の心情に触れる機会が多かったが、何か力になれることがないかと日々悩んできたからである。ゼミ生のなかにも津波の被災だけでなく、自宅が地震によって破損した学生もいたため、いつも震災のことが頭から離れることはなかった。その懸念は多くの寄付金や義援金、奨学金等の支援によって後々払拭されていったが、学生たちが震災を契機に学業継続が難しくなることへの不安を抱いていたことが、大学に通える家庭の経済環境にあっても、一度のアクシデントが人生の転機になってしまう可能性を秘めていることを改めて痛感したことが背景にある。加えて、被災地での生活再建を目指している被災者の方々のなかには、依然としてこのリスクを抱えながら暮らしている方も多くおられることが懸念されるため、復興が加速されるためにも、現状把握をしていかなければならないと考えたからである。
　もう 1 つが変わりゆく地方の姿を目の当たりにしたことであり、地域の存続

が危ぶまれる状況が各地で起こっているからである。岩手県立大学に着任した2010年の晩夏にゼミ合宿で秋田の角館を訪れた際のエピソードである。2006年にNHKが放映した「ワーキングプア」の舞台になった地域の1つであるが、映像でみたときよりも商店街の衰退の度合いが増しているように見受けられた。さらにその後も景観は確認してきたが、最後に確認した2012年には商店街であったことがわからないほどの変貌を遂げていた。筆者は商店街の研究にもかかわっており、全国の商店街が苦境に立たされてきたことは認識している。商店街という空間もある意味では日本の文化や地域の象徴であるといえるが、その地域の存続が危ぶまれる状況が各地で起こっている。他国のなかには、地域の文化を継承するための政策を展開したり、環境を守るための規制を設けたりしている国や地域がある。こうした取り組みが地域住民の生活を守ることであると同時に、地域経済を活性化させる要因にもなりうる。商店街のみならず、人口減少や若者問題など、日本では多くの地域が「経済成長」の犠牲になっていることを再確認しなければならない。そのための可視化をしていかなければならないと考えたからである。

*

　本書のテーマの設定からもわかるとおり、研究を進めていくうえでは、多くの地域の方々のご協力をいただいたことを忘れてはならない。行政職員、社会福祉協議会職員、支援団体職員、民生委員のほか、関係した地域住民の方々など、心ある人たちとの出会いが筆者の研究に対するモチベーションを支えてくれたことに感謝申し上げたい。

　最後に、本書の出版に至った背景には、岩手県立大学社会福祉学部・学部プロジェクト研究事業をつうじた研究会の開催をご提案くださった藤田徹先生をはじめ、菅野道生先生、庄司知恵子先生のほか、他大学の先生方のご協力があったことも付記しておきたい。

2016年3月
宮寺良光

◆著者紹介◆

宮寺 良光（みやでら よしみつ）

2010 年　中央大学大学院経済学研究科経済学専攻博士後期課程退学
2010 年　岩手県立大学社会福祉学部専任講師
2015 年　岩手県立大学社会福祉学部准教授

貧困問題をめぐる地域課題研究
ー岩手での調査・実践の記録ー
2016 年 4 月 15 日　初版　第一刷発行
著者　　　宮寺 良光
発行者　　谷村 勇輔
発行所　　ブイツーソリューション
　　　　　〒466-0848 名古屋市昭和区長戸町 4-40
　　　　　電話　　052-799-7391
　　　　　ＦＡＸ　052-799-7984
発売元　　星雲社
　　　　　〒112-0012 東京都文京区大塚 3-21-10
　　　　　電話　　03-3947-1021
　　　　　ＦＡＸ　03-3947-1617
印刷所　　藤原印刷
万一、落丁乱丁のある場合は送料当社負担でお取替えいたします。
小社宛にお送りください。
定価はカバーに表示してあります。
©Yoshimitsu Miyadera 2016 Printed in Japan　ISBN 978-4-434-21825-5